制度演进背景下
城市工业用地更新理论与方法

杨帆 著

The Theory And Method Of Industrial Land Regeneration Under The Institutional Evolution

同济大学出版社

图书在版编目（CIP）数据

制度演进背景下城市工业用地更新理论与方法/杨帆著. -- 上海：同济大学出版社，2019.9
ISBN 978-7-5608-8756-2

Ⅰ.①制… Ⅱ.①杨… Ⅲ.①城市-工业用地-土地利用-研究-中国 Ⅳ.①F429.9

中国版本图书馆 CIP 数据核字 (2019) 第 204765 号

制度演进背景下城市工业用地更新理论与方法

杨 帆 著

出 品 人　华春荣
责任编辑　由爱华
责任校对　徐春莲
装帧设计　吴雪颖
出版发行　同济大学出版社　www.tongjipress.com.cn
　　（地址：上海市四平路 1239 号　邮编：200092　电话：021-65985622）
经　销　全国各地新华书店
印　刷　上海市安枫印务有限公司
开　本　710mm×960mm　1/16
印　张　20
字　数　400000
版　次　2019 年 9 月第 1 版　2019 年 9 月第 1 次印刷
书　号　ISBN 978-7-5608-8756-2
定　价　88.00 元

本书若有印装问题，请向本社发行部调换　版权所有　侵权必究

前言

PREFACE

伴随着改革开放四十年，我国城市迅速完成了城市化和工业化，以户籍为基础的统计显示，超过一半的国民居住在城市化地区。据此有学者认为，我国城市正在迈入工业化后期，甚至有些发达地区城市正在逐步进入后工业化时期。这些城市的经济结构将以突出高端服务业为特征，并站在全球城市排行的前列，发挥着经济和金融枢纽的作用。若果真如此，这将会是一个令人振奋的消息。

在第三产业繁荣和发展的同时，经济发达地区城市的传统制造业也正在向高端制造业、新兴产业发展。至少从国家战略层面，我们能够看到德国推出的"工业4.0"计划、美国提出的"再工业化"战略，以及我国提出的"工业2035"计划。这些信息都反映了，即使很多学者描绘了后工业化时代的诱人前景，从全社会物质财富的创造来看，制造业发展永远不可能被轻易放弃和替代。但是，人们也普遍感到制造业转型升级面临着重重困难和障碍，尤其是2018年以来的经济走势再次证明实业领域面临着前所未有的挑战。

由于笔者长期关注第二产业，尤其是我国制造业的发展状况，作为这一重要经济、社会活动的承载，城市工业用地就成为一个相对完整的研究对象。结合我国土地制度和生产经营领域的改革开放历程，城市工业用地更多是一种制度演变结果，也是权利交换结果，并最终以一种土地使用的所有状态和生产经营模式的运行状态而存在。工业实业领域存在的问题和困境，或多或少能够在空间上得以表征；或者更广义地说，在土地使用方式和空间分布上反映这些问题。具体表现为：（1）工业用地使用量是否随着城市经济总量、产业结构变化而变化；（2）哪些因素能够影响和决定工业生产企业的生产经营行为，并影响它们看待和使用土地的方式；（3）工业生产企业在经济和制度影响下的行为，如何反映到城市空间特征上，又如何影响到城市空间结构的调整、优化和转型。作为这个领域的研究基础，本书设定研究问题包括：工业用地占城市建设用地的比例特征如何，在行政辖域里的分布特征如何；应该如何理性分析和评价这种使用状况，以便为产业转型升级提供空间模式方面的决策支持。

通过文献回顾，我们发现工业用地研究已经逐步形成了一定的研究语境，产生了一些研究结果。关于工业用地在"招商引资"和"土地财政"中的作用、在城市建设用地中的占比变化、工业用地使用和管理制度的演进等都有相当多的研究成果。但是，在城乡规划学领域，相关的研究还比较欠缺，尤其是还未建立起科学、理性的分析工具和研究方法。首先，现有对工业用地规模结构的研究，大多在房地产开发、公共管理、土地管理等学科领域，通常从供地结构和产业结构的视角建立起对工业用地规模的分析路径，但尚未能从城乡规划学科视角建立起合理用地规模和结构的解释性理论。其次，现有对工业用地空间分布结构的研究，大多是关于工业园区或者开发区的研究，尚未能揭示开发区是政策区，并不代表工业用地的所有使用方式；开发区又是功能区，并不代表其在空间布局和职住关系上的合理性。这里还存在需要深入揭示的具有学术性的议题。事实上，针对工业用地转型更新的机制和空间模式研究非常缺乏。虽然相关政策不断推出，政府、市场、居民的多元驱动模式也在构建，除了资金平衡、利益分配这样的机制性解决方案之外，用创意产业等功能植入的方式激活产业空间的研究、建议和实例也都在尝试，但是，应该说都没有抓住工业用地存在问题的关键，也没有从根本上建立解决这一问题的良性机制。

在城市中，工业用地已经成为离我们非常遥远的用地类型。自从开始反思"先生产，后生活"的早期城市建设方式，"退二进三"就成为将工业用地驱离城市中心区最好的理由。城市近郊以及城市行政辖域内的各类、各级工业园区成为新的、最主要的产业集聚空间；与此同时，城市行政辖域内的乡镇企业、农村工业依托乡村居民点集聚并不断发育，遍地开花。城市中心城区的传统产业空间则转身成为创意产业聚集的场所。这一过程演进得相当迅速，并伴随着造城运动而发生。

在中心城区发生翻天覆地式的拆迁改造、旧城更新、环境美化的同时，城市行政区划所辖农村地区则因为工业用地不加节制的建设而变得一团糟。如果地方政府发现城市所辖范围内土地有相当比例已经被作为建设用地开发，需要对扩张式建设行为进行收缩时，那么工业用地是最具有潜力可再开发的用地类型。其原因是：一方面它确实规模巨大、占比巨大；另一方面它确实闲置浪费、低效使用情况严重。此时，经济运行状况的实质性困难，以及国家要求转变发展方式的战略性举措同期而至，工业用地的合理使用和转型更新随即成为一个重要的政策性议题。

怎样谨慎地对待工业用地问题都不过分。原因有四：其一，工业用地存量巨大，同时由于并没有实施有效的聚集策略，因此，在分布上存在着与其他类土地使用错综复杂的空间关系，在更新时会牵一发而动全身，需要从全局性着眼谨慎地对待。其二，资金平衡、利益均沾的再开发模式所赖以存在的经济环境、金融环境、社会环境已经发生了悄然变化。这是一种类似分水岭式的变化，乐观的市场供需关系已经发生扭转，面对工业用地的巨量转型升级需求，"安全和有效"已经超越经济发展成为第一要务。其三，由于没有充分考虑工业用地持有和流转环节存在的问题，几乎所有的制度设计都留下了很大的漏洞；人们也很难相信，以住宅、商业、办公的火热交易为特征的中国房地产市场，依然保留着尚未完全理顺的制度性设置；工业用地的所有权和使用权状况，使人们开始怀疑产权制度调节多样性和多元诉求的有效性，但是，毫无疑问工业用地已经成为人们继城中村集体土地之后又一新的造富源泉。也正因如此，巨大的土地价格增值使人们对工业用地再利用的态度是慎之又慎。其四，发达的房地产业重创实体经济的最大后果，是企业家不再醉心于科技创造和技术领先，这在某种程度上抑制了新兴产业的发展；为真正的生产经营者提供生产经营空间，并将寄托于工业用地上的各种一夜暴富的幻想打消，是推进工业用地转型升级的前提。这些都是当下转型发展亟需回答的问题，也是需要城乡规划专业从空间视角给出答案的历史性命题。

本书设定以下三个子问题对研究问题进行响应。

其一，工业用地的使用状况在多大程度、多大范围内受改革开放以来各种制度性变革的影响。本书简单回顾了我国民族工业的发展历程，尤其以上海为代表的中国工商业城市的产业发展特点以及与之相关的产业空间特征，并以1978年改革开放之始作为各类制度改革演进分析的起点。研究梳理了多个视角下国家层面土地制度改革、企业制度改革，以及涉及国家产业政策演进、生产经营者角色演进所带来的变化；并具体分析了上海市在国家改革开放背景下，土地管理、企业管理、企业生产经营管理、产业发展策略等方面的演变，尤其针对上海市重要国家级产业园区之一的张江高科技园区进行了分析。研究认为，土地使用制度和生产经营者角色的变化是影响工业用地使用方式的重要制度性因素，产业政策和开发区政策则是推进工业用地使用区块化、集聚化，并逐步转而承担城市发展功能的政策性因素。制度因素与政策因素相互叠合作用，导致了特殊的、具有中国改革开放阶段色彩的工业用地空间分布特征。

其二，工业用地如何在城市中分布并影响城市空间结构。本书以上海、宁波等城市为研究案例，分析工业用地的用地规模结构；利用获得的土地调查信息，绘制工业用地分布图斑；对工业用地图斑进行初步的分布状态分析。分析认为，工业用地存在四大共性问题：规模结构总体失衡，空间布局结构性失调，地均产出效率差异巨大，向产业园区聚集困难。存在这些问题的同时也为工业用地更新转型提供了机会。巨大的存量空间为城市挖潜式发展提供了土地空间资源；上海市在面向2035年的城市发展中提出锁定增长空间的"天花板"，其中最重要的判断依据就是大量的闲置和低效工业用地能够被再利用，而且这些工业用地要么是转用后的国有土地，要么是可以实施增减挂钩的集体建设用地。

针对工业用地分布的分析带来一系列值得探讨的问题：哪些适合转性开发，适合转性开发为何种使用功能，如何在转性开发中处理好公平、效益问题；哪些适合转型升级，应具备什么样的转型升级条件，应给予什么样的扶持政策促进其转型；城市空间结构的优化和工业用地转型更新的实现，需要哪些制度性的保证和政策机制的创新。

其三，如何分析、描述工业用地的空间分布特征，并建立对其进行评判的理论和方法。本书尝试建立以空间性绩效为理论核心的评价方法。运用ArcGIS软件对工业用地的空间分布采用圈层分析和象限分析相结合的方式，揭示工业用地集中分布的地区特征、延伸特征，以及给城市空间发展带来的影响。这样的分析方法比较适合团状城市，也就是常说的"摊大饼"城市。事实上，我国大多数城市都是团状空间布局模式。书中特别以宁波市作为分析例证，详细展示了这一空间分析方法。在某种程度上，分析是有效的，结论是可靠的，但是也很显然，它不适合用来分析空间结构相对复杂的城市。

研究进一步展开探索。在一定空间范围内，工业用地的分布并没有太多的规律可言。除了与行政区划单元的关系之外，似乎有太多的影响因素，也因此没有哪一种影响因素是工业用地分布时始终无法摆脱的，至少从目前的认知水平来看是如此。因此，空间"破碎化"被用来描述工业用地的这种空间分布状态。本书使用另外一款空间分析软件 Fragstate 来解读工业用地图斑。"破碎化"分析不仅有利于形成"空间绩效"的理论内涵，而且在具体的评价结论中也具有一定的指向性，是值得尝试的研究路径。非常巧合的是，已经有相当多的研究者采用了这个路径。只是他们不够坚决，同时也没有很好地运用其他方法进行辅助。我们也一直在思考，是否土地使用的"破碎化"一定就是空间的低效使用状态，还是说，它仅仅是一种我们不希望面对的状态，这难以明确给出判断。研究发现，"破碎"是一种主观认知，并不适合进行量化评价，哪怕我们试图构建出多元的评价体系，给出结果仍然需要人为地推上一把。

本书从制度演进的时代特征出发，对工业用地在当下的使用和分布状态给出了一个粗浅的描绘，至少建立了四个基本的共识作为后续研究的基础。其一，工业用地当前的使用状况从根本上产生于改革开放初期，建设社会主义市场经济的迫切性和相关制度建设的大量空白；其二，工业用地的巨大存量不仅是一个经济性问题，也成为一个空间性问题。空间作为一种结果，也同时可以被反向作为"工具"来运用，只是需要慎之又慎；其三，工业用地的圈层式分布、轴向式分布、"破碎化"分布，都反映出一种空间绩效的内涵，在通过空间分析得出确定结论的努力中，逐步得以清晰明确的不仅是采用何种研究方法更能准确地解释这一现象，而且更重要的是对空间绩效的认知；其四，研究将进一步增加对社会、经济、使用意愿等因素的考虑，甚至在研究方法和技术工具上做更为大胆的借鉴；其目的仍然是在揭示空间绩效内涵的基础上，找到分析、认知、评价工业用地空间分布状态的理论和方法；并将这一分析框架工具化，以便运用到面临着空间资源枯竭、难以在经济发展中找到可持续出路、不知从何下手推进城市更新的中国城市中去。

[本书结合了国家自然科学基金项目"城乡工业用地空间绩效评价及转型更新机理研究"（No. 51778436）的相关内容。]

目录

CONTENTS

前言   003
第1章 绪论与定义   013
1.1 研究背景   015
1.1.1 工业用地转型更新是内涵式发展的关键   015
1.1.2 工业用地转型更新是高质量发展的关键   016
1.2 城市工业用地使用状况及其问题   017
1.2.1 工业用地是城市用地规模不断扩张的重要成分   018
1.2.2 工业用地使用的经济效益低下   018
1.2.3 工业用地使用的空间效益低下   018
1.2.4 工业用地的再开发利用面临障碍   020
1.3 城市工业用地更新的意义   022
1.3.1 理论意义：工业用地转型更新理论和规划方法   022
1.3.2 实践意义：工业用地更新转型的社会价值   024
1.3.3 应用价值：为国土空间规划提供技术方法支撑   025
1.4 相关概念和界定   026
1.4.1 工业用地   027
1.4.2 产业空间   027
1.4.3 工业用地更新   028
1.4.4 制度演进   029
1.4.5 产业转型升级   030
1.4.6 转型更新目标   030
1.4.7 空间模式   032
1.5 工业用地研究的目标与基础   034
1.5.1 研究目标   034
1.5.2 研究基础   034
1.6 城市工业用地研究的关键问题与逻辑线索   036

1.6.1	关键问题	036
1.6.2	技术路线	037

第2章　国内外工业用地更新相关理论研究　　039
2.1　相关研究概况　　039
2.1.1　国外研究现状及发展动态　　040
2.1.2　国内研究现状及发展动态　　041
2.1.3　既有研究述评　　043
2.1.4　研究趋势　　044
2.2　工业用地研究的理论背景　　045
2.2.1　工业化过程研究　　045
2.2.2　工业用地的合理规模和占比　　067
2.2.3　工业用地的分布和聚集　　075
2.3　工业用地研究的重要性　　081
2.4　小结　　082

第3章　工业用地研究的制度演进背景　　083
3.1　与工业用地研究相关的制度性改革　　085
3.1.1　土地制度　　085
3.1.2　土地使用政策　　086
3.1.3　企业创新与现代企业制度　　087
3.2　土地制度演进相关研究述评　　090
3.2.1　国家层面土地制度的演进　　090
3.2.2　土地政策影响制度演进的综合分析　　101
3.3　生产者视角下的土地政策演进　　103
3.3.1　产业政策的影响　　103
3.3.2　企业制度改革的影响　　104
3.3.3　企业制度影响下的生产者角色演进过程　　105
3.3.4　生产者多元化视角下的工业用地政策演进　　108
3.4　上海市工业用地的政策和管理　　113

3.4.1	国有划拨土地上的工业企业转型	113
3.4.2	工业用地政策演变在空间上的变化特征	121
3.4.3	各类工业园区建设的变化	125
3.5	小结	143

第 4 章 工业用地的分布特征 — 145

4.1	**规划对工业用地分布的引导——案例上海**	**146**
4.1.1	城市产业定位	148
4.1.2	城市工业用地分布	148
4.2	**工业用地规模结构总体失衡**	**149**
4.2.1	土地资源是城市规模扩张的重要空间基础	149
4.2.2	工业用地是城市发展空间资源挖潜的主要对象	150
4.2.3	工业用地数量的增长与工业产值占比变化趋势不一致	150
4.3	**工业用地空间布局的结构性失调**	**153**
4.3.1	工业用地向各类园区聚集程度较低	153
4.3.2	城乡统筹视角下工业用地分布呈混杂状态	153
4.4	**工业用地地均产出效率差异较大**	**157**
4.5	**工业用地分布的其他特征总结**	**160**
4.5.1	"工业园区"	160
4.5.2	产业簇群式空间	161
4.6	**工业用地转型是城市更新的关键**	**165**
4.6.1	锁定总量、释放存量实现空间结构优化	165
4.6.2	工业用地空间资源挖潜需要机制保障	168
4.6.3	工业用地更新转型为增强城市活力提供载体	169
4.6.4	对工业用地动态调控实现"增减挂钩"目标	170
4.6.5	优先对工业用地实施空间转型	171
4.6.6	基于工业用地专题研究判断城市空间潜力	173
4.6.7	实施工业用地转型更新需要多种制度性保障	174
4.7	**工业用地更新的政策性建议**	**177**
4.8	**小结**	**178**

第 5 章 工业用地空间特征分析及研究方法　　181

5.1 相关研究　　182
5.1.1 工业用地的宏观分布　　182
5.1.2 土地使用结构的不均衡及影响因素　　183
5.1.3 供地结构影响空间结构　　184
5.1.4 工业用地的使用效率　　185

5.2 工业用地分布的一般特征描述　　186
5.2.1 工业用地使用中存在的共性问题　　187
5.2.2 工业用地中的"存量"　　190
5.2.3 工业用地的规模结构问题　　190
5.2.4 工业用地分布的圈层和扇区特征　　201

5.3 工业用地破碎化分布特征及评价　　213
5.3.1 相关研究基础　　214
5.3.2 研究设计与研究假设　　216
5.3.3 空间指数对工业用地破碎化程度的反映　　221

5.4 破碎度评价对工业用地政策的意义和作用　　232
5.4.1 具有政策检验和政策引导双重作用　　232
5.4.2 后续应开展空间绩效优化研究　　233

5.5 小结　　235

第 6 章 工业用地空间研究方法的适用性　　237

6.1 破碎化分析的优化　　238
6.1.1 单项指数计算结果需归一化处理　　238
6.1.2 多元综合指数及其权重的调整　　239
6.1.3 工业用地图斑处理规则　　249

6.2 基于空间破碎研究的深化研究　　258
6.2.1 工业用地经济特征的分析　　258
6.2.2 工业用地产权制度特征的分析　　261
6.2.3 工业用地与其他用地关系的分析　　262
6.2.4 多要素影响下工业用地破碎化评价和空间绩效　　264

6.3 对"空间"的重新认识和理解　　265

6.3.1	空间作为认知手段	265
6.3.2	空间作为治理工具	266
6.4	**工业用地分布的类型**	**269**
6.4.1	遗产型产业空间（中心城区）	270
6.4.2	开发型产业空间（产业园区）	271
6.4.3	冗余型产业空间（近郊和远郊地区）	272
6.5	**工业用地研究其他目标**	**274**
6.5.1	建立统筹视角下城乡工业用地转型的广义更新理论	274
6.5.2	探索和解决工业用地转型研究的关键技术	274
6.6	**小结**	**275**

第 7 章　研究结论与展望　　277

7.1	**主要结论**	**278**
7.1.1	工业用地普遍存在的四大问题	278
7.1.2	工业用地空间分布研究应统筹考虑	279
7.1.3	工业用地分布特征研究	281
7.1.4	广义转型更新	283
7.2	**主要创新点**	**285**
7.2.1	综合广义的视角	285
7.2.2	考虑制度演进背景	285
7.2.3	多种研究方法相结合	286
7.3	**研究展望**	**287**

附录	**289**
参考文献	**303**
后记	**316**

第 1 章 绪论与定义

我国经济的高速发展与改革开放40年以来的工业化和城镇化进程紧密联系着。国家统计局发布的《2017年统计公报》显示，我国常住人口城镇化率已达到58.52%；快速城镇化深刻影响着城乡空间格局，生产要素供给日趋收紧，产业升级压力增加，不断面临着严峻的资源环境约束考验。从国家政策、学界研究和实践领域传递出一个信号，我国经济正在由高速增长阶段逐步转向高质量发展阶段。转变发展方式、优化经济结构、转换增长动力、深化供给侧结构性改革的要求迫在眉睫。其中，从土地空间资源使用的角度来看，大城市要锁定用地总量，推进空间结构优化，充分挖掘和重新利用闲置、低效、功能配置不合理的用地，是与规划密切相关的政策导向。

比如《上海市城市总体规划（2017—2035年）》中提出了建设"卓越的全球城市"的总目标，并提出"紧约束下的睿智发展"策略，至2035年将建设用地总规模控制在3200 km^2。同时，加大存量建设用地挖潜力度，实现规划建设用地总规模负增长。土地空间资源既要保护好，也要使用好；这一策略既是发展的手段，也是发展的目标。

工业用地在经济发展、存量挖潜中具有重要的意义和作用。既有研究包括对各类工业用地"投入—产出"效益的分析评价，也指出了工业用地在规模结构、空间结构中存在的严重问题。工业用地空间分布状况已经严重影响了社会经济活动的健康发展，用地分布存在严重的破碎情况。因此，从城乡统筹视角认识工业用地空间分布状态与特征，进行空间绩效评价，有助于提出相应的工业用地转型空间模式。这是一个亟需开拓的研究领域。

1.1 研究背景

1.1.1 工业用地转型更新是内涵式发展的关键

内涵式发展来自决策主体的理性判断。这就要回顾一下自2013年提出供给侧改革、新型城镇化以来,直至2018年底、2019年中所推进的国家机构改革,以及强调"生态文明和高质量发展"的国家政策。从大的发展政策环境来看,经济增长方式的改变是最为根本的。由于增长方式发生改变,城市就普遍需要寻找新的、可持续的增长动力。"内涵式"发展是对增长动力源的初步界定,也就是在新的发展阶段肯定不能寻求扩张带来的动力,是要发掘城市"机体"的内在动力。因此,可以至少得出两个判断,其一,内涵式发展是持续更新的发展方式;其二,内涵式发展对城市社会经济整体的健康成长是必要的。

内涵式发展来自城市聚集规模受到的刚性约束。随着我国"人口红利"期的结束,人口增长趋于减缓,人口结构趋于老龄化,甚至深度老龄化。即便有一半以上的人口居住在城市地区,我们也很难有乐观的预期,在未来一段时间内我国城市人口仍然能够保持过去40年的增速。那么随之而来的,人口在城市间的迁徙依循的是经济规律和社会福利水平,而不是房屋投资、投机机会。缺少了房地产开发的推动,城市的人口聚集规模则会相对趋于理性和温和,最终更多地依循自然环境资源的承载能力和承载方式,更多地依循城市管理水平和技术进步程度。事实上,我们依稀能够看到一座城市合理的增长"边界",这个"边界"具有一种刚性的约束效应,它虽然表现为一种人为划定界限,但它源自城市内在的发展规律。这个规律就是城市是居民不断追求高质量生存环境的居住地,而不能简单地把城市、居民的需求当作生财工具,并且这也是实现高质量发展行之有效的手段。工业用地的转型更新是在面临规模刚性约束时应首先考虑的对象。

内涵式发展来自生态系统的安全性要求。城市是依附于生态系统并逐步演变而成的人类聚居地，因此，城市是生态系统的组成部分。各种证据显示，建设行为已经危及生态系统的完整性，并因为系统性损害而降低了生态运行机制，成为一种安全隐患。除了居住地区，制造业所占据的空间形成了所谓的"产业空间"，制造业的排放是环境污染的重要来源，在规划中常常将之与其他类用地相隔离。事实上，随着技术和制度的完善，制造业的污染逐渐处于可控的范围。但是，空间的侵蚀和土地资源的侵占却构成了另外一种结构性破坏。任何一种城市功能都要在一定的空间范围才能展开，这个空间范围不仅具有结构特征，也具有规模特征。为了实现生态文明的发展目标，需要保证一定规模、一定分布结构的生态型空间不受破坏。在居住和工作两大类城市功能空间之外，还需要保留、控制用于实现生态目标的功能空间。这些空间需要在已有的建成环境中分离出来，以避免建成环境的进一步恶化（图 1-1）。

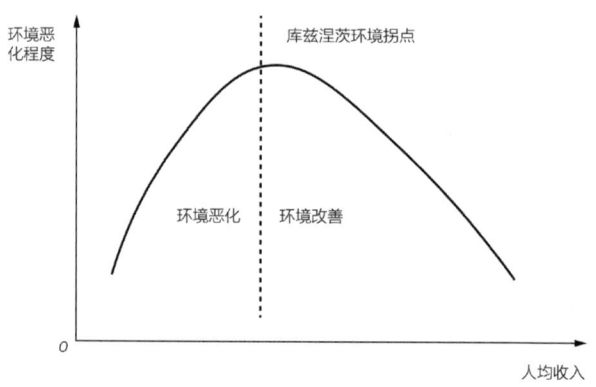

图 1-1 环境库兹涅茨曲线

资料来源：李超 . 中国相当于发达国家的哪个阶段？ [R]. 上海：华泰证券，2017.

1.1.2 工业用地转型更新是高质量发展的关键

除了"生态文明"，新时代我国社会经济发展另一个目标就是实现"高质量发展"。面向人的需求，以人为本；从解决居民的基本温饱问题，到满足人们对美好生活的不断需求，再到全面提高人们的生存质量，增强获得感、幸福感，是接下来社会要实现的宏伟目标。

工业用地转型更新在应对高质量发展战略要求方面，实现了战略性决策与基础性科学研究充分吻合和衔接，也反映了在城市研究中普遍要去回答的"人地关系"的科学问题。人的生存要土地提供承载空间，同时，人的生存方式是结构化的空间分布，也就是人们在城市中不同的空间区位完成不同的活动，这些活动可能是日常生活，可能是生产活动、就业活动，也可能是休闲和商务活动等。一方面，由于每个人的活动模式不同，因此，以人均方式表达的土地使用指标背后，并没有反映人与人之间的差异，这种抽象"人"的用地配置方式的科学性和合理性一直受到质疑；另一方面，在生产和就业活动中，工业用地是最为重要的活动承载用地，因此，与住房开发提供人们生存空间所依据的供需关系不同，工业用地的使用量和使用方式更依赖于生产经营活动本身的规律，而不是产业空间的供需关系，因此很可能规模失控。但是，它又能以职住空间和用地比例关系的方式与"人"建立起密切的联系。因此，工业用地转型更新是实现面向人的需求的发展、高质量发展的关键。

事实上，随着技术的进步，生产方式发生了重大的变化。创新型产业、新兴产业在空间区位上的分布模式也与传统产业明显不同。研究并顺应这种变化趋势，是对城市空间结构进行优化、实现新的人地关系、解决新的职住空间关系的迫切要求。

1.2
城市工业用地使用状况及其问题

从 2008 年金融危机导致实体经济受挫以来，工业用地转型更新便成为国家社会经济进入良性发展轨道的关键性领域，是保持经济持续健康增长的重点待解决问题。

从国家和地方出台的各项政府文件能察觉到，很多地方逐渐意识到了工业用地使用中的问题以及由此带来的发展机会。不仅要梳理清楚每一座城市工业用地的使用状况，更重要的是认识到工业用地使用中真正存在的问题。城乡规划在对工业用地进行规模约束、空间分布调配以及转型更新方面，已经明显不能有效发挥空间工具的作用。基础性研究亟需开展，以便为理论和实践研究提供素材和动力。以在上海市的调研为例，发现至少存在如下四个切入点。

1.2.1　工业用地是城市用地规模不断扩张的重要成分

以上海市 2011 年底的数据为例，全市现状工业和仓储用地面积 843km^2，约占全市建设用地总规模的 26%；其中，工业用地规模 752.4km^2，约占全市建设用地总规模的 23%。中心城八区的工业用地占比最低，但也有 10.1%；工业用地占城乡建设用地比例最高的是金山区，达 36.2%；其他区县的工业用地也都占比在 30% 左右。被认为产业最为多元化的浦东新区，其工业用地占城乡建设用地的比例也在 20%。

1.2.2　工业用地使用的经济效益低下

统计数据显示，自 1998—2010 年上海市地均工业产值的提升远不及工业总产值的增长那么明显。工业总产值的增长仍然依赖于用地规模的扩张（图 1-2），靠的是企业数量和规模效益，属于规模驱动型的工业发展。产业转型和依托创新驱动的经济增长模式还未真正实现（图 1-3）。

1.2.3　工业用地使用的空间效益低下

在土地级差地租效应影响下，上海市中心城的工业用地经历了大规模的"退二进三"用地功能置换过程。土地价格较低的城市边缘地区、乡村地区成为接纳工业企业的首选区位。一方面，各类工业园区、开发区、新区等成为城市向外蔓延的重要空间依托；

另一方面，大量乡村地区建于集体建设用地上的产业园区，为乡村治理主体带来了就业和收入，但也缺乏统一的空间管理，不仅在用地规模上失控，而且与其他功能空间混杂、随处可见（图1-4）。

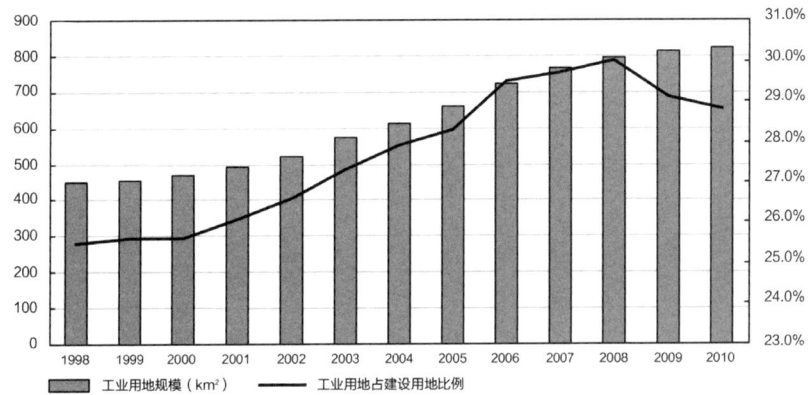

图1-2 1998—2010年上海市工业用地规模与占建设用地比例的趋势
资料来源：杨帆. 大城市地区工业用地存在问题的初步分析及思考：以上海市为例[J]. 城市发展研究，2016（04）：80—86.

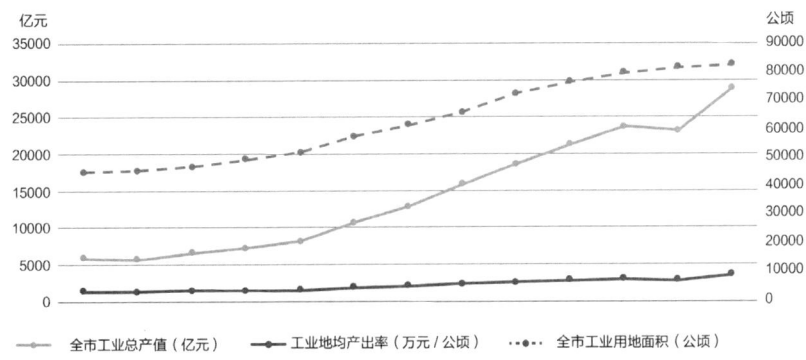

图1-3 1998—2010年上海市工业用地规模与全市工业总产值的趋势比较
资料来源：杨帆. 大城市地区工业用地存在问题的初步分析及思考：以上海市为例[J]. 城市发展研究，2016（04）：80—86.

注：图中浅灰色部分为闵行区集中建成区。

图 1-4 工业用地与建成地区的混杂情况示意（上海市闵行区为例）

1.2.4 工业用地的再开发利用面临障碍

工业用地混杂分布于建设地区，会产生若干不利影响：其一，造成城市功能和空间结构的混乱，给空间管理带来不便；其二，造成生产性交通与生活性交通之间的相互干扰，给道路网和配套设施造成压力；其三，工业生产会给周边其他城市功能带来安全、卫生隐患；其四，工业用地的再开发利用影响因素复杂，很多企业在衰败之后不是考虑转型、出让、再创业，而是寄希望于政府土地收储，以便获得土地价格增值带来的超额利润，从而造成土地闲置现象逐年增多。

上海市曾提出的"三集中政策"包括了"工业向园区集中"的要求，但是目前看来集中效果不明显。自 2003 年开始，上海市经过两次清理整顿，在 177 个申报开发区中公布了 41 个国家公告开发区（其中 15 个国家级、26 个市级）；2011 年数据显示，现状 752km^2 的工业用地中，分布在上述公告开发区内的工业用地为 242.9km^2，集中率仅为 32% 左右，总体聚集程度不高（表 1-1）。被普遍认为新兴产业空间较多的浦东新区，其工业用地集聚于产业区块的比例也只有 38%（表 1-2）。

表 1-1　　上海市各区县工业用地分布于公告开发区的聚集比例（2011 年）

区县	分布于公告园区内的工业用地比例
青浦区	45.0%
松江区	43.7%
金山区	40.4%
嘉定区	37.6%
浦东新区	30.6%
闵行区	29.8%
奉贤区	25.6%
宝山区	22.8%
崇明县	7.5%
中心城八区	13.0%

资料来源：杨帆. 大城市地区工业用地存在问题的初步分析及思考：以上海市为例 [J]. 城市发展研究，2016（04）：80—86.

表 1-2　　浦东新区工业用地向园区集聚度情况

区位	工业用地面积（hm^2）	所占比例
"104" 区块内	4413.81	38.0%
"104" 区块外集建区内	4703.21	40.5%
集建区外	2493.68	21.5%
合计	11610.70	100%

资料来源：杨帆. 大城市地区工业用地存在问题的初步分析及思考：以上海市为例 [J]. 城市发展研究，2016（04）：80—86.

1.3 城市工业用地更新的意义

随着我国城镇化不断推进，更多的人口将居住在城镇。城镇建设规模的不断扩大给耕地红线和生态红线带来挑战。工业用地在以发展为导向的城市空间扩张中起着关键作用，由于难以控制，给城市带来诸多潜在风险，如生态、资源、安全等方面。此外，城市建设、管理和规划者常常面临的一大难题，是如何控制工业用地的合理规模和空间分布，处理好产业发展与城市空间结构关系。适当进行功能置换、使用更替和空间布局调整，是决定工业区建设成败的关键，也是解决工业用地布局问题的重要手段。

在"可持续发展"愿景、资源和生态约束刚性日益增大的当下，通过城乡空间结构优化解决发展转型问题，需要整合多领域研究方法，重点探索工业用地的更新、重构和再利用。以空间绩效与空间转型模式之间逻辑关系为突破口，解析工业用地转型更新与城乡空间结构之间的相互作用机理，具有理论与现实意义。

1.3.1 理论意义：工业用地转型更新理论和规划方法

根据治理单元的大小，城乡空间结构是指城市建成区以及与城市建成区形成空间连绵的集中建设地区，与乡村人居和建设地区共同形成的空间格局形态。

1. 从城乡统筹入手，丰富转型更新的理论内涵

转型更新常被西方城市作为经济增长的发动机。产业转型升级常常导致城市空间的相应转变，随着制造业外迁，人口和就业岗位流失。我国工业用地有其独特特点，其一，地方政府对土地财政依赖严重，工业用地、工业区常被用作融资平台；其二，地方政府招商引资行为干预市场经济规律，忽视产业生命周期、产业聚集和产业迁移等规律；其三，工业用地因权属多元化而分布零乱。建设用地强调用地的绩效，注重持续更新，讲求地尽其用、动态配置和布局调整的结合。统筹视角的"城乡工业用地"包括建成区内传统工业用地、城镇向外部空间蔓延过程中的工业用地，以及分布于乡村地区的工业用地。因此，"城市工业用地"可以指代城市辖区内的所有工业用地；"城乡工业用地"同样指代城市辖区内的所有工业用地，但是更加突出了城乡统筹的考虑。统筹视角有利于统一各类统计数据口径、凸显工业用地总量失控问题，对控制总量、提升转型更新理论有重要意义。

2. 以空间绩效为主线，将规划理论与规划方法相结合

哪些工业用地应该转型、怎么转、转成什么、有什么样的效果等问题，构成了从理论到实践的一系列亟待回答的问题链条。工业用地的绩效研究是这些问题的起点：关停产、占地多、耗能高、企业生命周期变化大等是评判工业用地经济绩效优劣的依据，但是不能忽略考虑空间绩效方面的优劣。因为空间政策手段有时往往比经济手段更具约束效力。进而，需要回答"如何转"和"转成什么"这类关于转型的模式和机理的问题。因此，工业用地的空间绩效研究不仅具有理论意义，也在规划设计和规划对策方面具有实践的指导意义。

3. 以空间尺度为影响，关注理论、方法和对策之间的调适

工业用地转型更新既包括用地分布的空间优化，也包括对城乡空间结构优化的影响两方面。同时，治理单元的层级和类型决定了空间绩效和转型模式的侧重点，相应的规划对策则有所不同。治理单元、尺度和规模是反映工业用地与城乡空间结构的互动机理，调适理论、方法和对策之间关系的节点。因此，需要有针对性地选择实证研究对象，考虑不同层级行政单元、治理单元内工业用地"斑块"所面临的产业结构调整、空间结构调整"双重优化"的要求，关注问题呈现的形式和内容的不同。

因此，工业用地转型更新研究为从实践需求而来，产生新的理论和知识，提供了良好的研究领域和实证研究机会。在理论层面，首先，亟需通过工业用地研究，揭示城市发展过程中各类用地（主要是指生活、生产、公共服务和交通用地）之间存在怎样的结构关系，是否具有相应约束关系和特点，有没有更好、更有效地协调土地使用功能和土地权属关系的机制。其次，城市的产业结构是否影响工业用地的使用规模和使用方式，反之，是否存在通过土地使用的方式和手段影响产业发展趋势，调节产业结构的作用机制，能否建立起城市产业结构和产业政策、空间结构和空间特征之间的解释关系。其三，由工业用地的分析研究出发，能否揭示工业用地使用和空间分布演变的作用机理，回答工业用地在单一产权制度背景下是如何响应市场机制多元化特征这一问题，以及能否形成对空间绩效的基本认识和判定标准。

1.3.2 实践意义：工业用地更新转型的社会价值

1. 经济转型

工业用地转型更新与制造业的转型发展密切相关。随着产业结构的调整、转型和升级，工业企业生产经营者角色的变化，工业企业对工业用地的使用方式会发生转变。提高土地使用投入产出效益是一个重要的转型方向，提高工业用地空间分布和使用的空间绩效是另一个重要的方向。同时，工业用地转型更新也能够改善城乡整体空间结构。

2. 社会转型

由于产业空间的重构，带来职住空间关系、社会关系网络特征的优化，城市的空间效益得到提高和改善。随之而来，城市开发建设规模得到理性的控制，生产性活动与生活性活动之间的匹配关系得以实现空间绩效的优化，城市运行的经济效益、基础设施配套的效益得到改善。城乡空间结构随着职住空间关系面向社会的改善而得到优化。

3. 土地使用方式转型

作为城市功能性载体，土地是一种空间资源。随着工业用地转型更新机制的形成，工业用地再开发得到加强，工业用地中闲置和空间性浪费的情况则有望减少。紧凑式和"插入式开发"模式可以在现有的工业用地上展开，并能够使功能获得更为丰富和混合的多样性。这样，不仅能够激活闲置工业用地本身的土地经济价值，也能够挖掘出空间分布结构本身的社会、生态和经济价值。

4. 空间转型形成的倒逼机制

如前所述,如果基于工业用地使用规律的基础性研究获得突破性进展,就能够建立起空间工具与实施效果的因果关联。基于此,将空间用作战略手段和工具,促进或者激励工业用地向某一目标转型就能够实现。工业用地规模本身所具有的社会、经济回馈机制,能够帮助认清运用空间工具实施干预的有效性和必要性,并有助于锁定实施干预的具体路径。

空间性工具在这里可以被理解为"用地规模的约束,空间分布的引导,空间使用方式和再使用方式的规范,以及适当保留的弹性空间规模和范围"。这一目标如果能够实现,那么工业用地转型更新研究的结论就不仅有理论意义,而更有实践应用的价值。运用空间性工具,将产生对生产和经济活动的约束机制,而这种机制最终会导致经济活动的理性化和优化,也就实现了"倒逼机制"的目标。

综上,在实践层面,需要探索在现有土地制度、土地管理制度、企业制度等一系列制度条件仍然在不断变化的情况下,是否存在某种脱离于制度要素的作用机制,以指导工业用地的持续更新利用。其次,大量的工业用地带来了转型更新的难题和迫切要求,那么,哪些工业用地是要优先更新转型的,哪些是需要转型升级的,就需要在城市行政辖区内进行统一的判断和决策;转型升级为何种使用功能是符合生态文明和高质量发展战略的,是符合城市长远目标的,是具有可持续性的,又是第二类需要澄清的问题。再次,转型更新的空间模式和机理如何才是最优的,才是符合从整体到局部各方利益诉求的,能够调动居民、地方一级政府和市场开发者的积极性,能够最终实现综合性最大效益,而不仅仅是财务平衡,这是一个从实践层面回答关于工业用地空间绩效内涵和技术评价标准的理论性问题。

1.3.3 应用价值:为国土空间规划提供技术方法支撑

1. 为工业用地的盘活和挖潜提供规划方法

建设用地中工业用地占比普遍较高,一些城市甚至达到30%左右,规模偏大势必导致土地闲置,因此常被称"存量工业用地",而且多分布于各类开发区(或产业聚集区）内。工业用地的总量失控、布局失调、闲置低效等问题，与地方政府招商引资、促进 GDP 增长、想尽办法增加税收的土地政策密切相关。针对城乡工业用地统筹转型更新，规划领域具有可操作性的分析研究方法不足，本书试图探索弥补这一缺憾。

2. 为国土空间规划编制提供支撑

创新驱动和转型发展政策对城市空间布局、土地使用提出了新要求：控制城市无序扩张，推进产业调整与转型升级，以空间结构和产业布局调整为手段优化城市及城市群的功能布局，分类指引、分区优化。新型城镇化提出"城镇建设用地以盘活存量为主"，"减少工业用地"，"严控增量，盘活存量，优化结构，提升效率"。城市工作会议要求系统性统筹"规模、空间、产业"三大结构。规划编制面临着挑战。通过控制和锁定工业用地总量，促进其空间结构调整，从而形成倒逼机制，推进产业转型，已逐渐成为地方发展转型的思路。本书试图为实现这一发展目标提供相应的规划编制支撑。

1.4

相关概念和界定

本书将研究对象确定为一定城市建制行政区划所辖的地域范围。包括城市行政区划范围内，所有在土地权属意义上的工业用地、土地使用特征意义上的工业用地、功能区意义上的"工业区"三种类型。是指实际完成工业生产和被赋予进行工业生产两类社会经济活动所依托的土地空间载体的总和。

在各种类型、等级、形式的"产业园区"中，实际使用和土地权属为"工业"的用地被作为研究内容，不包括产业园区中的其他类用地，也不包括创造就业岗位的其他二产用地和生产性服务业用地。

1.4.1 工业用地

最近的国家用地分类标准条文说明指出："工业用地的分类既可用于对现状工业用地进行分类，也可用于指导安排工业项目和基础设施建设，以及调整工业用地布局，制定环境保护措施，对城市规划工作的实用意义较大。"这并非工业用地（industrial land use）的定义，同时也忽视了作为土地权籍的"工业"所包含的生产使用权利的含义。因此，本书采用作为使用功能和作为权利特征的两方面定义的"工业用地"。

与工业用地概念经常联系在一起的另一个概念是"工业园区"。一方面，大量工业用地分布于工业园区内；另一方面，工业园区中的用地类型以工业用地为主。但是，工业用地并不能被等同于工业园区。工业用地是一种土地使用方式，工业园区是一种城市发展过程中的功能区。特别是工业园区是改革开放后出现的一种特殊的产业发展空间聚集方式。工业园区根据其管理主体与城市政府之间的关系而被划分为多种行政层级。

此外，还有两种类型的工业用地。一种是工业基地中的工业用地，比如，上海市的金山工业基地、宝钢工业基地、吴淞工业基地等。另一种是分布于广大乡村地区的乡镇工业、村办工业的用地，它们既不属于某种等级类型的产业园区，也不属于某种产业基地，是贴近乡镇居民日常需求、靠市场生存、与其他功能用地高度混合的工业用地类型。

1.4.2 产业空间

一般来讲，城市"产业空间"（industrial space）是指城市中相对于生活性空间的另一类型空间。由于本书将城市地区（urban area）与城市辖区（city）作了明确区分，并在表述中尽量使用"城市"这个词的准确空间范围，因此，产业空间具体就是指工业生产行为发生的场所，而非指所有类型产业发生的场所（比如，在不加强调的语境中，服务业、金融业、物流仓储业都是生产性行为，其发生的场所也可以被称作产业空间）。

"产业空间"这一表述方式不仅强调用地性质，也涵盖了那些非工业使用性质以及集体所有土地上的工业生产空间。针对非工业用地权属、非工业功能区、非国有土地上所开展的各种工业生产行为，都应该同等被视作"产业空间"。即便某些土地使用并不合法，但是，它仍然在很大程度上影响了周边功能的布局，从而导致城市空间结构的变化，人们的职住空间关系因而发生了重要的变化。

"产业空间"并不即指各类开发区。开发区已经逐步演变成为综合性的城市地区，甚至有些开发区已经与城市融合为一体，原来所属企业都进行了转型升级或者开发，成为企业总部或者研发、办公区。在功能更替的同时，存在着土地权籍的阻碍，也存在工业生产行为进一步向城市化地区周边分散的趋势。

"产业空间"这一表述，更强调工业生产实际发生的场所。它与工业用地、开发区的表述存在微妙的差别，并不能准确表述本书意欲针对的研究对象。

1.4.3 工业用地更新

"工业用地更新"（regeneration of industrial land use）是指在城市更新领域、范畴或者过程中，一种特定类型的城市功能空间的更新。工业用地是城市工业经济发展最重要的资源型要素。它既不能外在于整个城市更新过程之外，也不能与其他更新事件完全割裂自成体系，同时，这又是一种具有特殊功能意义、经济意义、制度意义、空间意义和治理意义的更新领域，需要着重和特别开展研究。

"工业用地更新"更多侧重于土地的再使用。因此，首先根据工业用地的使用情况进行划分：正在使用的、闲置荒芜的、用作他途的。更新的含义即为：正在使用中的工业用地被用得更好，包括经济产出和科技含量两方面的升级；闲置荒芜的工业用地合理地流转起来，给更好的企业去使用，或者转化为更有效益的其他使用功能，这涉及土地管理制度；已经用作他途的工业用地，需要逐步解决使用功能与土地权属性质之间的差异；一方面解决备受指责的更新制度成本问题，另一方面解决土地溢价的合理、公平的社会再分配问题，同样涉及土地管理制度和企业制度。

不仅如此，工业用地在一座城市里的分布具有一定的规律可循（这里的城市，不仅指城市化地区，也指具有一定地域管辖权的地方一级城市政府）。经历了改革开放40年，中国的城市都实现了规模上的快速增长，工业化与城市化相互促进机制发挥着作用，工业园区与乡镇企业发展并驾齐驱。因此，至少从经验上可以判断，作为一级行政建制的城市（地级市、县或镇），其工业用地有分布于城市化地区的，集中于城区之外各类、各级产业园区的（工业区、工业园），以及分散于乡村集体建设用地上等多种形式。更有一些特殊的空间区位被学者们揭示出来，比如，半城市化地区（peri-urbanization area）由大量的工业用地构成。

由此来看，工业用地不仅是产业的承载空间，工业用地更新也不完全是产业空间的更新。这中间的差异在于，工业用地在现实中未必一定发挥承载生产制造行为或者与生产相关的、解决人们就业岗位的经济活动的作用；这可能是一种制度性缺陷的结果、市场投机行为的明证。工业用地占用着土地资源、市政配套，并且在短期内很难进行转型，长期影响城市居住和就业空间分布的格局和区位关系。这一空间格局的动态演进，因此将最终决定着城市更新的走向。

工业用地转型更新的动力源于产业转型升级和土地再开发利用两个方面。土地的再开发利用涉及土地管理制度，产业的转型升级则涉及产业经济运行方式。

1.4.4 制度演进

本书把工业用地的研究至于国家制度演进（institutional evolution）的背景之下。这里的制度是指制度性设置、机制、管理方式方法、管理机构等一系列用于规范、要求参与者遵守的"游戏规则"，并非指意识形态领域关乎国家管制社会所采用的方式。

改革开放和建设社会主义市场经济等重大战略决定，导致社会经济运行中所采用和依循的各种规则发生变化。在社会经济活动由谁参与、怎么参与、参与什么等问题上，所有的领域都要给出答案，答案本身与时俱进而发生变化，从而导致各种门槛设定的变化。其中，社会更加开放、运行机制更加市场化，是两个很重要的趋势。制度改革也就沿着市场经济主体、市场经济行为两个方向发生演进。

在本书对工业用地的研究中，在生产经营"主体"的约定和认知上，涉及企业制度、产权制度两个方面。由于对生产经营行为的这种约定和认知，就涉及产业政策、企业政策、产权制度和土地制度等。

1.4.5 产业转型升级

产业转型升级（Industry transformation and upgrading）是推动工业用地转型更新的动力之一。《国务院关于印发工业转型升级规划（2011—2015年）的通知》（国发〔2011〕47号）文的定义如下："转型就是要通过转变工业发展方式，加快实现由传统工业化向新型工业化道路转变；升级就是要通过全面优化技术结构、组织结构、布局结构和行业结构，促进工业结构整体优化提升。"有研究认为，产业转型升级主要体现在三个层面：其一，从三次产业结构来看，产业升级是指第三产业的比例不断提高的过程。科兹涅兹对"配第——克拉克定理"进行了补充，认为随着时间推移，第一产业实现的国民收入在整个国民收入中的比重与该产业劳动力的相对比重一样，处于不断下降之中；第二产业实现的国民收入所占的比重大体上是上升的，但该产业中劳动力的相对比重不变或略有上升；第三产业劳动力的相对比重和国民收入所占的比重都是上升的。其二，从产业附加值变化看，产业升级是指产业链各个环节的提升和改造，从价值链[1]低端向价值链高端延伸（图1-5）。在全球产业链中，高端环节获得的利润占整个产品利润的90%~95%，而低端环节只占5%~10%。其三，从产业发展的驱动力来看，产业升级是从资源密集型、资金密集型向知识密集型、技术密集型演进的过程。国际分工的边界正从产业层次向价值链层次转换，竞争优势体现在产业链中所占据的环节或工序上。国际分工合作体系以垂直分工为特征，产业边界因此是清晰的。

1.4.6 转型更新目标

工业用地实施转型更新的目标（transformation goal）在于，其一，提高工业用地利用效益，这里的效益不仅指基于统计数据的工业用地"投入—产出"效率的提升，

---

[1] 价值链是迈克尔·波特于1985年提出的理论，认为每一个企业都是在设计、生产、销售、发送和辅助其产品的过程中进行种种活动的集合体。所有这些活动可以用一个价值链来表明。

还包括规模结构和空间分布结构的不断优化而带来的城市空间效益的提升，乃至由此带来的生态效益的改善（图1-6）。其二，城乡统筹视角下空间分布合理性和优化的传导机理，特别强调在具有地方统一管辖权的行政区划范围内，尤其是在县市一级行政区划范围内，通过规划手段引导工业用地在辖域内合理地分布。其三，工业用地规

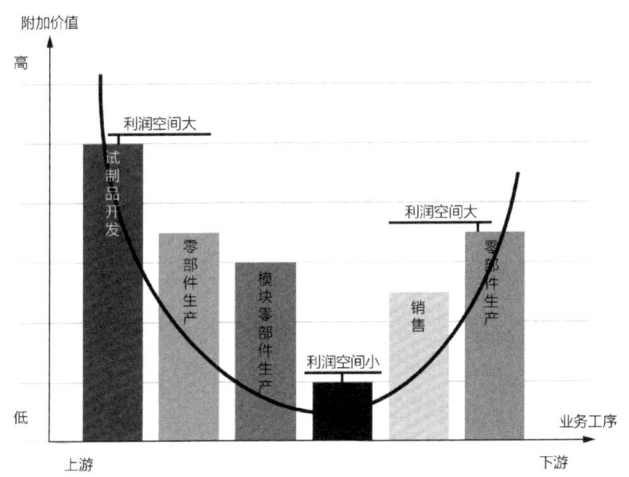

图1-5 价值链"微笑曲线"

资料来源：卢为民. 2014. 工业园区转型升级中的土地利用政策创新. 东南大学出版社，2014：3.

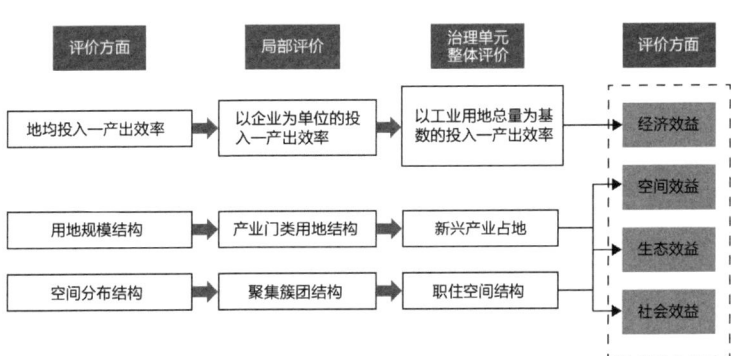

图1-6 工业用地更新的综合效益概念生成示意

模结构的优化，不仅包括在城市化地区进行的用地规模优化，而且包括在更大的经济区范围内进行工业用地规模结构的优化，偏颇于任何一个方面，都会导致忽视工业用地在地方政府行为中所包含的丰富内涵。因此，有必要确定一个面向管理实施主体和可操作性的研究范围，县级行政区划单元是较为合理的考察范围。

1.4.7 空间模式

本书尝试界定城乡规划学科领域"空间模式"（spatial pattern）的含义。

1. 城市社会空间模式

指用空间形态的描述方式，展现社会、经济要素的地区分布特征。比如，有研究发现，我国地级及以上城市人均 GDP 空间分布在整体上呈现显著的空间集聚现象，同时也受区域交通干线的影响，其空间集聚状态的概括被认为是一种空间模式。也有研究基于我国三产就业人口分布，提出"连续性圈层、非连续性圈层、跳跃式圈层、混合型圈层、多核心圈层、带状空间"六种空间模式类型。在关于克服定居模式限制的研究中，社会经济流动克服行政区划的限制，在空间上呈现一种分布模式，其空间地理集中度往往由住区的拓扑结构决定，而社会经济集中度则与公共服务状况有关；这种空间关联分类也属于空间模式表述。还有在描述我国城市贫困和剥夺的空间特征时，将贫困和受剥夺人群空间分布模式概括为"内城区重合，外围区分离"的特点，这也属于对空间模式的总结。

2. 城市间关系空间模式

作为空间描述工具，空间模式也常被用于归纳区域范围城市间空间关系的特征。城市之间的联系（或者城市间是否存在从属、分支关系）是通过交换物质、能源和信息而形成的，这种联系的强弱程度决定了区域城市系统空间格局扩展的方向，并促使了城市轨道交通的发展和完善，这可以被看作是城市体系空间格局的一种模式变化。事实上，我国大部分特大城市的多中心性并不显著，需要通过强调交通的作用而重新定义各城市群内各级城市的相对优势，中心和联系通道常被总结成各种城市和城市群的空间模式。城市间空间模式常针对三角洲地区做概括性描述，比如，长三角地区的空间模式被描绘为"多元圈层结构"，由核心区内圈向外呈指状发散性分布，其"核—缘"拓展的特征比较明显。

3. 城市内部空间模式

从城市空间扩张形式来看，街镇层面呈现"边缘式、填充式、自发式和线性轴状"的扩张模式；以具体城市为例，北京、首尔和东京三个特大城市都发生了水平和纵向城市扩张，特别是在垂直方向的扩张更为明显。在城市边缘地区，开发区和新市镇的发展促使南京从单一中心城市向多中心城市过渡，城市用地扩张与非农业人口增长、外商直接投资（FDI）和县级第三产业增长密切相关；扩张模式的空间特征因而被总结成为空间模式类型。此外，有些城市的空间格局随着城市化进程而变得更加零散和不规则。为识别、捕获和归纳建成地区特征，遥感技术被应用到空间模式研究当中，城市扩张区域的几何形态、空间分布以及与旧城区之间的空间位置关系反映了城市扩张的空间模式。从土地利用角度也能反映城市空间模式，比如，"土地混合利用模式、永久性基本农田保护模式"，以及"人口密度、绿地供应与地区更新率"的关系模式等。

4. 产业集聚的空间模式

对都市型工业各行业间的空间关系模式的剖析被认为是对产业集聚模式的分析。从企业迁移的微观角度分析产业空间模式，有研究用企业迁出"呈中心—外围衰减分散布局模式"，迁入"呈中心—外围集聚模式"来描绘产业空间模式。可以看出，空间模式是多专业共同关注的对象。

综上，"空间模式"被认为是城市社会经济运行过程所呈现出来的空间特征，这种空间特征能够被识别、归纳、总结、分类，并且具有相对的典型性和普适性。"空间模式"除了具有分析工具作用之外，在理论层面具有抽象、升华意义，在实践层面具有被运用为空间管理工具的潜力。

1.5

工业用地研究的目标与基础

1.5.1 研究目标

（1）揭示城乡工业用地空间分布的基本特征，包括它们的使用状况等。

（2）分析工业用地政策演进的历程，建立工业用地转型更新研究的政策背景。辨析工业用地与产业空间的共同性和差异性。

（3）建立适宜的、尺度规模要素影响下的城乡工业用地空间绩效评价模型，确定相应的空间分析单元，利用所建立的评价模型对城乡工业用地空间绩效进行评价。

1.5.2 研究基础

从20世纪90年代末期关注工业用地闲置荒芜现象以来，笔者认识到国内城市工业用地空间绩效评价和转型模式研究存在缺憾和不足。结合对上海所属城镇工业园区的研究，探寻统筹城乡工业用地的研究思路，提出了工业园区空间布局的"整体性原则和相对公平性原则"。

随着城市建设中产业聚集区、重大更新转型项目的不断增加，在金融环境、土地约束、劳动力资源、社会转型、产业创新等压力的综合作用下，亟需尽早以城乡工业用地空间转型为突破口，提出具有理论指导和实际操作借鉴价值的规划对策；提出针对土地政策和城市用地管理制度的转型之策，提出具有可操作性的空间转型模式，将空间规划及管理作为城市转型发展的主要工具和路径。城市产业转型与空间结构调整之间具有相关性并存在相互作用机理，运用规划的空间政策工具作用可以"倒逼"和引导城市产业调整。比如，具体可以对工业用地采用比例结构调整、空间结构调整、生态生活导向调整等规划对策，以产业用地转型为切入点优化城乡空间结构。结合上海市2035战略目标，将城乡工业用地研究进一步深化，通过解读上海"104、195、

198"政策体系,依据空间绩效不断提高的目标指引,笔者提出上海市工业用地空间转型的"圈层模式"和"象限模式"策略(见第3章)。

事实上,在不同的空间尺度、不同规模建设地区,工业用地空间分布特征和转型更新策略可能各有侧重,转型模式必然需要考虑治理单元大小。比如,城市转型政策在宏观层面侧重于城市定位和性质,在中观层面侧重于城市空间布局形态,在微观层面则侧重于用地使用方式、使用强度、空间组织模式等,各有侧重,有所不同。由于规划研究的结论往往具有向决策机制输出的效用,因此,研究成果对决策需要具有适应性,这种适应性不仅反映在数据基础的"粒度",而且反映在数据基础的"频度",并且最终要面向具有决策能力的治理主体和它的管辖范围。

笔者通过开展规划编制和课题研究进行积累,逐步将空间转型模式与产业结构转型目标之间建立起关系,提出"城市发展的转型关键在于功能和结构转型两个方面",是"空间扩张与挖潜"的兼顾、"用地结构调整和空间结构调整"的兼顾;工业园区是城乡空间结构转型的切入点,需要从全局着手形成倒逼机制,促进产业结构的转型升级等一系列观点。认识到任何局部改造和转型都需要在整体层面进行协调,许多局部有效的开发和更新模式反而会给全局带来不利影响(图1-7)。

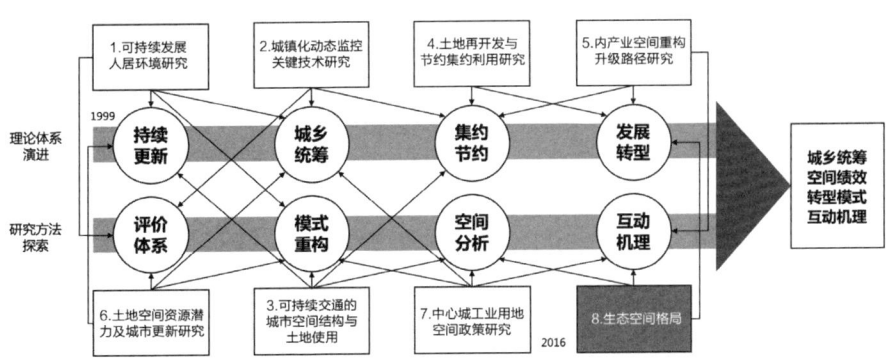

图1-7 研究基础关系示意

1.6 城市工业用地研究的关键问题与逻辑线索

1.6.1 关键问题

1. 城乡工业用地空间绩效评价模型的建构

在统筹城乡和总量控制的前提下，通过对土地使用破碎化程度的描述以解释工业用地社会经济属性与空间属性的分布特征，并结合空间分布特征的演变趋势，揭示空间绩效的理论内涵。"城乡工业用地"是对治理单元内所有工业用地的整体考虑，包括了城市化地区和乡村地区（urban and rural area），考虑了工业用地规模结构、空间结构、分布结构相互之间的影响，"空间绩效评价"则是对空间分布优劣进行判定的方法体系。

2. 定量分析方法与空间分析方法的结合

调查到的有关工业用地的数据信息和图形信息可以分为社会经济、制度和空间三大类。土地使用空间破碎化分析方法的运用依托可视化软件平台，解决对空间分布特征的描述、判定，提出优化方向；它不仅可以针对工业用地的空间结构进行分析，也可以针对工业用地的社会经济属性分布结构进行空间分析，并有利于将两个方面的破碎化分析进行叠加，提供更多样化的分析结论。同时，破碎化分析的数据基础仍然需要运用定量化分析进行预先处理。

3. 工业用地转型更新与城乡空间结构的互动机理

互动机理包括空间优化方案和方案实施两个阶段。优化方案方面，工业用地的转型更新能够促使城乡功能匹配和空间聚集状况的改善，通过产业升级、空间聚集、转性使用、减量化、生态化等转型更新方式，提高土地空间的使用效率和城乡空间结构的合理性，改善与相邻用地的功能相容性和空间协调性、与生态空间和非建设用地关系的合理性、与周边设施关系的匹配度、开发强度调整等利益分配的可操作性等。规划实施方面，权属清晰、诉求均衡、利益分配机制合理的基础上形成的更新单元，能够让转型更新实施更加顺利。多因素影响会导致互动机理复杂化，因此，在规划实施中分析尺度和利益分配机制的影响作用，可以调适多层面更新行动的相互适宜性和局部可操作性。从上述两个方面揭示互动机理，并以恰当方式反馈并纳入空间绩效评价模型，使其更加完善和实用。

1.6.2 技术路线

以政策分析和定量分析为主，基于统计数据、经济普查数据、人口普查数据、土地调查数据和图纸，采用现场调查的方法搜集土地使用情况数据，采用统计学方法对数据基本特征进行描述。进而采用定量分析与空间分析相结合的空间研究方法概括城乡工业用地的空间分布特征；采用空间绩效评价模型概括城乡工业用地的空间结构状况、属性分布结构状况，对其空间绩效优劣程度进行判断。在依据空间绩效评价模型、结合评价空间单元生成转型更新模式的过程中，分析得到评价指标因子，基于此建立空间绩效评价综合指标体系（图1-8）。

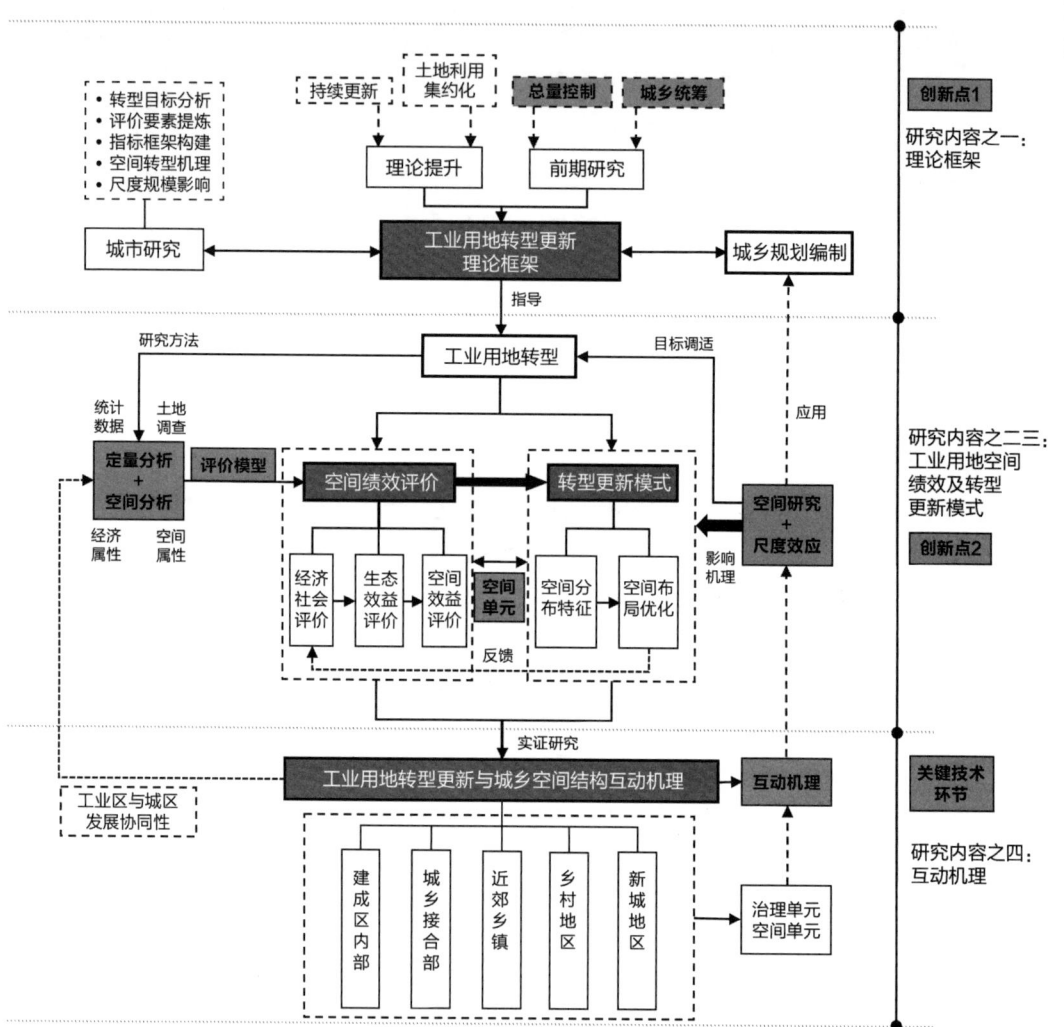

图 1-8 研究基本框架示意

第2章 国内外工业用地更新相关理论研究

2.1 相关研究概况

国外工业用地再利用研究比较普遍，研究方法比较成熟。国内相关研究从无到有、由浅入深，在经历了快速城镇化和工业化发展阶段之后，工业用地转型已经成为当下面临的紧迫课题之一。

2.1.1 国外研究现状及发展动态

1. 城市更新理论与实践是本研究的基础

英美等发达国家的棕地（brown field）研究是更新研究的重要基础性内容。城市更新（urban regeneration）强调综合协调和统筹兼顾的目标和行动，寻求持续改善亟待发展地区的经济、物质、社会和环境，成为改善城市环境、提供更多住房、促进社会经济包容性增长的重要基础，是政策落实的重要载体。

2. 产业集聚是产业用地更新的内在机制

1990 年代以克鲁格曼（Krugman）和藤田昌久为代表的新经济地理学派（NEG）研究了产业聚集现象，开启了产业地方性集聚与城镇化集聚的整合研究，成为解释城市发展动力的重要概念。将产业活动地理集群与知识外部性联系起来的计量分析方法，揭示了过去 20 年至 30 年中经济结构转型对城市空间结构的影响。产业活动地理集群与知识溢出导致城市产业空间功能分异。经典研究通过空间依赖性（spatial dependence）和空间异质性建立空间计量经济模型，对经济活动时空交互相关性作用进行了解释。此外，工业用地不仅提供了发展的平台，也为城市注入新的功能提供了载体，结构性优化还包括城市内、外部空间结构的协同互动。

2.1.2 国内研究现状及发展动态

旧城改造实践中的工业用地更新研究始于20世纪八九十年代，当时的"退二进三"政策以改造城市内部的传统居住区和工业区为主，并由此引起城市空间结构的变化和功能结构变化。除此之外，还有一些研究内容吸引了大量学者的关注。

1. 针对开发区及其与城市关系的研究

早期研究注意到土地集约化议题。开发区建设是发展经济、推动城镇化、拓展城市空间的重要载体。20世纪90年代开始，以产业郊区化和城市边缘区为研究对象，国内学者开展了对新产业空间及其与城市空间互动的研究。随着开发区遍地开花，土地集约使用的议题日渐重要，从劳动力和资本性集约到资本和技术性集约，再到结构性集约，最后随着城乡融合表现为生态型集约，但开发区形式混乱不利于土地集约节约利用、不利于经济结构调整和产业转型升级。产业集聚理论得到运用。2000年以来的实证研究，解释了产业在空间上聚集，推动区域经济增长，给城镇体系结构、城市空间结构带来影响的现象。随后的研究揭示了产业聚集背后知识溢出的作用，在中观和微观层面解析了工业与城市空间结构之间的密切关系，工业园区是城市不能分割的构成部分。将开发区作为存量空间。近来，开发区存量空间的优化是城市发展的重点，有可能成为新的精明增长空间和边缘城市。开发区被划分为"综合新城、产业社区、纯产业区、消亡空间"四种类型，转型重心在于产业的区域分工和升级。产业优化提升、功能转型升级、空间集约利用及建筑改造利用是实现开发区自身转型、再开发的有效途径。与城市空间结构的互动研究。GIS缓冲区分析、基于CA的UPCA模型等空间定量分析方法得到推广，存量和增量用地置换研究揭示了产业园区空间演化对城市空间结构的影响；工业用地与城市不仅在功能结构和空间结构上有尺度效应，而且在集约化和综合效益评价时也受宏观、中观、微观层次的影响，空间尺度因素影响规划评价、政策选择和空间规划的研究在西方已受重视。

2. 工业用地经济效益的评价研究

定性研究方面，从静态和动态两个角度开展，综合考虑投入产出经济效益和社会、就业、生态效益。定量研究方面，建设用地集约型评价指标体系、"提供就业水平、投入产出水平、技术创新水平"评价指标体系得以采用，经济普查数据在对就业空间与产业空间的相关性分析方面存在缺陷。

3. "空间绩效"研究路径的形成和运用

用地在空间上分布有效，空间绩效议题依此开展。区域层面，基于4E（经济、效益、效率、公平）框架从土地利用绩效与工业化、城镇化水平的空间匹配关系，揭示了"俱乐部趋同"效应。城市层面，通过"绩效密度（density）、绩效舒展度（spread）、绩效人口梯度（gradient）和绩效OD比"四个指标进行测度，实施绩效管理；进一步揭示城市用地的空间绩效源于功能之间的对偶互补性，反映在"适当比例"和"合理布局"两个方面，正外部性所构成的空间红利是空间绩效的判定标准。评价体系方面，运用DEA数据包络分析法，选取固定投资和财政支出作为投入指标，考察更新过程效果。运用模糊综合评价法和层次分析法对空间结构发展绩效进行模糊评价，全局主成分分析方法（GPCA）结合聚类分析，将样本城市空间绩效变化特征进行排序和分级。在城市建成区、市辖区、城市规划区、市域选择相应的指标分开评价；关注区域性的自然人文差异以及统计数据的可获得性和可量化性。借鉴Thunen-Alonso土地利用模型建立人口—产业经济分布标准断面比较模型，用密度分布空间结构反映城市紧凑度；引入景观格局指数方法分析城镇用地格局，用Arcview将评价地区栅格化，再用Fragstats软件分析用地格局破碎度指数Frag-Index；分析用地碎化与管治碎化的关系以及碎化指数的生态经济内涵。绩效研究初步涉及工业用地，将宏观过程（如经济、社会结构转型）和地方过程（如开发区建设）相结合，关注局部与整体效益的差异、空间分布的阶段性差异等影响，提出"三规统筹、空间统筹、城乡统筹、新旧统筹"的视角，注重内外结合、功能互动的工业用地绩效研究思路。上述研究在定量、定性、空间分析方面都做了创新和探索。

2.1.3 既有研究述评

从城乡统筹视角开展的理论研究有待深入。工业用地问题是具有中国当下发展特色的问题，是土地财政和市场经济双重作用的结果。空间分布有区位多样化、权属复杂化、利益诉求多样化、闲置化、混杂化的情形。因此，为了凸显工业用地总量失控和结构失调问题，需将城市建成区内、边缘地区、乡村地区的各类工业用地统筹在一起考量，是回答"哪些应该转，怎么转"问题的重要前提。既有研究分别关注过传统工业转型、开发区转型和乡村工业问题，将治理单元内工业用地予以通盘考虑的研究不足。

尚需定量分析研究方法支撑。既有工业用地研究多从投入产出、地均产值、单位产值耗地量等土地经济绩效角度，以及区域层面绩效分布的"俱乐部趋同"效应展开，绩效评价体系也多采用层次分析法和专家法，缺少基于统计数据和土地调查数据的定量研究方法。此外，针对工业用地空间绩效方面的研究还不成熟；空间绩效评价体系尚未构建，转型更新模式和互动机理的定量研究还不完善。这些缺憾限制了对"怎么转和转成什么"问题的回答。

与城乡空间结构的互动机理研究不足。工业用地规模失控、空间失序的问题，受土地空间管控制度缺陷，多元产权特征、利益分配机制的影响较大。理解和分析土地使用空间作用机理背后所反应的土地产权和使用制度性问题，将土地产权制度、利益分配机制和交易成本等新制度经济学内容与城市规划空间内容相结合的研究还不够。从承载就业和资源合理分配的角度来看，权属特征和空间结构有相互影响关系：从总量上控制工业用地，会对绩效评价和转型模式产生影响，从土地使用者的利益预期来看，转型动力存在差异，由此决定了规划的实施和转型更新的质量。同时，利益分配机制的影响在空间绩效和转型模式中有所体现。因此，揭示工业用地转型更新与城乡空间结构优化互动机理的权属和利益分配本质方面的研究还不够深入。互动机理研究有助于回答通过规划实施达到"转型效果"的问题。

2.1.4 研究趋势

资源刚性约束条件下的可持续发展是时代性议题。工业用地转型更新问题被证实是当下急需解决的问题之一，需要尽快基于持续更新和土地集约化利用理念，建立城市工业用地转型研究的理论和方法体系。研究趋势和应用前景有：（1）有助于完善规划设计理论与方法，构建城乡工业用地空间绩效评价模型，成为促进城乡规划学科发展的重要领域，使国土空间规划起到推动实现国家战略的作用；（2）有助于促进空间转型模式研究和完善城乡规划学科的空间规划语言体系，成为规划教育、科研和实践的依据和技术途径；（3）依托"转型更新模式"建立更新单元，有助于推动规划编制和城乡空间结构优化调控的创新应用，成为国土空间规划理论发展与规划设计实践的重要保障；（4）探讨工业用地转型模式与城乡空间结构互动优化的机理，有助于形成以土地权利为核心、以利益分配机制为动力、以空间规划为政策手段的应用工具。在国内规划学术界开展该项系统性研究在当下尤显重要和紧迫。

2.2 工业用地研究的理论背景

2.2.1 工业化过程研究

工业用地的研究总是与产业研究密切相关,并反映一座城市的兴衰发展历程。产业研究往往能够揭示一座城市的发展模式。一直以来,上海市的工业化过程备受关注,不仅是因为它代表了我国民族工业兴衰的发展历程,而且与国家和区域的经济繁荣密切相关,更是支撑社会进步的重要支柱。上海市是本书的一个重要案例城市。

1. 早期工业化

著名经济学家刘大钧[1]指出,"我国新工业发源于同治初年,故言新工业史者皆自同治初年始"。近代具有国际影响的工业化研究,将这以后的工业化划分为七个阶段:第一阶段,军用工业时期(同治元年至光绪三年,1862—1877),期间有李鸿章在上海创办制炮局,曾国藩设江南制造局等,都是官营工业;第二阶段,商品工业时期(光绪四年至光绪二十年,1878—1894),期间有李鸿章奏设上海织布局,沪商祝大椿设立源昌机器五金工厂开启了民营新式工业,日用品制造和纺织业兴起,被称为官督商办期;第三阶段,外人兴业时期(光绪二十一年至二十八年,1895—1903),马关条约允许外商在通商口岸开设工厂;第四阶段,政府提倡时期(光绪二十九年至民国二年,1904—1913),设立商部,被称为权力收回时期;第五阶段,民营进展时期(民国三年至民国十四年,1914—1925);第六阶段,官民合作力求进展时期(民国十四年至民国二十二年,1925—1933),提倡国货使国内工业发展加速,上海的工业发展尤其

---

[1] 刘大钧(1891—1962),江苏丹徒人。中国经济学史上继严复之后的重要人物。主持第一个全国性经济调查研究机构"经济讨论处";创办第一个以经济学家为主要成员的全国性学术团体"中国经济学社";1933—1935年主持中国近代第一次工业普查;运用统计数字研究中国经济问题的代表;中国最早有国际影响的经济学家之一。著有《上海工业化研究》。

迅速；第七阶段，衰落时期，（民国二十二年，1933—1940），战乱和动荡导致市场低迷、购买力萎靡。

在这段工业化过程中，上海始终走在全国前面，并以纺织业和饮食品业最受人瞩目。纺织厂占所有工厂的33%左右，纺织工人占各业工人人数的60.1%。工业发展不仅导致人口增加，促进了工业区的发展，物价也随之上涨，国际贸易、水陆运输由此发达，金融业逐步形成。工业化也促进了社会流动，尤其是城乡间的要素流动，导致家庭结构的变化，城市中男女性别比例的变化，居住方式和生活方式也受到极大影响，居住和公共服务因此受到重视。上海在工业化的进程中，最终成为世界著名的工商业城市。当然，在今天看来，这七个阶段也仅是上海工业化过程中非常短暂的一瞬。

2. 计划体制下的工业化

工业生产既是一种经济活动，也是一种组织现象，所有的生产者（包括管理者）都存在于一个特定的组织当中；不仅如此，工业生产涉及土地的使用和生产的场地，包括对生产资料和要素的管理，因此，也反映了一种产权制度特征。因此，工业化研究不仅涉及经济行为的研究，也涉及企业管理制度和土地管理制度两方面。从1949年到改革开放的30年，工业化发展历程始终走不出高增长、低效益（投入与产出比）的困境。与市场经济体制不同，计划经济又被称作指令型经济，生产、分配、消费各个方面都由政府进行计划统筹。上海这一发展阶段又可划分为以下阶段。

1）城市工业的重塑（1949—1957年）

包括从制度上确保生产效率和"一五"的实施两方面。1952—1957年平均增长率为25.7%；1957年按不变价格计算，从1957—1965年平均增长率为12.3%。大部分学者对"国民经济恢复时期"（1949—1952年）、"一五计划时期"（1953—1957年）的中国经济态势都给予了较高的评价。

20世纪40年代末期，上海只有四分之一的工厂维持生产，并且开工率在40%～50%。上海市政府在强化对私营经济供产销等经济活动及自由市场控制力度的基础上，恢复发展私营经济，孕育"社会主义改造"。1951年推行"经济核算制"生产改革运动，经济专业人员的缺乏致使计划管理的"非理性""随意性""非科学化"。1953年8月出台了《上海市加工订货管理暂行办法》实行统购统销，1954年向接受加工订货的大厂派员,直到 1956 年私营工商业普遍公私合营。

1956 年的中共八大被誉为探索适合本国国情的经济发展道路的开始。1953—1957 年,国家在"一五"计划时期奠定了计划经济体制格局,事实上,除了计划经济体制的基本雏形之外,精密的统计制度、严格的管理制度、"一长制"(厂长负责制)、计件工资等增效手段都没有得到落实。

2) 国家计划经济(1958—1965 年)

据统计,该期间上海工业总产值年均增长率为 15%,这一增长速度得益于逐步建立起来的技术工人培训制度和群众运动式的技术普及、以生产指标构建起来的指令体系和赏罚体系、以劳动竞赛为生产动员方式的激励办法。

1958 年国务院将大部分轻纺工业企业和一部分重工业企业由原来中央政府各专业部(局)下放给地方政府管理,企业的利润收益实行地方和中央二八分成,并同时减少国家下达的指令性指标[2]。

上海"二五"发展计划 1962 年工业总产值为 176.3 亿元,平均每年增长 10%,随后被修订为 370 亿元,平均每年增长 26.6%。据榆林区(今属杨浦区)99 个重工业工厂统计,跃进指标在 5 倍以上的有 28 家,2 倍以上的占七成。工厂施工速度惊人,以上钢三厂为例,仅 5 个月就完成了 6 个生产车间的新建和扩建,厂区面积从 33 万平方米扩大到 132 万平方米,1957—1960 年三年总投资超过 9500 万元(表 2-1)。随着新车间新设备的投产,劳动力需求量相应提升,1958 年上海市钢铁工业新增劳动力超过 6 万人。

表 2-1　　　　　　　　1953—1965 年每百元固定资产投资新增国民收入情况

	新增国民 收入(亿元)	新增固定 资产(亿元)	每百元固定资产 投资新增国民收入(元)
1953-1957年	319	492.18	116
1958-1962年	16	861.82	2.4
1963-1965年	463	367.79	75

资料来源:林超超.动员与效率:计划体制下的上海工业 [M].上海人民出版社,2016: 114.

---

2 1957 年 11 月 8 日国务院全体会议第 61 次会议通过《国务院关于改进工业管理体制的规定》。

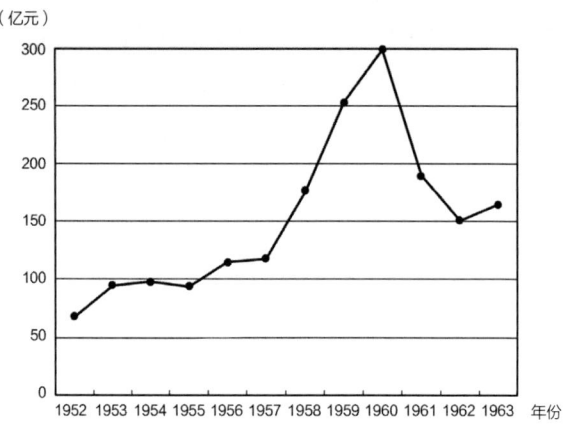

图 2-1 1952—1963 年上海市工业生产总值
资料来源：林超超.动员与效率：计划体制下的上海工业[M].上海人民出版社，2016：124.

由于生产空间不足，严重依靠"弄堂小厂"，再加上技术跟不上生产需求。上海市工业生产总值终于不堪拖累创下了历史最大跌幅（图2-1）。

1960年8月，原国家计委提出按照农、轻、重的次序重新安排计划；通过精简工业人口、减少城镇人口，压缩城镇粮食销量。1960年底，上海市总工会动员工人住宅区的家属回乡，精简对象为1958年1月以后来自农村的新职工。1961年，上海共精简职工达13.2万人，并制定了1962—1963年共精简职工20.4万人的计划。[3] 现有工厂企业实行"关、停、并、转"，属于集体工业性质的街道工厂、里弄生产组受到清理。《国营工业企业工作条例（草案）》[4] 推动企业加强经济核算、降低成本、扭亏为盈。

1963—1965年这三年作为"二五"（1958—1962年）到"三五"（1966—1970年）的过渡，酝酿新的工业管理体制改革。此前被下放的权限被重新收回，在对企业的条块管理[5]没有形成统一认识的情况下，一个集生产、交换、科学实验为一体的综合性经济组织——企业性的专业公司"托拉斯"[6]被原国家经委于1964年6月以《关于试办工业、交通托拉斯的意见的报告》形式提了出来。

---

[3] 1961年6月28日，中央下发《关于精简职工工作若干问题的通知》。相关文件还有《中央工作会议关于减少城镇人口和压缩城镇粮食销量的九条办法》，《中央关于核实城市人口和粮食供应的紧急指示》。
[4] 俗称"工业七十条"。
[5] 所谓条块管理，是指按行业或者按地区划分进行管理的方式。

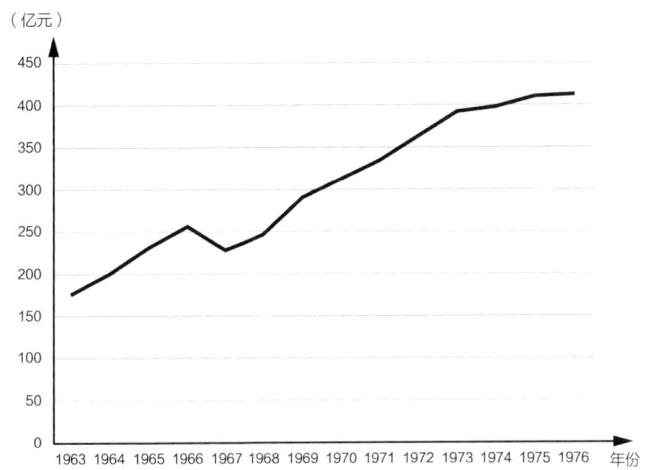

图 2-2 1963—1976 年上海市工业生产总值
资料来源：林超超. 动员与效率：计划体制下的上海工业 [M]. 上海人民出版社，2016：180.

3）特殊年代的工业（1966—1975 年）

"三五""四五"（1971—1975 年）期间，经济出现了"三起三落"[7]（图 2-2）。

"三五"计划考虑全国工业布局不平衡问题，提出了一、二、三线的战略布局。上海市开始调整农轻重比例，紧抓轻工业生产，重点发展一些中高档产品。由于重工业行业拥有高产值，在偏重于指标考核的年代难以被上海市所割舍，然而并不符合上海市的地缘优势和产业优势，事实证明，家用耐用品等电子设备和轻工业的发展十分突出，才是上海的优势所在（图 2-3）。

"四五"计划期间，国家启动了新一轮的经济体制改革，再次下放企业并与地方实行财政分权[8]，以调动地方政府积极性。但是，随之而来的就是地方"追加投资"的呼声提高、职工队伍迅速膨胀，本就不具备矿产资源的上海市，由于原材料、燃料的

---

6 托拉斯（Trust）通常被认为是资本主义垄断组织的高级形式，相比卡特尔（Cartel）和辛迪加（Syndicate）而言是更为稳定的垄断组织形式。
7 "一起"在 1966 年上半年；"二起"在 1969 年，直到 1974 年"批林批孔"；"三起"在 1975 年，1976 年再度陷入低谷。
8 1970 年 3 月 5 日中央下达了《关于国务院工业交通各部直属企业下放地方管理的通知（草案）》。中央直属企业减少到 500 多个，仅为 1965 年的 5% 左右。

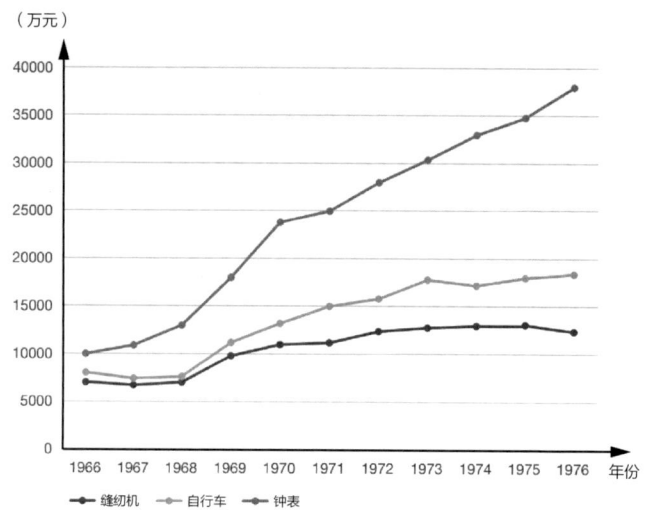

图 2-3 1966—1976 年上海市缝纫机、自行车、钟表行业利税情况
资料来源：林超超. 动员与效率：计划体制下的上海工业 [M]. 上海人民出版社，2016：202

供应不足，重工业的亏损严重。财政分权的结果并不理想。

4）新一轮经济体制改革的启动（1976—1979 年）

1976 年 10 月，上海开始开展以节能为中心的增产节约运动。随着工业生产领域向外资敞开大门，宝钢诞生了。[9] 扩大企业经营自主权经济体制改革思路代替了总是在中央与地方权力分配上兜圈子的老路，上海市试点范围扩大到了 103 家工厂，至 1982 年上海市先后有 6 批 1836 家企业进行了扩权试点，占全市国有工业企业的四分之三，产值和利润占全市的五分之四左右。

1978 年之后开始了新的经济体制改革。上海市 1979—1980 年用两年时间调整工业结构和产品结构，调整轻重工业比例关系，压缩基本建设，发展轻纺手工业和电子工业。随着国企改革的推进，所有权与经营权"两权分离"的概念得到讨论[10]，在工业生产和工业企业管理两个方面，都要符合经济规律和价值规律才能实现企业在开放的市场环境中获得竞争优势。通过竞争机制提高内部资源配置和生产技术水平，根据

---

9 1978 年 3 月 11 日国务院同意了《关于上海新建钢铁厂的厂址选择、建设规模和有关问题的请示报告》。1983 年 3 月国务院批准了《关于上海引进技术改造中小企业扩权的试点报告》。
10 1984 年 10 月 20 日党的十二届中央委员会第三次全体会议通过《中共中央关于经济体制改革的决定》。

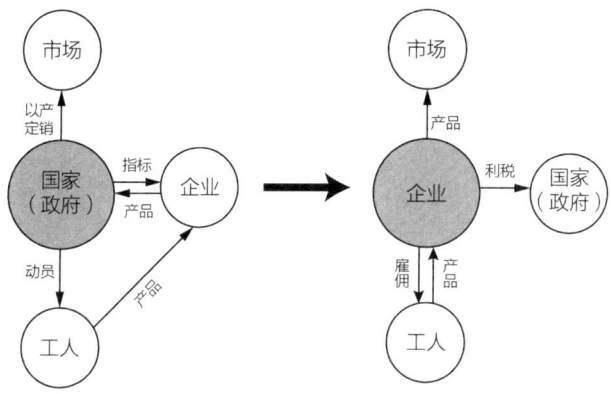

图 2-4 20 世纪 70 年代末期经济体制改革示意图
资料来源：林超超. 动员与效率：计划体制下的上海工业 [M]. 上海人民出版社, 2016: 223.

市场需求调整商品结构和经销策略，取得良好经济效益，通过上缴利税提高政府财政收入，实现双赢。1984 年后，国家开始在国民经济计划中划分指导性和指令性，并大幅削减指令性指标（图 2-4）。

1949—1980 年，按可比价格计算，上海工业增加值年平均增长率为 12.1%，第三次产业增加值年平均增长率为 6.0%；按照当年价格计算，工业对上海生产总值增长的贡献率高达 75.9%，而第三次产业对上海生产总值增长的贡献仅为 19.3%（图 2-5，图 2-6）。因此，在这一发展阶段，上海市经济增长呈现出显著的以工业为主导的演变特征。

在工业用地的使用方面，截止到 1978 年，上海市围绕着以工业建设为中心的方针，先后在闵行等地建设重型装备制造基地，在吴泾等地建立化工基地，先后共建立了 14 个老工业区（表 2-2）。

3．产业结构的转型时期

改革开放被认为具有重要的时代划分特征，制度性红利得到极大的释放。1980—

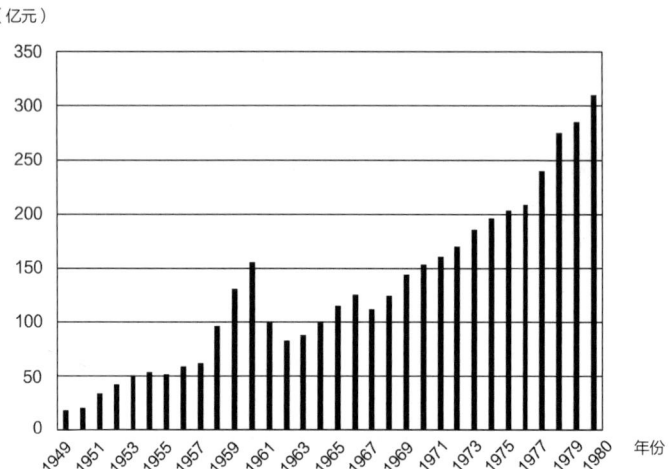

图 2-5 1949—1980 年上海生产总值（当年价）

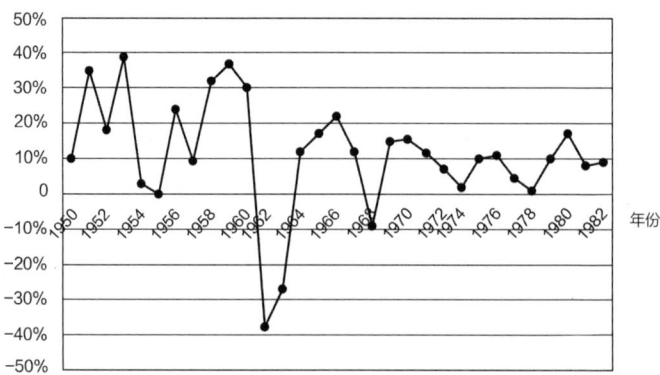

图 2-6 1949—1980 年上海生产总值增长率
资料来源：史东辉. 工业化、去工业化、后工业化与服务经济的形成：上海产业结构转型的历史透视 [M]. 上海大学出版社，2012：45.

表 2-2　　　　　　　　　　1958—1978 年上海建设的主要工业区

名称	建立时间	类型
吴淞	1958	钢铁工业基地
闵行	1958	重装机械制造工业基地
吴泾	1958	化工基地
安亭	1959	汽车工业基地
松江	1959	轻工业基地
嘉定	1959	科学研究基地
金山卫	1972	石化工业基地
宝山	1978	钢铁工业基地

资料来源：卢为民. 工业园区转型升级中的土地利用政策创新 [M]. 东南大学出版社，南京，2014：21.

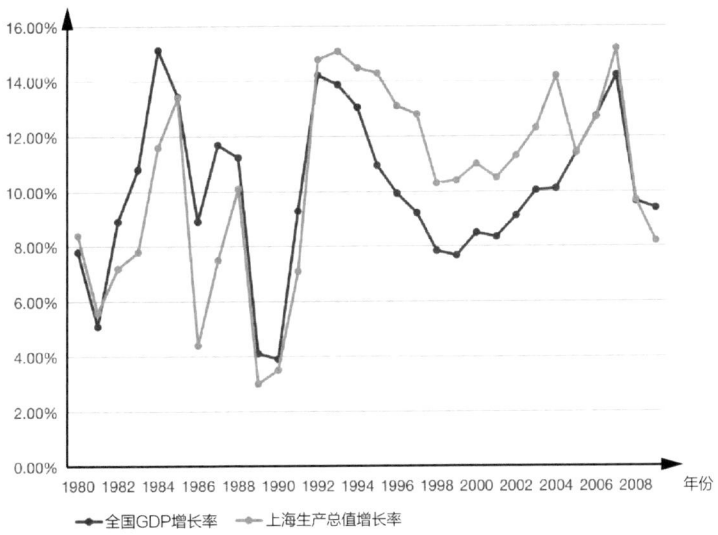

图 2-7　1980—2009 年全国 GDP 增长率与上海生产总值增长率
资料来源：史东辉. 工业化、去工业化、后工业化与服务经济的形成：上海产业结构转型的历史透视 [M]. 上海大学出版社，2012：23.

2010年上海市生产总值年平均增长率达10.4%，1992—2008年经济增长速度明显快于全国（图2-7）。工业从来就是上海经济的重要组成部分，工业产出和就业规模也一直占据了上海第二次产业的大部分。2010年上海工业增加值[11]比1980年增长了16.9倍，年平均增长率为10.1%，以当年价格计算，工业对上海生产总值增长的贡献率为37.4%（图2-8a）。

同样以1980年为分界，上海产业结构的转型不仅是第三产业逐步占据首要地位，而且工业所占上海生产总值的比重则呈持续下降之势；工业和第三次产业各自呈现"倒U形"和"U形"互逆特征（图2-8b）。作为持续40年经济高速增长的重要结果之一，上海成功实现了工业化，同时，产业结构也完成了由第二次产业为主向第三次产业为主的转换。[12]考察上海市二次产业、三次产业在经济总量中比重的变化，能够将这一发展阶段划分如下：

1）改革开放的启动与初步转型（1981—1991年）

"六五"（1980—1985年）仍然延续了"以工业为中心"的战略，"七五"（1985—1990年）则逐渐淡化了"以工业为中心"的战略。工业增长以1991年为分界呈现前后"先抑后扬"的特征（图2-9a），工业从业人员数量处于"缓步增长"（图2-9b）。上海市国有工业管理体制改革任务最重，包括"放权让利"的经济责任制，1984年开始的"利改税"理顺国有企业与政府关系，推行厂长负责制，横向联合组建企业集团，各种形式的承包制等。在减少指令性计划的同时，工业品价格由市场供求自行定价逐步开展。

在这一阶段，非公有制经济得到了一定的发展，外商直接投资得到鼓励，特别在原材料采购、产品销售两大环节已经逐步放开（表2-3）。"三资"企业实际利用外资1991年底累计达到15.56亿美元。与所有制模式多元化相配套，银行、金融、保险、

---

11 依据统计数据衡量工业增长的指标有二：工业总产值和工业增加值。工业总产值存在不可避免地重复计算，并不能准确反映工业产出的实际水平，只能在名义上反映工业生产的产出价值。通常，无论现行统计制度还是产业结构学说，各产业增加值占全部生产总值的比重都是基于当年价格计算的，意即，某一产业增加值份额就是以当年价格计算的该产业增加值与以当年价格计算的生产总值的比值。采用可比价格计算相关指标，是为了考虑某一产业或整个经济的增速时才使用。

12 有研究认为，上海经济在2005年便进入后工业化阶段。参见，中国社会科学院工业经济研究所.中国工业发展报告2008：中国工业改革开放30年（经济管理出版社2008年版）：23.

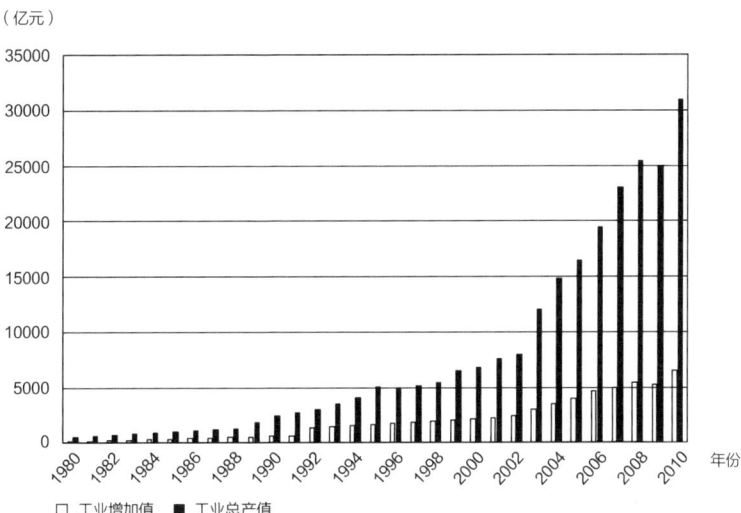

（a）1980—2010 年上海工业增加值和工业总产值

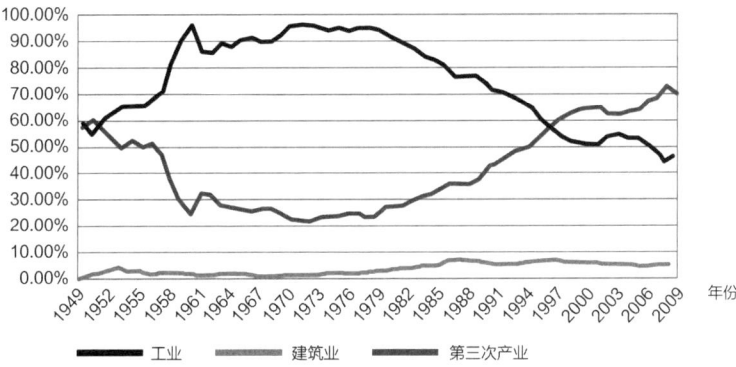

（b）1949—2009 年工业、第三次产业和建筑业在上海生产总值中的比重

图 2-8　1949—2010 年上海若干经济数据的变化趋势比较

资料来源：史东辉. 工业化、去工业化、后工业化与服务经济的形成：上海产业结构转型的历史透视[M]. 上海大学出版社, 2012: 33.

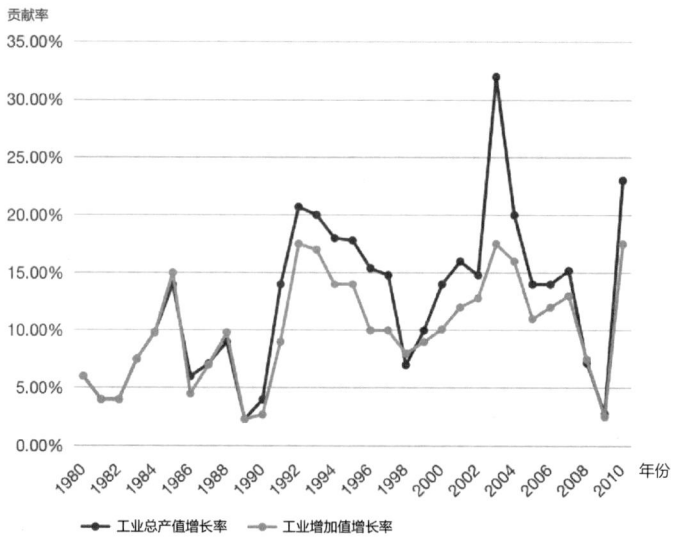

（a）上海工业增加值和总产值增长率

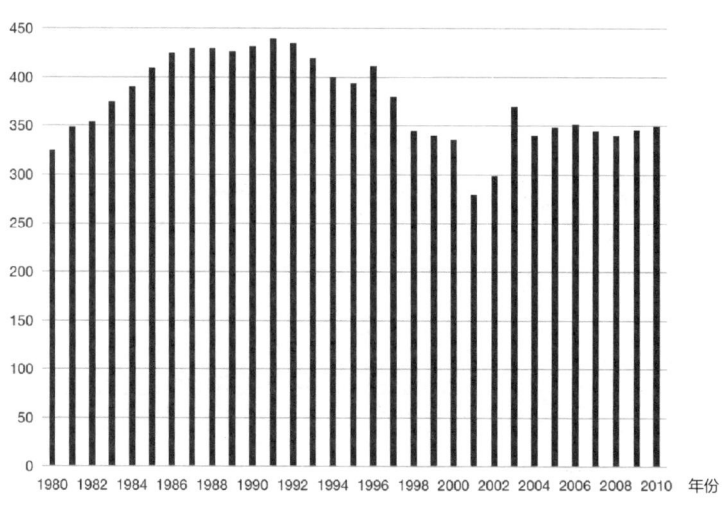

（b）上海工业从业人员数量

图2-9 1980—2010年上海市工业领域经济数据变化趋势

资料来源：史东辉.工业化、去工业化、后工业化与服务经济的形成：上海产业结构转型的历史透视[M].上海大学出版社，2012：34.

表 2-3　1985—1992 年上海各种经济类型的工业总产值构成

年份	全民所有制	集体所有制	全民与集体合（联）营	"三资"企业	个体工业
1985	77.5%	19.3%	2.2%	0.3%	0.6%
1986	76.2%	19.3%	3.0%	0.7%	0.6%
1987	72.9%	20.1%	4.6%	1.2%	0.6%
1988	67.9%	22.5%	6.3%	2.2%	0.8%
1989	65.8%	21.6%	7.8%	3.8%	0.6%
1990	69%	17.1%	7.7%	5.5%	0.6%
1991	64.6%	18.3%	7.9%	8.2%	0.5%

资料来源：史东辉．工业化、去工业化、后工业化与服务经济的形成：上海产业结构转型的历史透视[M]．上海大学出版社，2012：54.

贸易等领域也开始市场化改革。1987年，上海更是率全国之先制定了《上海市土地使用权有偿转让办法》，并于1988年首次通过招标方式出让土地，开发区建设随之兴起。1986年，上海虹桥经济技术开发区、闵行经济技术开发区、漕河泾新兴技术开发区同时获国务院批准成为全国首批国家级经济技术开发区。其中，虹桥开发区以外贸为特征，集展览、展示、办公为一体，漕河泾以工业、外资、高新技术为特征，闵行开发区以机电、医药、轻工业为特征。

"七五"之初1986年，国务院批复同意《上海市城市总体规划方案》，城市性质确定为全国最重要的工业基地之一，也是全国最大的港口、贸易中心、科技中心和重要的金融中心、信息中心、文化中心。还应当进一步建设成为太平洋西岸最大的经济贸易中心之一。浦东新区、陆家嘴金融贸易区、外高桥保税区、金桥出口加工区、张江高科技园区等逐步建立，先后有7个国家级开发区、9个区县属的市级开发区建立起来。

2）全面加速开放（1992—1997年）

这一阶段内的"八五"（1990—1995年）计划确立了"三二一"战略。以1992年为契机，建立社会主义市场经济体制为核心的改革开放为标志，包括两个内涵：第一，在资源配置上，经济活动遵循价值规律，适应供求关系；第二，在所有制结构上，个体经济、私营经济作为补充，多种经济成分共同发展。据资料统计，第二次产业占全市生产总值的比重迅速下降，1998年（47.4%）比1980年下降了28.3个百分点（图2-10a），工业从业人员数量渐趋减少（图2-9b）[13]。工业指令性计划产品产值持续下降，价格和产量转由市场调节，上海市就此成立了煤炭、农产品、化工、石油等7家国家级大型商品交易所或者市场，203家各类初级、区域级批发市场。

继1990年6月浦东新区获得10项优惠政策，1992年1月又获5项审批权限的优惠。上海采用"土地空转"[14]方式获得开发区起步资金，随后这一模式被国内其他开发公司所效仿。

1993年上海市确立了140家国有企业进行现代企业制度建设[15]，1996年建立了现代企业制度目标，1997年底全市国有企业基本形成了现代企业制度框架。同时，对国有企业资产做了有效整合，实现国有资产优化重组，组建大型企业集团。在国企改革的同时，上海推进外商直接投资（FDI）和非公有制经济发展，逐渐占据半壁江山。

此阶段，以内环线为分界，实行了两侧地区"工业园区化"的战略。乡镇工业和园区工业得到了极大的发展。

3）瞄准国际经济中心城市（1998—2006年）

在这一阶段前后，"九五"（1996—2000年）计划确立了把上海市建成国际经济、金融、贸易中心的目标，确立上海国际经济中心城市地位；同时加快培育高新技术产业。第三产业从1999年起取代第二产业在上海生产总值中占最大份额。"十五"（2001—2005年）则提出大力发展新兴产业。据统计资料，这一时间段中，第二产业占全市生产总值比重相对稳定在47%，第三产业占全市生产总值比重在1998年与第二产业发生了互逆（图2-10a）。工业从业人数逐渐恢复上升之势（图2-9b）。

据统计，截至2003年，各类申报开发区达到了177个，申报规划面积1008km²。

---

13 发展阶段的划分主要依据经济指标的显著特征，五年计划的内容只是作为辅助性依据。
14 具体为"资金空转、批租实转、成片开发"，由政府部门按照土地出让价向开发公司开出支票，作为资本投入，并成为股东。开发公司将其作为土地出让金支付证明，交土地管理部门签订土地使用权出让合同。管理部门再将支票上缴财政部门。
15 1993年11月党的十四届三中全会通过了《中共中央关于建立社会主义市场经济体制若干问题的决定》。

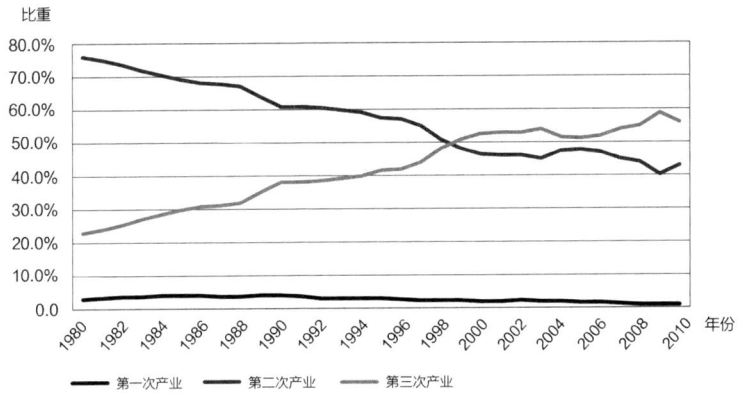

（a）上海生产总值中各产业所占比重

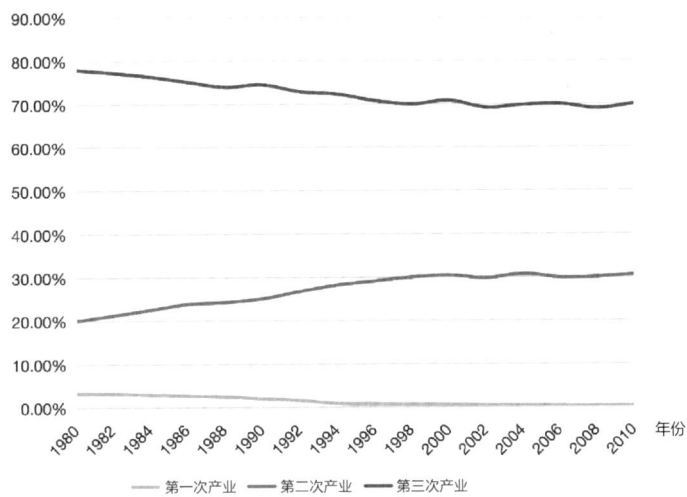

（b）以1978年价格计算的各产业占上海生产总值的比重

图2-10 1980—2010年上海经济数据的变化趋势

资料来源：史东辉. 工业化、去工业化、后工业化与服务经济的形成：上海产业结构转型的历史透视[M]. 上海大学出版社，2012：2.

2004年国家对开发区清理整顿，经过两次清理和设立审核，上海共公布了41个国家公告开发区，规划面积656km²，其中38个是以工业为主的开发区，规划面积560.11km²。177个开发区中约60%被核减撤销。9个郊区的91个乡镇中，有39个乡镇的行政范围内有国家公告开发区，其余52个乡镇有7个乡镇依托重大产业基地发展工业。

4）提出二三产融合发展（2007—2010年）

"十一五"（2006—2010年）提出了科教兴市主战略，促进二、三产业融合发展，提高产业国际竞争力。迎世博，建设"四个中心"（国际经济、金融、贸易、航运）的国际大都市建设目标得到明确。出现了"二产跟着三产走"的局面。据资料统计，第二产业占全市生产总值的比重迅速下降，而第三产业的占比则迅速上升（图2-10a）。全市工业从业人员达到347.65万人，比1980年增加了6.1%，并存在有13年的负增长（图2-11）。2009年，上海市通过"两规合一"划定了104个工业区块，规划总面积834.69km²。其中的22%为产业基地，规划面积181.06km²；63%是41个公告开发区，城镇工业用地占15%。

综合分析1980—2010年上海工业发展的历程可以发现，上海市经济增长中以1996年为分界线，由第二产业贡献较大逐步转为第三产业贡献较大。随后只有2003年、2010年两次贡献率超过第三产业（图2-12）。而且，工业增加值在上海生产总值中所占比重也呈下降态势，工业与第三产业所占比重的差距在1997年左右发生了逆转（图2-13）。

事实上，有研究显示，首先由于存在当年价格和可比价格计算之间的差异，上海市第二产业与第三产业比重之间的变化并非如前述那样。结果显示，以1978年价格计算的第二产业增加值比重的下降幅度远小于以当年价格计算的下降幅度；以1978年价格计算的第三产业增加值比重的上升明显小于以当年价格计算的上升幅度。也就是说，无论是工业占比的下降速度，还是三次产业占比的上升速度，以当年价格计算的速率

---

16 计算价格弹性对产业增加值占比影响的方法。公式为：$D_{ij} = \dfrac{V_{ij}}{V_{ij}^c} \times 100$

　　D为平减指数，V为以当年价格计算的增加值，Vc为以某一可比基准年份价格计算的增加值，i为具体某个产业，j为年份。

图 2-11 1980—2010 年上海工业从业人数增长率

资料来源：史东辉. 工业化、去工业化、后工业化与服务经济的形成：上海产业结构转型的历史透视 [M]. 上海大学出版社，2012：35.

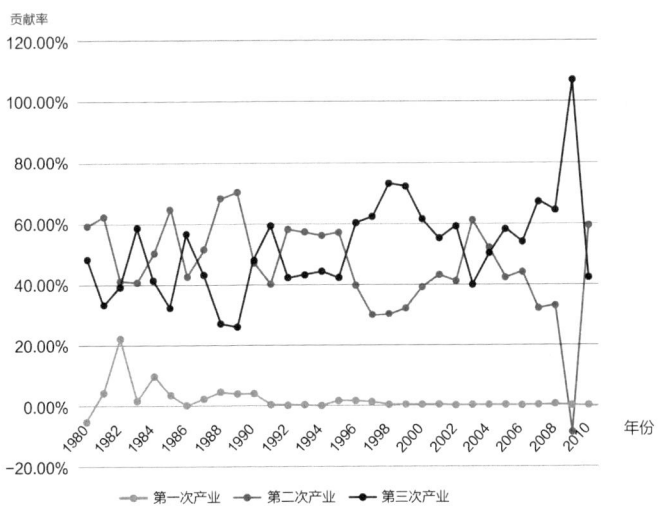

图 2-12 历年各产业对上海生产总值增长的贡献率

资料来源：史东辉. 工业化、去工业化、后工业化与服务经济的形成：上海产业结构转型的历史透视 [M]. 上海大学出版社，2012：4.

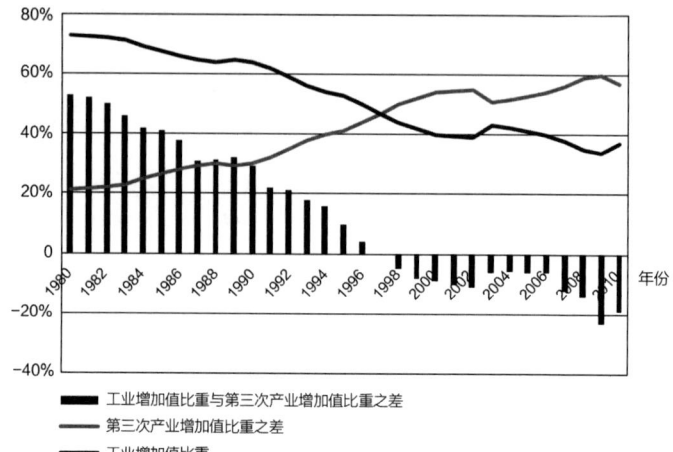

注：工业与第三次产业所占比重的差距，由 1980 年时的 +52.9 个百分点，逐步演变至 1998 年时的 -4.8 个百分点，以及 2009 年的 -23.4 个百分点和 2010 年的 19.3 个百分点。

图 2-13　1980—2009 年上海工业和第三产业在全市生产总值中所占比重的差距
资料来源：史东辉. 工业化、去工业化、后工业化与服务经济的形成：上海产业结构转型的历史透视[M]. 上海大学出版社，2012：5.

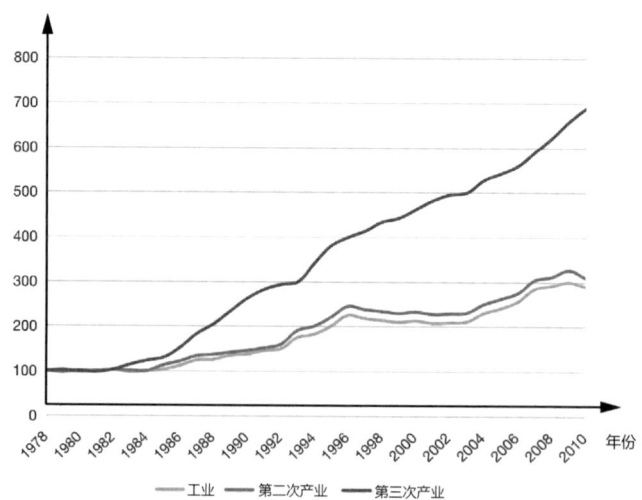

图 2-14　1978—2009 年全国有关产业增加值的平减指数（以 1978 年为基期）
资料来源：史东辉. 工业化、去工业化、后工业化与服务经济的形成：上海产业结构转型的历史透视[M]. 上海大学出版社，2012：84.

表 2-4　　　　　　　　　　　　　产业增加值年平均增长率的比较

	全市生产总值	第二次产业	工业	第三次产业
1978年价格	10.4%	10.0%	10.1%	12.0%
当年价格	14.3%	12.1%	11.8%	18.2%

资料来源: 史东辉. 工业化、去工业化、后工业化与服务经济的形成: 上海产业结构转型的历史透视[M]. 上海大学出版社, 2012: 76.

都远远快于以可比价格计算的速率。这一巨大差异的影响因素除了所谓的物量之外，更重要的是价格水平的变动因素，且在 1992—1997 年影响尤甚；这一特征可以用"平减指数"[16] 计算出来（图 2-10b, 图 2-14, 表 2-4）。

若以增加值份额反映产业结构，则通常只能基于当年价格的相应计算结果，因为产业结构是指国民经济中各产业产出或就业的相对规模，产出相对规模的计量只能基于价值量而不是物量。而价格水平反映了产业之间交换关系的变化，也就是市场机制的运行模式，反映在平减指数上就是增加值份额以不变价格和当年价格计算结果的巨大差距。由此可见，相对价格水平成为影响上海三次产业结构变迁的重要因素。

其次，研究进一步揭示，1980 年以来上海市工业劳动生产率领先于第三产业的程度在不断地增强。进而，在比较劳动生产率、每百元增加值所占用资产等几项指标进一步分析比较，结论显示，在第三产业高速增长的同时，上海工业不仅没有发生严重衰退，而且其增长速度仍然达到了较高的水平。"十五"和"十一五"期间确定的六个重点发展工业行业，电子信息产品制造业、汽车制造业、石油化工及精细化工制造业、精品钢材制造业、成套设备制造业、生物医药制造业，主要规模指标占全市工业的比重不断得到提高（表 2-5）。

其三，"三资企业"和民营企业[17] 迅速兴起，尤其 2002—2010 年出现了显著增长。2010 年上海民营工业产值达 3483.3 亿元，对全市工业总产值增长的贡献达 13.7%。吸纳工业就业人口在全市工业中所占比重始终高出其产出和资产比重，在 2010 年达 25.5%（表 2-6）。

---

17 上海市统计局只公布 2002 年以来规模以上工业企业中的私营企业。

表 2-5　　2001—2010 年六个重点发展的工业行业主要规模指标占全市工业的比重

比重	2001	2002	2003	2004	2005	2006	2007	2008	2009	2010
增加值比重	50.5%	52.6%	58.8%	/	54.1%	51.9%	59.9%	/	/	/
总产值比重	55.5%	58.4%	63.4%	61.6%	63.1%	64.2%	65.2%	63.7%	64.5%	66.1%
主营业务收入比重	55.6%	57.3%	62.9%	62.9%	63.5%	64.5%	65.7%	64.4%	65.3%	67.0%
利润总额比重	53.8%	59.1%	66.1%	66.5%	60.8%	60.1%	62.7%	53.9%	59.9%	69.1%
从业人员比重	32.6%	30.8%	39.5%	39.9%	39.8%	41.9%	44.1%	45.8%	45.3%	47.4%
年末资产比重	55.2%	55.4%	57.7%	58.8%	59.5%	60.0%	60.7%	59.2%	60.0%	61.2%

资料来源：史东辉. 工业化、去工业化、后工业化与服务经济的形成：上海产业结构转型的历史透视 [M]. 上海大学出版社，2012: 140.

表 2-6　　2002—2010 年上海私营工业占全市工业的若干比重

年份	总产值比重	利润比重	年末资产比重	从业人员比重	所有者权益比重
2002	5.3%	5.0%	3.0%	9.6%	2.6%
2003	6.4%	5.3%	4.4%	13.1%	3.7%
2004	9.2%	7.1%	7.0%	14.7%	4.3%
2005	9.0%	7.7%	7.1%	20.0%	5.7%
2006	9.8%	8.6%	8.0%	21.0%	6.2%
2007	10.2%	7.7%	8.5%	21.3%	6.7%
2008	11.9%	12.3%	10.2%	25.4%	8.3%
2009	11.9%	9.8%	10.3%	24.9%	8.7%
2010	11.6%	8.3%	10.7%	25.5%	9.4%

资料来源：史东辉. 工业化、去工业化、后工业化与服务经济的形成：上海产业结构转型的历史透视 [M]. 上海大学出版社，2012: 146.

4. 后工业化、新兴产业发展和再工业化

有学者认为，工业在上海生产总值和从业人员数量中所占比重的大幅下降，根本上是上海进入工业化后期乃至后工业化（post-industrialization）时代的结果，还不

是所谓"去工业化"（deindustrialization）的结果。考虑到价格水平的变化和影响，以当年价格计算的产业结构反映了各产业之间的相对规模，以可比价格计算的各产业之间的规模关系反映的是物量交换关系，价格体系的弹性作用得到了释放。因此，工业产业的基础性作用即使在迈入后工业化时代的上海，仍然非常重要，并应当被深刻地认知。

发展新兴产业是上海市的当然选择。2011年9月27日，美国宾夕法尼亚大学教授杰里米·里夫金在《第三次工业革命——新经济模式如何改变世界》著作中提出，能源互联网将推动新的工业革命，产业组织模式将发生本质的变化。第五次和第六次技术革命浪潮汇聚成为第三次工业革命，其核心本质是新一代信息技术的拓展。制造业从此由规模制造转向绿色制造、智能制造、个性化制造；制造业与服务业的融合程度越来越高；技术要素和市场要素配置方式发生革命性变化，分布式制造和小企业时代到来。上海市的交通、研发、商务、信息、人才等方面综合优势为抢占智能制造、绿色能源、数字服务三个核心产业发展的制高点提供了基础（图2-15，表2-7）。

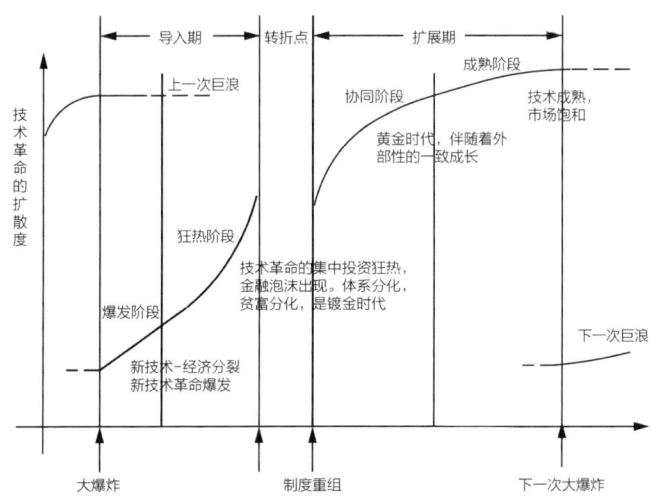

图2-15 技术革命的四个阶段

资料来源：朱瑞博，刘芸."第三次工业革命"与上海新兴产业发展[M].上海人民出版社，2014：25.

表 2-7　　　　　　　　　　　　　　三次工业革命与六次技术革命浪潮

技术革命开始年份	该时期的流行名称	核心国家	诱发技术革命的重大技术突破	工业革命及其区间
第一次技术革命（1771年）	产业革命	英国	阿克莱特在英国克隆福德设厂	第一次工业革命（1771-1875年）
第二次技术革命（1829年）	蒸汽和铁路时代	英国（扩散到欧洲大陆和美国）	蒸汽动力机车"火箭号"在英国利物浦到曼彻斯特的铁路上试验成功	
第三次技术革命（1875年）	钢铁、电力、重化工业时代	美国和德国追赶并超越英国	卡耐基酸性转炉钢厂在美国宾夕法尼亚州的匹兹堡开工	第二次工业革命（1875-1971年）
第四次技术革命（1908年）	石油、汽车和大规模生产的时代	美国（起初与德国竞争世界领导地位），后扩散到欧洲	第一辆T型车从美国密歇根州底特律的福特工厂出产	
第五次技术革命（1971年）	信息和远程通讯时代（包括机器人）	美国（扩散到欧洲和亚洲）	在美国加利福尼亚州的圣克拉拉，英特尔的微处理器宣告问世	第三次工业革命（1971-2070年代）
第六次技术革命（2020-21世纪30年代）	新能源 3D打印机 纳米新材料 生物技术和生物电子	美国、日本和欧盟		

资料来源：朱瑞博，刘芸．"第三次工业革命"与上海新兴产业发展[M]．上海人民出版社，2014：31．

美国、欧盟等在 2008 年金融危机之后提出"再工业化"战略。其核心是利用人工智能、机器人和数字制造技术来推动制造业革命，重构其在全球产业竞争格局和分工中的主导地位。第三次工业革命的技术基础已经构成了美国实施"再工业化"战略的基础或根本原因（表 2-8）。

德国则提出"工业 4.0"战略，通过系统生命周期管理（SysLM）来控制工业的复杂性，并将之定义为"第四次工业革命"。这次革命被认为基于信息与物理的融合系统，或者称为"智能技术系统"。它是物与服务的结合（Internet of Things & Services, IoTS）。随着智能工厂的出现，工业生产不必再像以前一样在固定的厂房中实现，基于大数据，生产可以是个性化、定制化、分布式完成，甚至可以实时完成。工业生产也不再是封闭式的、高风险的和高门槛的领域，它的灵活性、弹性、可塑性和随机性得到更大的展现。

传统的要素红利模式,已经不能支撑上海在竞争中的优势。比如,工业用地已经不再便宜,上海每平方英尺工业用地价格为 17.29 美元,深圳为 21 美元,相比美国,阿拉巴马州只有 1.86～7.43 美元,已经没有优势。虽然产业梯度转移可以降低成本,但是,相应的物流成本就会上升,产业集群便利尽失。

有研究提出,上海应选择产业吸引力和上海资源实力排名都比较靠前的产业,并从长远角度选择战略性新兴产业(图 2-16)。重点发展新能源汽车产业、高端装备制造业、新一代电子信息产业、生物医药产业、新能源产业、新材料产业、节能环保产业。推进信息化与工业化的融合。这些产业在企业规模、空间聚集状态、土地使用方式、空间组织方式等方面都呈现出新的需求和特征。

2.2.2 工业用地的合理规模和占比

工业用地在城市辖区整体建设性用地类型中,是否存在一定的合理比例?这一比例应当从土地供应视角观察,还是应当从土地使用视角观察?这一问题始终困扰着笔者。因为,很多学者称中国的治理单元与西方有所不同,尤其是与北美的经验不同,这造成在审视工业用地的合理构成和比例时,常常陷入各执一词的争论当中,比如,城市到底是指都市区还是指都会地区,建设用地到底是指城市用地(land use in

表 2-8 三次工业革命的比较

	发生时间	能源	通讯方式	标志性产业	生产方式
第一次 工业革命	18世纪晚期 英国崛起	煤炭	报刊、杂志 以及书籍	铁路蒸汽机	工厂机器生产 代替作坊手工制作
第二次 工业革命	20世纪早期 美国、德国崛起	石油	电话、收音机 电视机	电力、汽车燃油 内燃动力机	大规模流水线 自动化机器生产
第三次 工业革命	20世纪80年代 多个国家崛起	可再生能源 (太阳能、 风能等)	互联网	3D打印 能源互联网	分散合作式、 个性化、就地化、 数字化生产

资料来源:朱瑞博,刘芸. "第三次工业革命"与上海新兴产业发展[M]. 上海人民出版社,2014: 31.

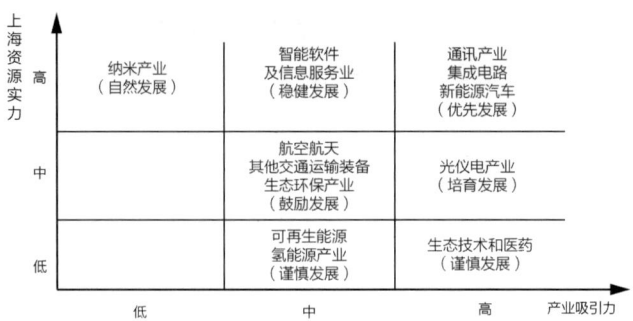

上海战略性新兴产业选择的判断矩阵（2020年）

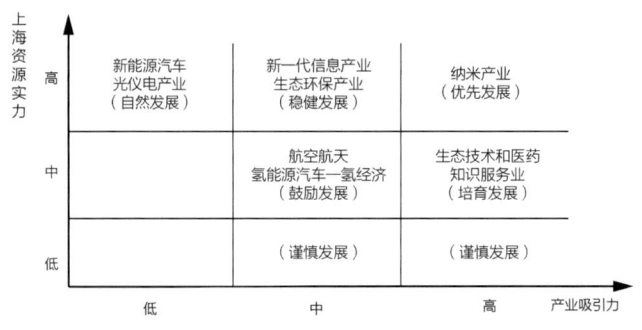

上海战略性新兴产业选择的判断矩阵（2030年）

图2-16 不同年期上海战略性新兴产业选择的判断矩阵
资料来源：朱瑞博，刘芸."第三次工业革命"与上海新兴产业发展.上海人民出版社，2014：154.

urban area）还是指城乡建设用地，这样的区分又有什么意义。无论如何反映出一个事实，西方尤其是北美的治理单元不论称呼、大小几乎是以一种"纠缠"的状态而存在，是空间破碎化的；中国的治理单元不仅是相互空间"纠缠"的，也是层级化的，凡事总能够找到"上位"，这导致以地理和"物质"形态存在的土地使用在相互关系上存在着空间"嵌套"机制。因此，在某一行政辖区探讨工业用地的合理比重，有时候充满意义，有时候也不得不视之为无奈；但仍然在大多数情况下似乎是有意义的。

工业用地在所有类型的建设用地中，应当占有合理的比重。这一判断，是现实中的问题之一，也导致笔者对此产生了质疑，并由此引发一系列的探索和研究。

1. 从地方政府供地角度来看不同建设用地的占比

将土地资源的配置作为地方政府实现特定政策目标的重要手段，因此，城市土地供给中常常工业用地偏高而商住用地偏低。工业用地占建设用地比例始终保持在15%～21%。居住用地占建设用地的比例维持在27%～35%。

由于地方政府垄断土地一级市场，土地使用结构从根本上受政府供地分配机制的影响较大，尤其是居住用地和工业用地的比例权衡是政府着重考量的内容，因此有研究建议将居住和工业用地挂钩分析。城市职能不同的情况下，土地利用结构应当有显著的不同，如第二产业城市工业用地比例以超过"标准"上限为特征。矿业城市受工业重型化影响，工业与居住用地不仅比例相对悬殊，而且空间相互分离，同时又制约着商服用地的发展。但是政府的供地结构是由地方政府经营城市策略所决定的，这与地方政府的税收偏好、土地政策对土地财政的贡献情况息息相关，而与工业用地和居住用地的实际使用需求脱离。因此，土地利用空间结构的变化受土地供给机制影响的程度不比功能空间的演进来得小，甚至影响更大。

2. 从土地财政和经营城市的视角来看工业用地占比

在土地总量给定的情况下，提高工业用地比例虽然不能直接增加财政收入，却能通过提高企业的总体劳动生产规模而提高住宅需求；企业生产规模与住宅供应量之间需要达到一种均衡状态，尽管这种均衡可能是虚拟的。由于住宅用地在实现土地财政性收入、推动房地产交易而进一步贡献GDP增长和财政收入增长方面更加有效，因此存在用地量失控的可能。从而造成对等的工业用地投放量脱离工业生产实际需求，并进一步导致土地总量失控。地方政府经营城市的技巧在一定程度上体现在选择合适的工业用地比例以使住宅用地的单价与总面积之间实现最佳权衡。从这个角度来思考，工业用地大量闲置说明，产业的升级和发展以及所创造出的新的就业岗位，远远落后于城镇化过程带来的农民市民化进程、区域性的流动性人口的增加以及以住宅为主要载体的民间投资、保值行为。"职"与"住"之间不仅存在着空间失衡，而且存在着居住单元与就业机会的社会内涵之间的失衡，更存在着以居住空间和工业用地为代表的金融价值之间的巨大失衡。同时，由于工业用地存在转性开发和土地溢价预期，因此，如果不引入工业用地的金融化（Financialization）视角，是难以分析和理解工业用地在建设用地中的占比以及大量闲置现象的。

3. 从工业用地的空间分布特征来看工业用地占比

经验显示，在中心城区统计工业用地的占比，一般会呈现比例下降的现象。在过去40年工业化的过程中，大量综合性城市都经历了"退二进三"的城市发展过程，原有集中发展地区内的传统工业用地被再开发为住宅、商办等土地经济附加值更高的用途。根据经典的产业区位理论，工业生产企业通过考虑"产业比较土地生产率"而寻找合理的空间发展区位。其中，"产业比较土地生产率"是指产业在国民经济收入中的相对比重与产业用地在总用地中的相对比重的比值，它反映了国民经济中各产业耗用土地的相对水平和产业结构的变化情况。

4. 从工业用地与产业结构的关系来看工业用地占比

工业用地是制造业产业经济活动的承载空间，同时又是重要的生产要素。企业或产业的用地结构和空间布局结构与产业结构的关系因而成为一个值得探讨的问题。在工业经济组织方式影响土地使用方式的同时，土地使用方式反过来也深刻地影响着经济发展方式，即产业的用地结构和空间布局结构影响和推动着产业结构的变化。由于与生产经营这一经济活动密切相关，土地使用制度、企业管理制度因此联系到了一起。

从动态变化的角度来看，产业结构调整影响土地资源的利用方式、用地结构和空间布局特征。相互关联的社会生产体系在地域空间上发生分异，空间组织形式反映了社会分工情况，劳动地域分工由此产生。劳动地域分工和产业区位理论便形成了对工业生产活动的解释性理论。进而，产业结构调整导致产业区位要素作用机理发生变化，工业用地的布局和空间聚散格局由此也发生变化。土地使用状态实质上是各种社会经济要素聚集与分布的空间表现，是经济活动的表征，因此，用地的空间分布反映了区域经济发展的空间结构、积聚特征和内在机理。

在通过土地使用结构影响产业结构方面，存在着不同产业对土地区位条件要求不同的情况，因此，通过改变用地区位条件促使产业结构调整，就成为一种理论上成立的逆向操作过程。"退二进三""腾笼换鸟"等政策在某种程度上体现了这种思路。上海市提出的工业用地减量化"104、195、198"政策，也是希望通过土地空间减量所形成的倒逼机制，提高产业发展门槛，迫使产业转型升级。空间手段的运用，可以被视为地方治理机制的一个构成部分。同时，这一治理手段隐含着一个假设，即合理的土地使用方式将促进城市产业发展进程，不合理的土地使用方式在整体上降低发展的质量。工业用地结构调整和功能配置改善，是土地使用综合效率提高的过程，也是空间绩效提高的过程（表2-9）。

还有研究显示，城市产业结构的调整引致城市内部用地结构的重组和城市外延扩张，而土地利用结构的优化能有效约束产业类型和产业层次，使各产业用地效率实现最大化。城市用地结构与产业结构之间互为因果的关系事实上只能在长期调整和协调中才能得以实现。产业结构的转变能够体现在土地资源在各产业、部门间的重新分配。对老工业区而言，产业升级会导致新产业用地形态的出现，而新的用地结构也会促进产业结构的高效化和合理化。产业结构调整是产业用地结构变化的驱动力，产业用地结构变化能够反映产业结构调整的思路与效果；相反，产业用地结构调整是实现产业结构调整的重要手段，通过在国民经济各行业间调配用地以实现产业结构调整的目的。产业结构逐渐从劳动密集型向资本密集型再到知识密集型转变，导致第三产业用地比重上升，商业和公共服务用地相对扩张，工业用地相对收缩，工业企业因此向郊区迁移。有关案例研究以徐州市为例，分析了工业用地向城市外围工业区快速扩张、居住用地向环境好的城市主导方位扩展的空间结构变化动因。

事实上，土地使用结构与产业结构的互动关系并没有依据合理的机理构建起来。不合理土地使用的制度设定，造成工业用地使用的趋利性和任意性，相互促进和相互约束关系遭到扭曲。

表 2-9　　　　　　　　　　　　　不同工业化发展阶段土地使用特点

工业化 发展阶段	工业化初期	工业化中期	新型工业化	后工业化
用地规模	较小，增长较慢	较大，增长较快	较大，增长较慢	适度，增长缓慢
用地布局	分散，但与当地资源禀赋密切相关	总体布局比较分散但区域布局上趋于集中	总体布局不断合理区域布局上更加集中	总体布局进一步调整，区域布局更加合理、有序
资本构成及其对土地要素的要求	自然资源或资本主导型工业发展模式对土地要素依赖较强	自然资本及社会资本主导型对于土地资本的依赖减弱，但仍有较大的土地需求量	信息资本技术资本主导型土地需求总量较少土地结构调整要求提高	信息资本技术资本主导型土地需求总量减少但在节地环保上的要求进一步提高
土地利用中的问题	不够突出需要加快工业发展	土地利用的经济、社会、生态等一系列问题开始出现	粮食安全、生态环境保护以及用地利益关系调整问题进一步突出	土地利用与经济社会发展总体处于和谐阶段但部分地区的土地利用利益和生态环境问题需要进一步优化
土地节约集约水平	低，总体稳定增长较慢	较高，增速加快	较高，增速较快	高，在一定技术经济水平下渐趋稳定

资料来源：卢为民. 工业园区转型升级中的土地利用政策创新 [M]. 东南大学出版社，2014：11.

5. 从工业用地与城市蔓延的空间关系来看工业用地占比

工业用地布局往往是城市布局拓展空间的主要发动力量。依托工业园区，大量的城市完成了空间的拓展甚至跳跃式发展，所谓"拉大城市发展框架"即指这类情形。以产业布局为先导，再配套以居住用地和相应的公共服务设施用地，从而形成完整的组团式开发。单一的产业功能区，基于职住关系和功能混合发展理念，逐步开发建设成为"生产—生活—商业—办公"等综合配套的城市组团。地方政府办事机构也通过搬迁至产业园区，为这种空间拓展模式助力；城市由此完成了空间的蔓延和拓展。

6. 土地利用结构的其他研究

城市工业用地存在结构失衡、布局混乱、无序扩张等低效利用的问题已经是学界共识。有很多学者就工业用地构成的现状特征和成因做过研究分析。

其一，从土地利用结构方面看，与国际大都市中工商业用地规模小、比重低，但产出绩效高，集约化程度高相比，我国城市的用地比例不均衡，稳定性较差，其中工业用地占比较高，分布离散。

其次，在成因分析中，指出城镇化发展与土地利用结构之间相互影响。有观点认为，工业化、城镇化的发展对土地产生了强大需求，农村劳动力流入城市，居住用地比重随之增加，而工业用地比例一定程度上支撑了城市化进程发展，大量农业用地转变为住宅和工业等建设用地，从而导致土地利用结构熵值增大。为加快城市化发展速度，通过压缩生产用地、增加生活用地、保证基础设施和环境建设用地来实现。但是由于缺乏科学的土地利用总规和城乡发展统筹，土地管理制度也不够完善，快速城镇化导致城镇土地总量失控，利用粗放，影响宏观经济运行。通过分析 1949 年以来部分城市的工业用地比例在不同历史阶段的演变过程，有关研究指出在 1996—2005 年，中国城镇化水平每提高一个百分点，城镇工矿用地即增加 14.83×10^4 万平方米，东部地区的增幅尤其显著。工业用地比例偏高是中国所有城市用地构成中存在的突出问题（表 2-10）。

通过对工业用地集约利用度的评价，可以大体判断出这座城市工业用地的集约利用潜力，并建议工业用地规模占建设用地规模比例基本保持在 15%～23% 为适宜。从土地供应结构性变动来看，1991—2001 年，工业用地的相对供应速度总体要小于居住用地；2002 年开始，工业用地的相对供应速度总体大于居住用地。这种转折的产生可能与 2002 年我国土地出让制度的改革和分税制改革密不可分。与此同时，由于地方政府的财税偏好，工业用地的供地比重影响到财政预算的增值税部分，并对推高居住供地规模、增加预算外土地收入有正向作用。

其三，还有研究分析了人口规模、地域组织形式等其他社会经济和空间因素对用地结构的影响（图 2-17）。城市地区居住人口增加会引发土地需求的增加，导致城市扩张。主要原因是人口增长加大了对住房和基础设施用地的需求，从而推动了其用地规模的扩大；另外，人均收入水平提高，生活品质上升，人们对公共设施用地的诉求也会加大。工业企业分散布局占用的建设用地规模相对较大，反之则较小。

2008 年国务院出台了《关于促进节约集约用地的通知》，学者开始从集约利用土

表 2-10　　　　　　　2000—2005 年中国及不同地区城市用地结构变化

区域	居住用地	公共设施用地	工业用地	仓库用地	对外交通用地	道路广场用地	市政公用设施用地	绿地	特殊用地
全国	-0.40	0.89	-0.38	-1.06	-0.96	1.66	0.02	1.17	-0.92
东部地区	-0.45	0.61	1.11	-1.37	-1.16	2.02	0.07	0.76	-1.59
中部地区	0.70	0.94	-2.42	-0.81	-1.00	1.55	0.04	1.32	-0.33
西部地区	0.67	1.21	-1.89	-0.85	-1.37	1.52	0.11	1.45	-0.85
东北地区	-8.09	0.84	0.17	-0.70	-0.31	0.87	-0.18	1.36	0.04

资料来源：刘新卫，张定祥，陈百明．快速城镇化过程中的中国城镇土地利用特征 [J]．地理学报 2008(03)：301-310．

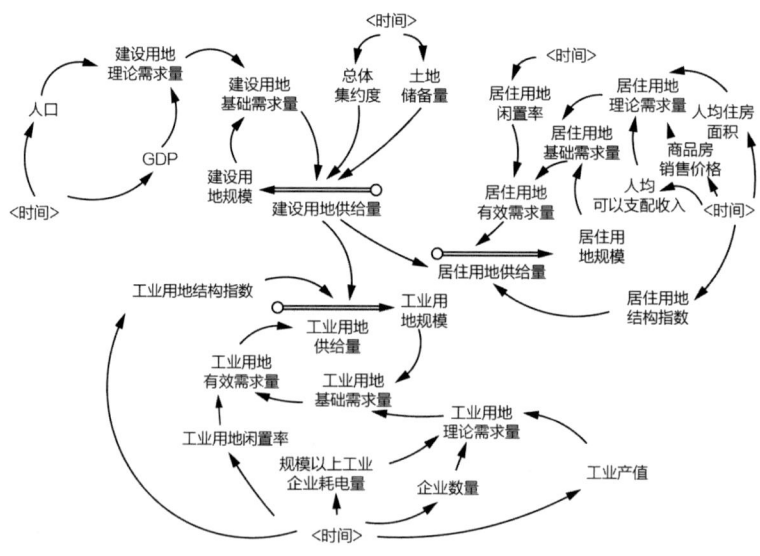

图 2-17　城市建设用地供需关系系统动力学模型

资料来源：熊鹰，陈云，李静芝，等．基于土地集约利用的长株潭城市群建设用地供需仿真模拟 [J]．地理学报，2018，73(03)：562-577．

地的角度分析不同产业的用地结构情况。从规模、结构、强度和布局合意度四个方面分别评价工业用地的集约利用。以合肥市为案例的研究指出，该市工业用地结构与经济发展水平不相匹配，禁止发展的工业用地比例偏高，企业单位之间的距离过大；同时，合肥集约的宗地主要集中在市中心区域，过度集约的也多数分布在市中心位置，不集约的用地则分布在周边及西南方向。由这项研究可以看到，工业用地的集约使用状态并不一致，而且在城市中具有空间分布特征，其背后的成因值得进一步探究。

其四，在研究土地利用结构相关问题时，多采用定量分析方法。引入熵的概念，量化用地结构。将遥感与GIS空间分析方法相结合。在分析城市土地集约度变化的成因和影响因素时，多采用主成分分析法和通径分析，使用Granger因果法来探讨产业结构、城市化等与土地利用结构间的相互关系。对土地利用结构的评价，多数学者会选取不同指数构建评价模型或采用数据包络分析进行效率测评。此外，往往利用面板数据建立计量模型对城市用地结构的演变进行分析，而在区域层面又会采用偏移份额模型。对于未来土地供给结构的趋势与发展，常常运用系统动力学来进行动态模拟。

一个很重要的假设是工业用地在城乡建设用地总规模中，占有一定合理的比重；并且这一比重取决于这座城市的二产主导产业特征，以及这座城市建设用地使用的管理制度。一个很重要的疑问也由此产生，上述假设被证实或者证伪，是否意味着工业用地的规模和空间结构能够被运用而成为引导和约束这座城市产业转型、升级、变迁的"空间"工具；在我国当前土地使用制度不健全的背景下，这种约束或者"倒逼机制"是否存在以及能否发挥有效的作用。

2.2.3 工业用地的分布和聚集

1. 工业用地在城乡的空间分布

以"是否实现城市化并成为建成地区"作为判断标准，可以将一定行政区划地域范围大致划分为"城和乡"。工业用地不仅存在于城市建成地区，也存在于乡村地区。工业用地承载着工业生产，成为地方经济的支柱，并且与就业人口的聚集相关。通常所说的工业化与城市化相伴相生，实际上反映了深刻的社会经济内涵。乡村地区是农业经济和活动的主要地区，但是有大量的工业生产选址于乡村地区，它们为当地的农民提供了农业生产之外的就业机会，也为当地居民做出经济和收入方面的贡献，被一些学者称赞为"离土不离乡"模式。这些建设工厂的土地原本属于农地，或者至少是乡村地区的集体建设土地。

由于城和乡的划分，农村土地中用作建设自用住宅的宅基地以及进行农业生产的农用地，其所有权归集体所有，但是承包权和使用权归农民所有。集体所有是我国国家土地所有制的有效补充类型。由此可见，建设于农村地区的工业企业，不能像城市建设用地上的工业企业那样获得各种基础设施配套。两个不同地域的工业用地，在权属、使用特征、就业群体、配套设施和配套方式等各方面都有很大的差异。但是它们创造的工业产值都一并被统计进该城市的国内生产总值当中。

2. 工业用地的选址

工业生产是创造社会财富的主要经济活动方式，制造业更是工业生产活动中的重要内容。无论选择什么样的社会制度，这一属性不会改变。在试图解释工业生产活动选择生产场地的行为并形成原理的研究中，德国学者阿尔弗雷德·韦伯[18]提出的"工业区位论"（Theory of the location of industries）最为经典，成为解释和指导工业选址和生产制造企业空间聚集的基础性理论。

韦伯的"工业区位论"将影响工业区位的因素分为两类：一类是影响工业分布于各个区域的"区域性因素"；另一类是在工业的区域分布中，把工业集中于某地而不是其他地方的"集聚因素"。不论是区域性因素还是集聚因素，又都可分为"影响一切工业的一般因素和影响某些特定工业的特殊因素"。

在"区域因素"中，有七大类成本构成要素，包括地价、厂房机器设备等固定资产成本、原材料动力和燃料成本、劳动力成本、运输成本、利率波动影响、固定资产折旧率因素。韦伯认为运输成本和劳动力成本两类因素，在工业生产企业决定生产地

---

18 阿尔弗雷德·韦伯（Alfred Weber），德国经济学家、社会学家。第一个全面而系统地论述了工业区位，是现代工业区位的奠基人。大学时追随古斯塔夫·施莫勒，1909年《工业区位纯理论》出版。其弟马克斯·韦伯是著名的社会学家。

这一问题上起着最为关键的作用。因此，运输成本首先在运费最低的区位形成区位单元，然后，劳动力成本和集聚因素作为一种"改变力"同运输成本基本网络进行竞争。

事实上，除了折旧率受地区和气候影响，厂房机器设备和其他固定资产成本相对差异不大，与区位关系较弱之外，利率、地价都存在地区性的差异。国家之间，国家内的不同地区之间因管理、企业性质等会带来利率差异；地价是地方集聚程度的表征，不仅存在地区差异，也会因各个地方政府的优惠让利行为而影响企业迁移意愿。当然，在韦伯的理论假定中，利率和地价由于经济均衡社会的存在（经济一体化），而不在关键性因素当中。

再者，工业生产企业除了考虑成本问题，可能更注重利润的最大化。由此，企业选择区位和迁移的行为可能就有所不同。生产过程也存在由于知识和技术的进步而带来分工和专业化变化，企业之间的关系逐渐成为影响空间分布的又一因素。扩大规模和企业协作的共同需求，导致劳动力组织的产生，并促使生活配套和生产配套性基础设施可以共享和集中供应，这一做法在降低社会总体开支方面具有一定的正面效益。

在工业用地分布的解释性理论中，产业区位论是经典和基础性的，但是，同样是不全面和有缺陷的。其一，区位论的某些假定，在当前已经被全面作为吸引生产企业落户的政策手段，比如，地价和税收优惠因素。其二，在交通运输网络化的今天，运费成本已经难以构成基本的区位选择要素，甚至于交通区位的优势难以体现在基本决策和选择模型当中。其三，劳动力的流动性、以脚投票的社会经济选择机制的成熟，也使得工业区位论在以成本为首要因素的解释性理论建构中捉襟见肘。其四，最大利润或者投资行为，甚至一定程度的投机偏好，已经在很大程度上决定了工业生产企业的选址决策。其五，在宏观区位问题上，不仅韦伯的工业区位论，包括后边的克里斯塔勒的中心地理论，也没有给出很好的解释。作为一种存在状态，工业用地的分布是一种既存现实；作为一种影响力量，工业用地的分布是一种分析语境。它既是结果，也是原因；很难还原最初的动力机制，究竟是企业选择行为还是地方政府有意引导的结果，或许是两者共同作用的结果。

3. 工业用地的聚集

区域视角观察，包括工业生产在内的各种产业存在自主的地理集中现象，常被称作产业集群。它是企业寻求创新环境的必然结果；因此，一方面，区域层面的产业集群是生产企业依据市场经济规律和制度性成本的结果，另一方面，政府管制和优惠政策也为产业集群的形成提供了外部环境，存在"打造"的"痕迹"。"集群是基于地方的具有专业化特征的生产系统或创新系统。一些同处或相关与特定的产业领域的企业和机构，由于具有共性和互补性，在地理上靠近并相互联系和合作，会形成独特的地方创新环境。被称作集群（Cluster）和群聚（Clustering）或集聚（Agglomeration）。"工业用地由于是工业企业的承载体，因此，工业用地在空间分布上常常具有聚集特征。

鉴于集群并不能自发形成，也无法简单归结为经济外部性、知识溢出效应，而是由企业、政府等机构组织通过主动的合作行动实现的。在主动的合作行动中，规划常常提供了技术平台、合作机制的作用。由于产业集群是一种客观存在的经济地理现象，同时，在对这种现象进行经验总结的基础上，可以将其运用为某一类产业空间的组织方式，被规划运用为空间工具也就顺理成章。规范的产业集群概念包括行为主体及其三方面的特征：其一，行为主体在地理上邻近[19]；其二，产业间相互联系[20]；其三，行为主体间存在互动[21]。并且邻近、联系和互动这三方面缺一不可、相互交织。其中，产业集群的核心是促进行为主体合作的机构（Institution for collaboration, IFC）（图2-18）。这里的机构又可以划分为提供公共服务的机构和提供共享知识和创新知识的机构，前者可以是地方政府或者园区管理平台，后者可以是研发机构或创新型企业。因此，在产业集群的"溢出效应"方面，既存在由于优惠政策和优质服务而产生的制度性溢出，也存在由于技术领先和创新而产生的知识性溢出，并且两种溢出都存在"空间溢出"（Spatial spill over）特征。

研究进一步揭示产业集群具有三个特征：其一，行为主体的地理邻近，一般来说有利于上下游产业的企业或者工厂的布局，减少各种流通损耗，这种"邻近效应"（Proximity effect）能够促进知识的流动和溢出。除了地理关系，还存在组织、关系、

---

19 研究显示，企业的地理邻近会出现"邻近效应"（proximity effect），促进知识的流动和溢出（Malecki, Oinas, 1999）。
20 集群被认为是一组在一起发育的事物，因此，不仅与产业园区不同，也与产业链不同。
21 产业集群中的企业之间经常有正式和非正式的交流，甚至有共同的员工培训、科教、协会活动。

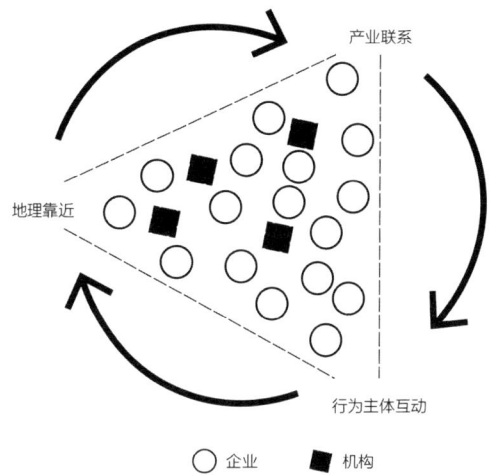

图 2-18 理想的产业集群概念
资料来源：王辑慈. 超越集群[M]. 科学出版社，2011：7.

习俗等的邻近性，从而对地方劳动力市场和财产关系产生重要影响，而且这种邻近性在一定尺度空间是有效的，比如，乡镇、县级单元，而不能无限制扩大。其二，行为主体的产业联系，除了生产链条之间的关系，产业联系存在着相容性、学习效应，也同样存在劳动力市场、组织关系、行业协会关系、财产关系等之间的联系。其三，行为主体间的互动和合作，人们常说的"抱团取暖""同行是冤家"等，都是对企业间的相互关系做的社会学描述，企业、产业之间既合作又分工，既有正式交流渠道又有非正式交流渠道，从而构建出丰富的"集群生态"。

由于上述产业之间的关联性，因此，产业集群又被分为"创新类集群"（Innovation-based cluster）和"生产类集群"（Low-cost-based cluster），前者是高端道路（High-road），后者是低端道路（Low-road）。创新创意类产业集群应运而生（Creative cluster）。本书并不着意在这个阶段针对产业的功能关联性进行分析，而是强调这种产业关联性在空间上实现的过程中，多大程度上依托了现有的土地空间载体，又是依托了哪种类型的土地空间资源载体，从而导致产业集群过程和状态发生了根本性的变化。

由此可见，产业集群与产业园区存在根本的区别。有产业集群的地方不一定需要产业园区，建设和划定了产业园区的地方也不一定就真的会发展、聚集到理想的产业群。因此，产业园区的形成或者划定，是依托现有产业聚集地而成，还是凭空划定，显然会带来截然不同的空间生长轨迹。工业园区是地方政府在城市政策性基础设施方面的投资区域，是一种吸引外资和创造就业的重要政策手段；而产业集群则是促进产业繁衍、互动、创新发展的引擎；两者可以互为因果，但并不必然一致（图2-19）。

综上所述，工业用地研究中所涉及到的工业园区，可能并非市场机制作用下的自然聚集结果。第一，工业园区与破碎化的工业用地空间分布状况并存，生动地反映了自下而上的工业化过程和自上而下以政府为主体的引导和推动过程所共同形成的产业布局结果，反映了产业集群本质上是知识溢出效应的结果。特别是县市行政单元内的工业园区已经成为县域经济中的重要发展地区，农村工业化、离土不离乡产生的工业用地使用模式已经导致工业用地依托农村居民点体系分布的状态。第二，经济活动的空间集聚并非个体企业和消费者的理性区位决策所决定，也不是政府强力打造所能形成，而是自然演进的地方化过程，是企业互动和知识积累、溢出的结果；政府进行适时干预才会有好的结果。因此产业集群既具有自发性又具有政策引导性。第三，产业和企业的关系，以及两者在空间上的分布，深刻地反映了劳动力的空间集聚特征，反

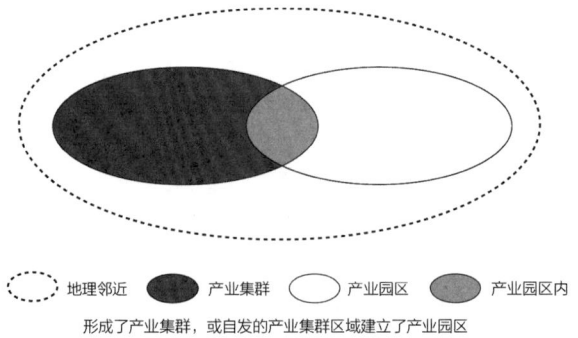

图2-19 产业集群和产业园区的异同
资料来源：王辑慈．超越集群[M]．科学出版社，2011：70．

映了产业和社会经济关系的综合情况；企业的集聚与劳动力的流动和沉淀具有高度关联，劳动力要素投入的差异对产业的空间分布存在显著影响。产业和就业状况反映了工业用地与城市其他类型用地之间关系，并通过用地的空间分布和数量比例关系，将生活在这座城市中的居民的社会经济状况深刻地揭示和反映出来。

2.3 工业用地研究的重要性

尽管土地使用制度是国家顶层设计，地方政府是接受和传递政策"要求"的基础性层面，但是工业用地研究对城乡规划专业的甚为重要。这一重要性既体现在学科发展上，也体现在规划实践上。

从规划实践来看，工业用地研究的重要性在于两点：

其一，虽然在规划编制成果中都有一张用地平衡表，其中工业用地的占比通常会按照国家"用地分类标准"控制在 20%～25%，控制的上限与这座城市的产业结构和产业门类特征相关。同时，在现状用地构成的分析中，通常发现工业用地的比重往往较大，空间重构和比例调整常常是用地专题的主要建议之一。这一情况从 20 世纪 90 年代第一轮总规，到 2000 年跨世纪总规，再到面向 2035 或 2050 的总规，已经成为一个普遍现象。

其二，在不同版本规划衔接的过程中，这一情况并没有得到缓解，而是在逐步变得更加严峻。在国土资源管理部门土地"二调"数据之后[22]，规划师们发现，所使用

---

[22] "二调"数据在 2009 年编制，通常在 2014 年有一个最终的修订版，各地情况不太一致。2018 年底，全国启动第三次土地调查工作，并在用地分类上有较大的变化。

的用地现状图存在漏洞百出、不符合实际的情况。实施城乡统筹政策之后，在平衡表中出现了管辖地区的城乡建设用地统计内容，现状工业用地所占的比重已经到了触目惊心的程度。每一版城市规划都提出要解决这一问题，但是这一问题的状况却是愈演愈烈。工业用地的基础性研究必须要跟上城市发展。我们必须深度地探索，到底是什么原因使得工业用地规模到了如此地步，这种现象是否合理，会带来什么问题。

2.4 小结

　　工业用地转型更新问题是资源刚性约束条件下可持续发展所面临的时代性议题。因此，基于持续更新和土地集约化利用理念，建立城乡工业用地转型研究的理论和方法体系具有研究价值和应用前景。

　　工业用地的研究总是与产业研究密切相关，并反映一座城市的兴衰发展历程。上海市是我国传统工商业城市，经历了早期的工业化、计划体制下特殊时期的工业化、产业结构转型发展以及向工业化后期、后工业化时期演进的特点。其中，每个阶段都显现出其特殊性，与上海城市的居民日常生活、就业、文化、休闲活动的方式息息相关。更重要的是，与生产经营的场所和空间分布有着密切联系。

　　由于工业用地随着经济发展增速和发展模式的变化存在着多种多样的角色定位，因此，工业用地在城市建设用地中的规模结构问题逐渐为人们所认识。同时，工业用地随着工业化、城市化的进程而在空间上分布、积聚的特征也同样为人们所认知和重视。工业用地不是可以随意丢在某个远郊、无足轻重的用地类型。由此，沿着规模结构和空间聚集特征两个方向，工业用地的使用逐渐成为产业和工业化研究所必须触及和探讨的话题。

第3章 工业用地研究的制度演进背景

工业用地的使用随着改革开放推进发生了根本性的变化。以土地使用斑块为表征的空间格局，是一系列生产经营方式、产业政策、企业管理政策和土地管理政策、财税金融政策等综合作用结果。改革开放40年的时间（1978—2018年），目前主要有两种方式对其进行划分。

第一种是三段划分法：第一个阶段是1978—1992年，被称为有计划的商品经济阶段；第二个阶段是1993—2005年，1992年邓小平南方谈话以后开始确立建设社会主义市场经济的目标；第三个阶段是2006—2018年，2006年开始重视创新，提出要建设创新型国家。

第二种是四段划分法，按照经济发展阶段特征和一些政策调整来划分：第一个阶段是1978—1988年，1978年党的十一届三中全会召开，标志着改革开放元年；第二个阶段是1989—1998年，1989年出现一些经济问题扰乱了我们的发展进程；第三个阶段是1999—2008年，1998年发生了亚洲金融危机，我国经济出现暂时困难。第四个阶段是2009—2018年，2008年美国出现金融危机，随之波及全球。现在谈的所有改革的问题、"三期叠加"的问题等，也都是以2008年为时间起点。到2018年，改革开放40年，我国社会主义建设进入了新时代。

3.1 与工业用地研究相关的制度性改革

3.1.1 土地制度

1. 土地所反映的社会结构

工业革命使旧有的土地所有制模式成为历史,旧有的生活方式也随之消失。所谓旧有的土地所有制,是一种历史的概念。工业革命是一个渐进的过程,同时具有阶段演化的特征。由于土地所有制度和使用制度代表了人们对产权以及由此衍生出来的权利的观念,因此,土地能够反映出社会的权利结构,权利结构又是社会结构的最根本性内容。

2. 土地所反映的经济结构

由于产权赋予所有者以一种特定方式去使用某物的权利,因此,土地既可以被部分或完全所有,也可以作为一种产权而被使用。土地作为一项权利的让渡、交换即产生土地市场。土地由于能够被用来作为生产场所,它也具有使用价值。因此,基于对土地的占用、使用、交易,便为地方公共管理提供了税源。土地即在某一方面反映了地方社会经济活动的结构。

3. 土地所反映的制度结构

由于如此关键地影响社会和经济运行,对土地的管理便成为一项重要的地方性事务,它包括如何看待和处理土地使用权与所有权的关系,不同所有和使用关系的转换,代际关系等。在界定围绕土地权利而产生的各方责任、权利和义务过程中,逐步形成了规范个体或民间行为主体的规则,以及规范公权机构的规则,平衡公共利益受损的规则,因而土地使用反映了社会治理关系以及背后的制度结构。有研究指出,私法规则、公法规则、金融规则、系统组织规则,四个要素共同构成了正式的土地制度。

3.1.2 土地使用政策

土地使用政策常常被简称为"土地政策"。由于土地制度是整个社会结构的基础，因此，如何使用土地除了通过规则进行约束，也常采用政策工具的方式予以界定。关于土地使用的政策，常常基于将土地视为重要的生产资料，以及社会经济活动承载体的观点。土地政策与城市经济发展有着密切的联系，通过参与宏观调控，直接影响产业结构的调整升级以及房地产市场的价格波动。同时，土地政策与空间结构的变化息息相关，通过回顾土地政策演进，发现城市空间发展在土地市场改革影响下的变化特征，并从政策视角分析土地利用变化和效率，在城乡统筹发展背景下探讨土地发展权转移。影响土地使用的政策可以简单分为两类：

其一，土地供应政策。我国土地一级市场由国家控制，包括土地供应规模、结构和方式。土地供应政策由土地储备制度、土地供应计划、土地供应方式等共同构成。城市政府委托市场化机构，对非城市建设用地进行征用、转制，对城市建设用地进行收购、换地、回收等方式，集中零散用地以备土地整体开发。政府通过垄断土地一级市场，增强调控能力，防止土地收益流失，就形成了土地储备制度。在投放土地时，根据宏观政策要求和国民经济发展速度和社会发展计划，调整土地供应总量、结构和时序，以期有利于促进产业结构优化和实施，如此形成了政府主导的土地供应计划政策。在由政府向市场供地过程中，一般采用行政划拨和公开出让两种形式，其中公开出让又包括了协议出让和"招标拍卖挂牌"两种形式。具体采用何种土地供应方式，往往直接影响着对招商引资企业的选择，进而影响产业结构的调整。

其二，利益调节政策。涉及土地使用和流转过程中所产生溢价的分配方式的政策，可以被统称为利益调节政策。其中，包括土地价格政策、税收政策、投融资政策等。土地价格政策包括基准地价、最低地价、最高地价等政策类型，通常通过价格调节供需关系，进而影响土地结构和产业结构。税收政策包括总量调节税收政策、结构调节税收政策和利益调节税收政策等。土地税收政策对宏观经济调节的机理主要体现在对土地取得环节进行征税、对土地保有进行征税、对土地转移进行课税等方面。对取得环节的征税，体现在以非农用地与农业用地价格之差作为税基，目的是保护农用地。

对保有环节征税，体现在对土地资源有效利用和优化配置的侧重，是对闲置、破坏行为的惩戒。对转移环节的课税，体现在调节房地产市场运行，抑制过分投机，减少国家土地收益流失为目的。

3.1.3 工业企业创新与现代企业制度

中国工业企业的经营主体一直以来都被认为是国家，无论是国企还是集体企业。作为生产资料，土地和厂房全部都是国有资产，以往以划拨形式获得。由于生产行为由国家下达，因此，市场机制影响导向较弱，并且未能构成推动创新的动力。换到企业经营视角来看工业用地政策，又能够形成一种新的演进阶段的划分方式。

阶段一（1978—1988 年）：努力学习，克服短缺。当时从日本学习较多，如学习日本丰田公司的"看板管理"方法。1982 年国家经委推广的国外 18 种管理方法，在后来的七八年中一直被用来帮助企业改进。

在这个阶段，创新开始为企业所重视。由于企业管理方面的知识极度缺乏，为了提高产品质量这一基本的创新目标，出现了著名的"张瑞敏砸冰箱"事件。那时是计划经济为主，企业管理创新以放权让利、完善承包制为主，代表人物是马胜利和江海等[1]。

国家政策更多关注通过调整和优化产业结构以克服短缺，采取放权让利和承包制的做法鼓励企业加快生产与供给。企业则按照国家指示来实践新的管理方法，通过模仿创新和渐进创新的方式改进生产效率。创新产出需要时间较长，而承包是有期限的，因此，企业的短期行为严重。这会导致创新动力与后劲不足，创新也因此并未成为企业的核心战略。

阶段二（1989—1998 年）：引进消化，完善提高。在这个阶段，企业通过引进和消化国外技术来实现创新，并且侧重在过程创新，特别是工艺创新。1992 年建设市场经济体制政策确立以后，企业的制度创新加快。1994 年以后，国家推动企业改制，提出"产权清晰、权责明确、政企分开、管理科学"的现代企业制度。在这个阶段，中

---

[1] 学界的研究主要是介绍国外的创新方法和创新理论，最典型的有两本书：一本是 1980 年马洪等编写出版的《国外经济管理名著丛书》，第二本是 1983 年朱镕基总理编写的《管理现代化》。

国实行的是出口导向战略，推动企业加快出口。随着市场化导向增强，企业创新开始关注效率和价格，当时经常讲的价格战也与这个大的导向有关。学术界开始热议技术引进的利弊。企业当中的代表性人物是张瑞敏和柳传志，其中张瑞敏是以"市场链"为纽带进行业务流程再造，也是第一次流程再造的尝试。人们关注的焦点是市场，因此海尔集团最先提出了服务市场的概念。另外，国有企业因为体制原因，出现了邯钢"模拟市场"的经验，通过模拟市场给内部增加动力。

这个阶段，国家改革的思路是通过探索现代企业制度，增强企业活力。因此，企业制度创新备受关注。同时，政府为了鼓励企业管理创新，开设了企业管理创新成果奖，一直持续到现在。另外，以市场为导向的创新开始受到重视，尽管那时人们的消费层次普遍较低，但部分地区的许多产品已经不再短缺。创新的形式以引进生产线为主，但是随之而来的是消化吸收再创新的能力不足。由于缺乏自主知识来提升产品，有不少企业开始大打价格战。为了加快提高企业自身技术水平，高新技术企业得到鼓励。

阶段三（1999—2008年）：加快探索、奋起追赶。1997年亚洲金融危机爆发，中国在1998年宣布人民币不贬值。亚洲金融危机对企业的后续经营造成很大影响，国有企业要三年脱困，更多的企业需要找市场、求生存。2000年以后出现了转机，中国加入了WTO，市场空间增大，企业业绩得到迅速提升。随着金融制度创新和国有企业体制改革加快，释放出了大量的创新活力。另外，合资、合作企业的创新也实现了快速成长。市场需求开始升级，对高端创新提出了新的挑战。创新逐渐成为我国的国家战略，因为许多行业的短缺已经不复存在，甚至开始出现过剩的苗头，迫切需要提高企业创新能力以实现产品升级。国家开始陆续出台新的政策，鼓励企业自主创新；民营企业和新兴产业的创新加速。

阶段四（2009—2018年）：加速创新，实现突破。从2009年应对国际金融危机到现在，企业的外部环境中，市场的不确定性一直在增大；同时，多数产业都出现了过剩，甚至AI、数字产业也不例外。经济生产方式在从数量驱动、要素驱动向质量驱动和创新驱动转变的同时，社会各界开始关注核心技术的创新，如何突破核心技术已经成为一个全社会的问题。传统上引进、消化、吸收、再创新的追赶模式已经无法支撑可持续发展。为此，国家出台了相应的政策，推动关键技术和战略新兴产业发展。这个阶段由于产业升级的紧迫性和高端竞争的加剧，企业创新向自主创新纵深发展，开始关注内部创新能力体系和外部创新生态的构建。据研究显示，未来的企业创新有以下趋势：单一产品创新向具有"生态系统"特征的系列产品创新转变；单一企业创新向企业联合创新、产业整体创新转变；企业主导创新向多主体参与创新转变，尤其是面向用户多元需求和定制要求的创新将大量增加；为了竞争的创新向为了分享和社会整体进步导向的竞合创新转变；实体产品领域的创新向虚、实产业业务整合创新转变；价值单一业务的创新向价值多元业务的创新转变；单一批量式的生产方式创新向大规模私人定制创新转变。工业企业的创新未来将存在三网融合，即物联网、务联网和关系网的融合模式。这三种网络之间的融合是未来发展的关键，它会催生出许多新的商业模式，也是未来企业创新管理的一个重要领域，同时也反映出生产经营主体的更加多元化趋势。企业创新网络与生态、企业创新能力体系和创新范式（文化制度、政企关系与企业创新机制）方面的研究将逐步成为城市研究的内容和主题，而不再局限于传统的社会、经济、政治等内容。

未来的企业特征，也将影响到工业用地使用和产业空间的组织，前提是工业用地不再被作为招商引资、土地财政的首要载体。除上述几个方面之外，影响工业用地使用的，还包括经济政策、产业政策、金融财税政策等。

3.2 土地制度演进相关研究述评

3.2.1 国家层面土地制度的演进

1. 以土地供给为视角

我国的土地供给制度是影响土地使用的重要因素。在土地国家所有的基础之上，土地供求模式面临着建设社会主义市场经济的国家政策要求，因此，土地供给制度一直以来都在一级市场采用双轨制，即无偿划拨与有偿出让相结合。在土地二级市场，则采用直接流转的形式。通过政府垄断土地供应，控制土地一级市场，以供给引导需求，各地城市政府建立了土地储备中心作为单一供给源。通过土地垄断，包括征地制度、农转非制度、城乡土地二元管理制度等众多制度做支撑，使土地财政成为可能，以地生财用于城市经营、配套建设，短时间内完成了城市建设和大量城市空间的生产。

政府通过收购土地并进行储备，推涨了房地产开发成本。杭州、上海、武汉等城市，由于土地价格太高，导致地方政府与民夺利的情形存在。为了进行自我管理和控制，政府通过量化方式，对土地供应计划实施管理。循着这一视角，我国土地供给制度的演进路径如下：

第一阶段，市场化运作开始（1980年）。通过向中外合资企业收取场地使用费，开启了土地市场化改革。1982年，深圳市开征城市土地使用费。1987年，深圳协议出让中国第一块国有土地使用权。随后，上海市公开招标拍卖虹桥地块。以此两个标志性事件，中国土地有偿使用制度得以建立，承担起宏观调控、财富分配管理的作用。

第二阶段，土地储备制度的建立，以及企业改制和国有企业划拨土地使用权改革（1996年）。上海、杭州在国内作为最先开展土地管理模式试点城市，对这两项内容进行了探索。2001年4月国务院发布《关于加强国有土地资产管理的通知》，各地就此建立起土地储备机构。政府在统一进行土地收购、储备、整理的基础上，运用市场机制逐步在供地方式上向"招标、拍卖、挂牌"出让转变。

第三阶段，土地有偿使用制度逐步建立。同时出现了零地价出让的工业用地。"招、拍、挂"三种土地出让方式对应不同的土地使用形式，并成为进行宏观调控的重要手段。2003年出现投资热，2004年实施宏观调控，运用土地供应支持符合国家产业政策和行业准入标准的建设项目，逐步依据产业政策作为各地供地的重要依据。为了进一步加强土地管理，在机构和部门设置上实行了央地垂直管理。

第四阶段，对土地资源的分配实行高度集中和严格管制。要求各地制订土地年度计划，明确土地用途，严格供地程序，监督检查建设用地的使用。

这一过程主要的法律依据，是1979年颁布的《中华人民共和国中外合资经营企业法》；1988年版以及1990年版宪法；1994年颁布的《房地产管理法》。由于土地供给主要是各地政府行为，并且城市增量土地的主要来源是农地，因此，《物权法》中涉及集体建设用地出租、转让的条款也被作为重要依据；明确了土地的全面国有化，土地使用权则包括国有和集体两种类型。

通过这一视角，我们认识到，一方面土地征用和补偿机制是基本的土地转用机制；国有建设用地的市场化，产权结构的多元化（产权主体结构的多元化）是改革的方向；通过土地供给影响经济发展，通过土地供给结构调整影响和引导房地产业发展，使其同步于经济增长的波动周期，以实现宏观调控的目的，是我国土地使用制度建设的核心内容。另一方面，土地供给制度化建设是社会主义市场经济的基石，这里的土地供给既指政府为主导的土地供给，又指市场供需关系概念下的供给；实现两者的最优配合是核心内容。

2. 以经济发展转型为视角

党的十八大之后，明确了建设社会主义市场经济体制的目标。发展工业是经济建设的主导内容，不管土地国有还是集体所有，通过土地经营权流转的方式激活经济的效用已经成为共识。传统的土地政策存在土地产权主体虚置、土地产权客体模糊的问题，随经济发展面临着转型。根本原因在于土地兼具资源、资产、资本三位一体属性，从土地要素供给、土地资产价格、土地金融三个方面构建土地政策差别化调控以及区域协调发展的传导路径势在必行。同时，学者们指出，土地生产力、土地均衡使用、土地权利、粮食和产业安全也是土地影响经济发展的核心问题。土地政策与产业转型升级、金融服务、统筹城乡等政策之间存在着密切的关联，应建立统筹城乡的土地空间开发利用规划和建设用地市场。进而，土地政策影响经济发展转型的作用机制被揭示：土地政策对经济发展具有直接作用机制，它通过土地产权结构、土地使用配置方式、产权主体对土地资源经营的方式得以实现。土地政策对经济发展也具有间接作用机制，它通过土地供给数量、土地供给结构和土地价格发挥影响作用。因此，土地政策对加快经济发展转型具有支持效应，通过政府行政干预、市场调节可以实现落实宏观经济政策的目标，并能够通过与产业政策相配合，实现对经济发展或促进或延缓的作用。透过这一视角，我国土地制度演进又可以被划分如下：

第一阶段，保护耕地，加强土地管理（1980—1990 年）。以 1981 颁布的《关于制止农村建房侵占耕地的紧急通知》和 1982 颁布的《村镇建房用地管理条例》为标志。20 世纪 80 年代中期，是我国各地乡镇企业高速发展时期，耕地由此开始锐减。为有效控制经济发展过程中建设占用耕地以及耕地资源规模不断下降的状况，国家开始实施干预。1986 年 3 月 21 日，中共中央国务院发布《关于加强土地管理、制止乱占耕地的通知》，提出"十分珍惜和合理利用每寸土地，切实保护耕地"的基本国策。1986 年《土地管理法》提出保护耕地、节约使用土地的要求。1987 年 6 月 1 日国务院下发《关于在农业结构调整中严格控制占用耕地的联合通知》，1988 发布《土地复垦规定》。1988 年 9 月 27 日国务院发布《中华人民共和国城市土地使用税暂行条例》，采用经济手段保护耕地。

第二阶段，遏制土地无序开发。加强土地利用规划（1992—1996 年）。国家确立了建立市场经济体制的目标，此时，城市土地有偿使用制度框架已经基本建立。地方政府以土地出让方式批租土地使用权，随后房地产热和开发区热涌现。为了实现管控目标，国家做出决定：（1）规范和调控土地开发行为。1992 年 11 月 18 日，国务院发布《关于严格制止乱占、滥用耕地的紧急通知》。1992 年 12 月 9 日，国务院办公厅发布《关于严禁开发区和城镇建设占用耕地撂荒的通知》，制止以新办开发区和城镇建设名义圈地，并敦促圈而未用耕地退回。1994 年 4 月 28 日国务院发布《关于严格审批和认真清理各类开发区的通知》，严禁弃耕撂荒。(2) 确立基本农田保护制度。1994年7月，国务院审议并原则通过《基本农田保护条例》。(3) 对全国土地利用进行土地利用规划。1993年2国务院正式批准第一轮《全国土地利用总体规划纲要（1987—2000）》。

第三阶段，强调保护耕地，加强土地集约利用（1997—2002年）。以1997年4月15日中共中央国务院发布《关于进一步加强土地管理切实保护耕地的通知》为标志，该通知提出控制城市建设用地规模，发布了征用土地的"冻结令"（冻结非农建设项目占用耕地一年，确实需要占用耕地的，需报国务院审批）。1999年4月国务院批准实施第二轮《全国土地利用总体规划纲要（1997—2010）》，强调完成耕地保有量和基本农田保护面积。1999年，原国土资源部发布《闲置土地处置办法》，确立了闲置土地的情形和处理方式。1999—2000年，原国土资源部下发第39、358、120号文件，要求落实"耕地总量动态平衡"。1998年颁布《土地管理法》，从以保证建设用地供应为主转变为以保护耕地为主，关闭了农地非农化的集体转用渠道，只保留国家征用一种方式，同时上收了征地审批权。

第四阶段，抑制性土地政策（2003—2012年）。随着住房货币化改革，房地产业得到迅猛发展，工业化得到快速推进，人口入城高峰随即而来，新一轮的圈地运动开始形成。2003年，"科学发展观"理论提出，转变经济发展方式被提上日程。具体可分为如下目标：

(1) 2003年下半年，中央政府首次提出运用土地政策参与宏观调控的要求，其核心目标是调整经济增长中的不合理方式、控制合理投资规模、优化产业发展结构、调整经济发展速度、协调区域经济发展。具体举措包括：首先，控制土地供应总量规模及扩张速度，清理整顿开发区；其次，控制土地供给结构，比如2004年《关于在深入开展土地市场治理整顿期间严格建设用地审批管理的实施意见》，2006年《国务院关于发布实施〈促进产业结构调整暂行规定〉的决定》中列出了《限制用地项目目录》和《禁止用地项目目录》，以具体指导行业用地结构；再次，调整供地方式，要求一律采用"招、拍、挂"方式，限制划拨用地的范围，比如制定了《划拨用地目录》；最后，调节土地价格，比如2004年，大幅提高新增建设用地有偿使用费，同时政府出手稳定房价。但是，房地产开发企业很快将这一部分费用转嫁给普通购房者，并被学者们描述成为"制度性成本"。

（2）抑制土地过快开发。2003年2月18日，原国土资源部发布《关于清理各类园区用地加强土地供应调控的紧急通知》；2003年7月，国务院办公厅发布《国务院办公厅关于暂停审批各类开发区的紧急通知》；2003年7月30日，国务院办公厅发布《关于清理整顿各类开发区加强建设用地管理的通知》。2004年，国务院基本冻结了新增产业类建设项目、基础设施项目和房地产项目等的审批，提出中国将实行世界上最严格的耕地保护制度的决定。2004年4月29日，国务院办公厅发布《关于深入开展土地市场治理整顿严格土地管理的紧急通知》；2004年10月，国务院发布《关于深化改革严格土地管理的决定》（28号文件）；2005年，国务院办公厅转发商务部、国土资源部、建设部《关于促进国家级经济技术开发区进一步提高发展水平若干遇见的通知》以加强国家级经济技术开发区的用地管理；下发《关于坚决制止"以租代征"违法违规用地行为的紧急通知》，要求落实开发区四至范围。2006年9月7日，国务院发布《关于加强土地调控有关问题的通知》（31号文）。

（3）严格建设用地审批。2003年11月17日，国土资源部发布《关于进一步采取措施落实严格保护耕地制度的通知》，从严控制建设用地规模。2006年5月，原国土资源部发布紧急通知，严格审查建设用地报批，提高建设项目用地审批"门槛"。

（4）实行最严格的耕地保护，严格基本农田保护和耕地总量动态平衡。2005年，国务院办公厅下发《省级政府耕地保护责任目标考核办法》，明确省（区、市）政府对本辖区的耕地保有量和基本农田保护面积负责。国务院办公厅会同农业部、发改委、财政部、建设部、水利部、国家林业局制定下发《关于进一步做好基本农田保护有关工作的意见》。除此之外，国务院还下发了《关于开展设立基本农田保护示范区工作的通知》《关于开展补充耕地数量质量按等级折算基础工作的通知》，采取严格的耕地占补平衡工作。2006年，确立了116个基本农田保护示范区。2010年，国土资源部启动"双保工程"（保经济发展、保耕地红线）。2011年，国家发布《基本农田划定技术规程》，要求确保全国基本农田面积稳定在15.6亿亩。2008年，批准实施第三轮《全国土地利用总体规划纲要（2006—2020）》。

（5）强化土地节约集约使用的力度。2007年，原国土资源部发出《关于加大闲置土地处置力度的通知》。2008年1月7日，国务院下发《关于促进节约集约用地的通知》。2009年，原国土资源部下发《关于严格建设用地管理促进批而未用土地利用的通知》。2012年7月1日，原国土资源部要求实施新修订的《闲置土地处置办法》。

第五阶段，由"重管理"向"重合理"转变（2013—2018年）。党的十八届三中全会通过了《中共中央关于全面深化改革若干重大问题的决定》，指出"土地资源配置的市场化改革和构建城乡土地资源合理利用的机制是今后土地政策改革的重点"，它包括了"土地产权、土地流转、土地利用和土地权益分配"四个方面的改革。促使经济发展的核心要素——"土地"与市场经济体制的深化改革相同步，促使城乡协调发展。要让市场在配置土地资源中的决定性作用发挥出来，土地流转的范围应该被打开；要建立城乡统一的建设用地市场；建立城乡土地流转新机制；促进城乡要素平等交换；实现盘活土地存量的目标。

通过这一视角的审视可以发现，土地制度与经济发展存在着内在互动性。国家一直试图建立起土地建设开发行为与开发农地两条线并行的机制，并且，改革的路线始终遵循以经济发展转型为导向的土地政策优化目标。即认识和把握土地使用者带来的利益格局，以及随之而来的激励机制、利益再分配机制的变革；通过多主体供地促进集体土地入市，让广大农民参与社会财富的分享；推进土地交易流转的市场化，土地产权的确权，以保护农民的土地权利。比如2008年，中共中央发布《关于推进农村改革发展若干重大问题的决定》指出，农民土地承包权延长到无固定期限的"长久不变"。通过2019年土地市场城乡一体化改革，实现国有土地和集体土地"同地、同价、同权"，促进土地征用制度的改革；在规划控制和用地管制的前提下，鼓励农民集体土地直接进入建设用地市场。这与1998年关闭农耕非农化的集体转用渠道并不存在本质上的矛盾。

3. 以集约节约用地为视角

以集约节约用地的相关政策作为分析重点，可以将国家土地政策演进划分为四个阶段。

阶段一，探索阶段（1998年之前）。1988年颁布了《中华人民共和国城镇土地使用税暂行条例》（国务院 17 号令），1991 年《关于批准国家高新技术产业开发区和有关政策规定的通知》（国发〔1991〕12 号）。针对开发区建设高潮阶段的开始，以及由开发区热带来的土地粗放利用问题。1997 年进一步颁布《关于进一步加强土地管理切实保护耕地的通知》（中发〔1997〕11 号），提出严格建设用地的审批管理；1998 年修订《土地管理法》提出实行土地用途管制制度。

阶段二，基本确立阶段（1999—2004 年）。1999 年，国家颁布的《闲置土地处置办法》（国土资源部令〔1999〕5 号）标志着专门针对节约集约用地的政策法规正式确立。直至《关于深化改革严格土地管理的决定》（国发〔2004〕28 号）提出"实施强化节约和集约用地政策，严格控制建设用地增量，积极盘活存量"，标志着节约集约用地政策体系的基本确立。政策尤其重视确定建设用地的规模、布局、结构和时序安排等内容，要求对建设用地进行总量控制。

阶段三，不断完善阶段（2005—2013 年）。2006 年颁布的《关于加强土地调控有关问题的通知》（国发〔2006〕31 号）提出建立工业用地出让最低价标准统一公布制度，促进集约用地、健全责任制度。2008 年国务院发布《关于促进节约集约用地的通知》（国发〔2008〕3 号），审查调整各类相关规划和用地标准、提高建设用地利用效率。2012 年，《关于大力推进节约集约用地制度建设的意见》（国土资发〔2012〕47 号）、《关于严格执行土地使用标准 大力促进节约集约用地的通知》（国土资发〔2012〕132 号）的颁布继续推动"标准控制"制度，建立激励和考评机制。随后，《关于推进土地利用计划差别化管理的意见》（国土资发〔2012〕141 号）、《关于开展城镇低效用地再开发试点的指导意见》（国土资发〔2013〕3 号）的出台提出通过开发闲置低效土地等手段来促进节约集约用地。因此，在合理规模控制下，盘活存量建设用地，优化土地利用结构，促进节约集约用地水平的提高，是集约节约政策的重点关注内容。

阶段四，成熟发展阶段（2014—2018 年）。2014 年，《节约集约利用土地规定》颁布，原国土资源部出台《关于推进土地节约集约利用的指导意见》（国土资发〔2014〕119 号）。随后 2014 年 10 月，国家土地监察机构在全国清理批而未供和闲置土地。土地集约节约利用的重点在工业用地的控制和开发区土地的集约利用，这一点不仅是政策性共识，而且是学术共识。

4. 以土地与经济社会发展的互动为视角

从该视角出发，国家土地制度演进可以被划分为三个阶段：

转型初期（1979—2002 年）。该阶段实行土地使用的扩张型模式，目标是服务于国家经济建设，因此，鼓励土地开发利用，为了体现开发土地的资本价值，实施足量供地。其中，1978—1983 年，逐步承认农民自发承包制；1982 年、1983 年的中央 1 号文件，正式确立了家庭联产承包责任制。又可以细分为多个小阶段：1978—1991 年，建立城市土地有偿使用，征收土地使用费；1979 年 7 月 1 日，第五届全国人民代表大会第二次会议通过《中华人民共和国中外合资企业经营法》，1980 年国务院《关于中外合营企业建设用地的暂行规定》；1980 年 10 月原国家建委召开全国城市规划工作会议，提出征收城镇土地使用费；1990 年 5 月以总理令的形式颁布《中华人民共和国城镇国有土地使用权出让和转让暂行条例》（55 号令）；1992—2002 年，建立土地使用权市场；1992 年，在市场经济体制得到确立的背景下，确立了双轨制的供地方式；2002 年，原国土资源部发布《招标拍卖挂牌出让国有土地使用权规定》，要求经营性用地必须以招标、拍卖、挂牌的方式出让。其中，国有企业划拨土地通过出让、租赁、以土地使用权作价出资（入股）和保留划拨 4 种方式逐步实行有偿使用制度。可见，土地政策促进了经济社会发展，农村承包制带动了农业经济的发展，土地有偿使用制度创造了地方土地财政来源，由此带来房地产业迅速发展，土地和投资的结合带动了工业化、城市化迅速发展。

科学发展观的指导（2003—2012 年）。扩张型增长带来了耕地、粮食、农民利益、城乡差距、贫富分化等问题，使国家面临着土地资源禀赋和利益分配机制的压力。十六大提出"以人为本"的发展理念，随着土地的经济价值和财产属性被广泛认识，土地的使用逐步向土地资源和农地社会保障功能的回归。国家目标的实现，需要通过加大中央政府调控和管理来规范地方政府行为，具体体现在调控土地开发、稳定农地关系、保护耕地、规范土地市场 4 个方面的举措。2003 年推出一系列抑制开发区违规扩张的政策（表 3-1）。一方面着重体现节约集约利用土地的导向，比如，2004 年《土地管理法》的第 37 条；2007 年《关于加大闲置土地处置力度的通知》《招标拍卖挂牌出让国有建设用地使用权的规定》《土地储备管理办法》，2008 年《关于促进节约

表 3-1　　　　　　　　　　　2003—2012 年调控土地供给的政策

类别	年份	政策文件
抑制开发区违规扩张	2003/2/18	国土资源部《关于清理各类园区用地加强土地供应调控的紧急通知》
	2003/7/18	国务院办公厅《关于暂停审批各类开发区的紧急通知》
	2003/7/30	国务院办公厅发出《关于清理整顿各类开发区加强建设用地管理的通知》
	2003	国家发展和改革委员会、监察部、建设部、审计署和国土资源部联合出台《关于清理开发区、加强用地管理的紧急措施》
	2004/10	国务院发布《关于深化改革严格土地管理的决定》
	2005	国务院办公厅转发商务部、国土资源部、建设部《关于促进国家经济技术开发区进一步提高发展水平若干意见的通知》
调控土地开发速度	2003/11/17	国土资源部下发《关于进一步采取措施落实严格保护耕地制度的通知》，对非农建设用地实行"六不报批"
	2004/4/29	国务院办公厅发出《关于深入开展土地市场治理整顿严格土地管理的紧急通知》，提出了整顿期间的"3个暂停"
	2004上半年	国务院基本冻结了新增产业建设项目、基础设施项目和房地产项目等的审批
	2004	《国务院关于深化改革严格土地管理的决定》，指出2004年农用地转用计划指标不再追加
	2004	国土资源部出台《工业项目建设用地控制指标（试行）》
	2005/1/10	国土资源部印发的《2005年工作要点》中提出继续实行从严从紧的建设用地供应政策
	2006/4/26	国土资源部下发《关于下达2006年全国土地利用计划的通知》，2006年全国计划仍维持2005年水平
	2006/5/30	国土资源部发布《关于当前进一步从严土地管理紧急通知》
	2007/1/21	国土资源部下发《关于下达2007年全国土地利用计划的通知》，2007年新增建设占用农用地与耕地量与2006年持平
积极参与经济结构调整	2003/12/23	国务院办公厅下发《关于制止钢铁电解铝水泥行业盲目投资若干意见的通知》
	2004/4/29	国务院办公厅发出《关于深入开展土地市场治理整顿严格土地管理的紧急通知》，对不同用地类型做出了相关规定
	2004/5/1	国务院办公厅转发发改委第七部委《关于对电石和铁合金行业进行清理整顿的若干意见的通知》，进行用地审批清查
	2004/5月起	冻结6个月的政府土地使用权审批工作，并停止对发展过度的钢铁、水泥、电解铝、高档别墅、高尔夫球场等项目开发的土地供给
	2006/12/1	国土资源部、国家发改委发布《限制用地项目目录》和《禁止用地项目目录》
	2009	国土资源部发布《限制用地项目目录（2006年本增补本）》和《禁止用地项目目录（2006年本增补本）》
	2011/3/1	国家发改委发布《产业结构调整知道目录（2011年本）》，同时废止2005年本产业目录

续表

类别	年份	政策文件
规范农地转用和开发	2003/12/31	中共中央、国务院发出《促进农民增加收入若干政策的意见》（即2004年1号文件）
	2004/10/21	国务院《关于深化改革严格土地管理的决定》，要求进一步加强各级政府对耕地保护、土地利用规范以及农地转用等农村土地管理制度的严格执行
	2006/8/21	国务院发布《关于土地调控有关问题的通知》，强调土地利用规范和农用地转用审批等管理措施在农用地转为建设用地中的作用，禁止"以租代征"
	2007/12/30	国务院办公厅颁布《关于严格执行有关农村集体建设用地法律和政策的通知》，严格执行土地用途管制制度，严格规范使用农民集体所有土地进行建设等要求

资料来源：杨璐璐.改革开放以来我国土地政策变迁的历史与逻辑[J].北京工业大学学报（社会科学版），2016，16(02)：18-29.

集约用地的通知》，2009年《关于严格建设用地管理促进批而未用土地利用的通知》，2010年《关于进一步加强房地产用地和建设管理调控的通知》，以及2012《闲置土地处置办法》。另一方面着重建立城乡建设用地增减挂钩机制，2008年《城乡建设用地增减挂钩试点管理办法》，2010年《关于严格规范城乡建设用地增减挂钩试点 切实做好农村土地整治工作的通知》，都是为了实现这一目标。最终提升土地开发的公平性，2004年开始，中共中央1号文件要求地方政府将土地收益用于农业，支持农村建设。

深化改革（2013—2018年）。2013年11月12日，十八届中央委员会第三次全体会议通过《中共中央关于全面深化改革若干重大问题的决定》，确立了土地资源配置的市场化改革和构建城乡土地资源合理利用机制的改革重点，包括土地产权、土地流转、土地利用、土地权益分配4个方面，并将所有权以外的产权权能由国家下放到土地使用者手中。

5. 以城市化过程为视角

根据中国社会经济发展背景、城市化水平变化及土地政策重大事件，有研究认为可将中国土地政策演变大致分为三个阶段，划分阶段以十一届三中全会、对外贸易松动、经济新常态等社会经济发展重大事件，以及家庭联产承包责任制、住房分配货币化、新型城镇化等土地政策重大变革为标志。

1978—1998 年，农村土地改革奠定了城市化基础。在此阶段，中国城市化水平由 17.86% 提升到 33.35%。农村土地改革的红利为城市发展提供了资金、劳动力、原材料等初始动力。

1998—2014 年，城市土地政策主导的改革，促成了土地城市化。中国城市化率由 33.35% 提升到 54.77%。社会经济的发展主要得益于城市土地制度改革。大量工业园区开发与住房分配货币化"双轮"驱动，促进了城市基础设施条件改善以及制造业的繁荣。物美价廉的"中国制造"走出国门，对外贸易上升到国际第 10 位。工业用地供应充足，再加上 1998 年住房分配货币化后的巨额土地财政支撑，使中国成为第一大制造业基地。1998 年《国务院关于进一步深化城镇住房制度改革加快住房建设的通知》标志着商品房与土地财政正式绑定。随着 2008 年世界金融危机波及中国，国家通过 4 万亿元刺激计划和"家电下乡"挽救了中国宏观经济，但是，房价、物价高涨。受城市土地出让与转让所带来的巨额财政收益影响，地方政府热衷于招商引资、兴建工业开发区。2005—2006 年国家开始调控，以解决土地供给结构失衡、利用粗放等问题，大规模工业园区建设不仅导致产能过剩，而且产生低效问题，同时又限制了住宅用地供给。工业用地使用成为经济运行常遇梗阻的症结所在。

2014—2018 年，城乡土地政策互动，人口城市化开始。新型城镇化国家政策被提出，人口城市化开始。流动人口的市民化议题被广为重视，标志着中国的经济与人口已双双进入"新常态"。人口城市化面临着两大问题，内需刺激的主要对象——流动人口，尤其是农业转移人口面临住房保障、户籍、社会融合等问题；长期存在的土地供给结构错位及利用低效阻碍了流动人口进城落户。在经济增长"三驾马车"中，流动人口的内需拉动成为必然。响应经济新常态而起初的新型城镇化，核心是人口城市化，是城市发展、经济增长的重要动力。农民工在住房保障、子女教育、医疗保险等方面与城市户籍居民存在极大差异，这不仅会抑制消费能力，而且会促使原来农村与城市的二元结构转化为城镇内部户籍居民与流动人口的新二元分割，进而阻碍社会融合。随后，2017 年十九大提出"多主体供给、多渠道保障、租购并举的住房制度"。

展望未来，预计 2030 年中国人口达到顶峰，城市化率达到 70%，人口城市化将趋于稳定。2016年末，中国流动人口规模达2.45亿，占总人口的18%。进城落户与乡村振兴是摆在土地制度改革面前的难题。亟需推出城乡融合的土地政策；优化城市土地政策，积极减少工业用地供给并加强集约利用；改革农村土地政策，农村土地政策能否适配农村人口落户城市将十分关键，重要的是承包地与宅基地改革。

3.2.2 土地政策影响制度演进的综合分析

上述分析视角，分别从宏观经济发展、土地政策与制度、城市化等特定领域入手，揭示了不同阶段土地政策从扩张型到规范型再到合理型的特征，反映了我国土地政策逐步制度化的演进过程，但同时也表现出对我国耕地红线保护的担忧，土地的使用始终面临着从"重管理"向"重合理"的转变。土地利用效率的研究揭示了节约集约用地政策体系的发展，反映了对工业用地无序扩张的担忧。

综合来看，土地制度演进阶段至少在以下六点上具有共识：（1）1978年，改革开放的开始是我国土地政策演进最重要的转折点；（2）1992年，邓小平南方谈话，随后确立了建立市场经济体制的目标，以开发区建设为载体的工业用地大量开发延续至今；（3）1998年，住房分配货币化促使房地产市场的确立，房地产开发成为地方经济的支柱，同时也是政府经营城市、建设城市的重要资金来源，政府开始垄断工业用地一级市场；（4）2002年，土地政策从宽松转向收紧，有关部门意识到工业用地的出让、使用、流转乃至规模存在严重隐患；（5）2007—2008年，在全球金融危机的影响下，工业企业生存受到考验，针对工业用地的节约集约用地政策推出，土地使用受到的约束得以强化；（6）2014年，节约集约土地使用政策逐渐成熟，土地的市场化配置得到优化，但是，由于大量、无节制、破碎化的工业用地使用，将工业用地使用作为一个重要的现象开展研究的必要性越来越为人们所认识（表3-2）。

表 3-2　　　　　　　　　　　改革开放以来我国土地政策演进

视角	阶段划分
宏观经济发展	（1）1979—2002年：转型初期土地政策（扩张型）； （2）2003—2012年：科学发展观时期的土地政策（规范型）； （3）2013—2016年：全面深化改革时期的土地政策（合理型） （1）20世纪80年代—90年代：以重视保护耕地，加强土地管理为重点； （2）1992—1996年：以遏制土地无序开发、加强土地利用规划为重点； （3）1997—2002年：以强调保护耕地，加强土地集约利用为重点； （4）2003—2012年：一系列"抑制型"土地政策； （5）全面深化改革阶段：从"重管理"向"重合理"转变
土地政策与制度	（1）1949—1954年：低价或低租金工业用地的所有权； （2）1955—1978年：政府分配工业用地； （3）1979—1991年：政府划拨和有偿使用工业用地的共存； （4）1992年至今：工业用地开发 （1）建立城市土地供应有偿使用制度； （2）建立城市土地储备制度； （3）完善土地有偿使用制度； （4）建立土地供应宏观调控体系； （5）国家对土地资源的分配进行高度集中和严格管理
城市化进程	（1）1978—1998年：通过农村土地制度改革奠定城市化基础； （2）1998—2014年：由大量工业园区开发与住房分配货币化"双轮"驱动的土地城市化； （3）2014年至今：新型城镇化提出，开始人口城市化
土地有效利用	（1）1998年前：萌芽探索阶段； （2）1999—2004年：基本确立阶段； （3）2005—2013年：不断完善阶段； （4）2014年至今：成熟发展阶段 （1）1978—1997年：双轨使用与尝试有偿使用阶段； （2）1998—2006年：政府独家垄断工业用地出让阶段； （3）2007—2013年：节约集约用地下的工业用地约束强化阶段； （4）2014年至今：优化工业用地市场化配置阶段 （1）第一轮利益博弈下的制度变迁：政策放松（业主与开发商分享土地价值）； （2）第二轮利益博弈下的制度变迁：政策收紧（业主无法通过协议方式，把划拨用地的模糊产权转变为批租用地的清晰产权）； （3）第三轮利益博弈下的制度变迁：政策再次放松 （1）第一轮制度变革（20世纪90年代初期）：支持国企改革的权宜性制度安排； （2）第二轮制度变革（2000—2008年）：推行"招、拍、挂"等正式制度； （3）第三轮制度变革（2005—2012年）：出台划拨工业用地"三个不变"等暂行政策； （4）第四轮制度变革（2012年后）：探索和形成存量工业用地更新的规范途径

3.3 生产者视角下的土地政策演进

3.3.1 产业政策的影响

产业政策对生产经营者行为有重要的影响。产业政策直接影响城市产业结构、企业行为和市场机制，并导致其发生变化。作为生产经营主体的企业，通过区位选择等个体行为影响产业聚集特征，并进而影响城市工业用地的空间布局。

在推动制造业产业结构转型升级的过程中，产业政策常被认为有明显推动产业结构资本化和技术化的特征。但是，产业政策的有效性一直是学者们争论的焦点。有学者认为，产业促进政策通过在城市中建立产业园区等方式，推动产业的集聚，提升制造业生产率，对工业用地的出让和使用转型具有显著的促进作用。另一部分学者则认为，产业政策的效应具有双面性，在促进产出增长的同时，却无法实现生产效率的提高，其实施效果受经济环境的制约；而且，不同产业政策工具应用于不同的干预对象时，效果存在差异。相较于对行业的影响，产业政策对企业的影响效果较弱。此外，实施产业政策会促进企业进入政府重视的产业，同时也会抑制企业退出这类产业，从而诱发产能过剩。

更多的学者认为，产业政策是引起市场扭曲的重要因素，一方面，以产量增长为目标的产业政策可能导致产能更加分散，数量管制型产能调控政策往往解决不了产能分散与过剩等问题。另一方面，中央政府的产业政策导向性很强，地方政府以此为蓝本，并结合自身优势制定的地方产业政策常带来"偏向性"扭曲，造成不同地区之间产业同构现象，从而导致工业的地理集中程度低，地区间的分工不足带来巨大的效率损失。支持产业政策的学者一再强调，由产业政策引发的其他企业层面的行为，比如产业转移，会影响企业和产业的区位选择依据，其中，劳动力成本和原材料丰裕度是主要影响因素，产业集聚的溢出效应在产业政策的引导下有所增强并极大程度上超过了竞争效应。

由此可见，产业政策既能够在供给端，通过政府供地、建设产业园区、为产业提供配套建设的方式在供给端影响工业用地的空间布局；也能够在需求端，通过企业区位选择要素的变动、投资和生产行为的重组、对待生产空间的态度和方式影响工业用地的空间布局。因此，需要同时考虑针对供需端的制度性改革。

3.3.2 企业制度改革的影响

在经济体制改革、转轨的过程中，企业制度的转变是影响工业转型发展的又一重要因素。改革开放以来，我国企业制度经历了多个阶段的变化，从计划经济高度集中的传统企业制度演变到现在市场经济体制下现代企业制度的初步建立。对企业制度改革演进过程的认知相对一致，大多从微观国有企业内部结构改革的视角进行发展阶段划分，以揭示国有企业改革过程中产权制度的变更过程。改革经历了从放权让利、"两权分离"、利改税、承包经营责任制，到建立现代企业制度的过程，反映了我国国企改革的核心在于调整政企间关系，以及由此带来的生产经营方式的变化。此外，从宏观发展阶段的视角，企业制度改革被分为改革开放初期、社会主义市场经济体制的提出和建立时期，以及全面深化改革阶段，从而将企业制度改革与国家的经济体制改革的演进过程对应起来分析。

当前学界对企业制度改革的认知大致相当，主要有以下时间节点和重要事件：（1）1978年，十一届三中全会提出改革开放，国有企业制度改革开启；（2）1983—1984年，通过"放权让利"扩大企业自主经营权，逐渐实行"两权分离""分两步利改税"，并推行试行承包制；（3）1993年，推行股份制改革，建立现代企业制度。自此，我国工业企业开始了市场化探索，在市场经济机制和国家计划机制的共同作用下，形成了多种形式、多种模式的工业化进程（表3-3）。

表 3-3　　　　　　　　　　　改革开放以来我国企业制度演进过程

视角	阶段划分
国有企业内部结构改革	（1）1978—1983年：放权让利； （2）1983—1986年：利改税； （3）1987—1991年：实行承包经营责任制； （4）1992年至今：建立现代企业制度
	（1）1978—1992年（十一届三中全会—党的十四大召开）：以扩权让利、承包经营为主要方式的经营权改革阶段； （2）1992—2002年（党的十四大—十六大）：以建立现代企业制度为目标的产权制度创新阶段； （3）2002年至今：构建和完善国有产权监管体制，对国有产权实施战略性调整阶段
	（1）1978年底—1984年9月：放权让利为特征的扩大企业自主权的改革阶段； （2）1984年10月—1993年10月：以"两权分离"为特征的转换经营机制的改革阶段； （3）1993年11月至今：以建立现代企业制度和实施战略性改组为特征的改革阶段
	（1）前30年：国有企业建立和改革理论的萌芽阶段； （2）20世纪70年代末期—80年代末期：国有企业改革起步阶段（"企业主体论"）； （3）20世纪80年代末期—90年代末期：国有企业改革的攻坚阶段（"企业制度论"）； （4）20世纪90年代末期至今：国有企业改革的全面深化阶段（"企业产权论"）
	（1）1978—1992年：扩权让利和两权分离的改革初期； （2）1993—2002年：股份制改革和建立现代企业为目标的深化时期； （3）2003—2016年：我国加入WTO以来国企治理的完善时期
土地有效利用	（1）1978—1991年（改革开放初期）：从扩权让利到两权分离阶段； （2）1992—2011年（社会主义市场经济体制的提出和建立时期）：公司制改造和完善法人治理机构阶段； （3）2012年（全面深化改革阶段）至今：功能界定和分类改革阶段

3.3.3　企业制度改革影响下的生产者角色演进

从国有企业制度改革角度进行的研究已经非常多，鲜少讨论生产者角色的多元化和市场化。基于对企业制度改革政策的整理，本书将生产者角色的演进划分为五个阶段。

1. 1978—1997 年：国有企业制度开始改革，生产经营者开始多元化

1978 年，在改革开放的大环境下，国有企业开始进行改革。1978 年扩大国企自主经营管理权[2];到 1984 年逐步实行"两权"分离,即所有权和经营权分开,逐步推广承包经营模式[3];通过以"利改税"为代表的一系列改革,激发企业的积极性。1988 年出台《中华人民共和国全民所有制工业企业法》,从法律上承认了企业的法人地位。1992 年,邓小平南方谈话,确立了社会主义市场经济体制的目标,进一步促进了国有企业制度改革,出台《全民所有制工业企业转换经营机制条例》,让企业享有生产经营决策权。1993 年国家推动企业股份制改革,并颁布《中华人民共和国公司法》,推进建立现代企业制度。

在国企改革的同时,国家鼓励各地招商引资。1980 年国务院批准首批中外合资企业,随后出现外资企业、中外合作企业等企业形式,企业所有制结构发生了重大的变化。为了应对这一形势,国家先后出台多部法规[4]、条例[5]对"三资"企业的生产经营进行管理和指导。1997 年出台《中华人民共和国合伙企业法》。至此,我国生产经营者已逐渐呈现多元化状态,社会主义市场经济体制逐步成型。

2. 1998—2007 年:针对国企进行结构调整,促进中小企业发展

1998 年是国有企业制度改革进程中具有里程碑的一年。该年上海市针对纺织工业实施"压锭",这是针对纺织产业链下游产能过剩问题的一次重大结构性调整。在这一措施影响下,国企大幅减员,下岗工人为谋求生计而寻找新的就业机会,其中很多人开始自主创业;他们后来成为个人独资企业和中小企业的主力军。1999 年、2002 年国家分别颁布《个人独资企业法》和《中小企业促进法》,以规范、鼓励、支持民营企业的发展。紧接着,2005 年成为国企改革的另一个里程碑,国家针对国企同股不同权和不同价的流通股和非流通股,提出股权分置改革,并直接导致 2006 年、2007 年中国股市的大幅上涨。经济形势一片大好。

---

2 指 1979 年颁布的《关于扩大国营工业企业经营管理自主权的若干规定》。
3 指 1986 年颁布的《国务院关于深化企业改革增强企业活力的若干规定》等文件。
4 指 1979 年颁布的《中华人民共和国中外合资经营企业法》,1986 年颁布的《中华人民共和国外资企业法》,以及 1988 年颁布的《中华人民共和国中外合作经营企业法》。
5 指 1988 年颁布的《私营企业暂行条例》。该条例于 2018 年废除。

3．2008—2013 年：鼓励国企兼并重组，同时提倡节约集约用地

2008 年全球金融危机爆发，生产经营者和经济发展都受到较大影响。为更好地指导推进国有企业改革重组，国家成立国资委，以加强对国有资产的管理。为加快经济发展方式转变和结构调整，提高发展质量和生产效益，促进企业兼并重组，政府提出了扶持企业兼并重组的具体措施，其中一项就是土地使用，提出了完善相关土地管理政策的要求。[6]

4．2014—2017 年：推进国企混合所有制改革，同时要求工业用地市场化配置

2014 年，十八届三中全会上指出我国经济发展进入"新常态"（new normal）。意味着中国经济结构将面临重大调整。对国有企业而言，制度改革到了深水区，国家提出了第三个里程碑式的改革措施：促进国有企业混合所有制改革，即允许非国有资本参股国有资本投资项目，同时允许企业员工持股，将国有企业改造为资本所有者和劳动者的利益共同体，[7]希望以此打破国有企业的垄断地位，促进社会主义市场经济的又好又快发展。

5．2018 年以来：自然资源部成立，发展模式转型为高质量发展

十九大召开后，我国经济体制改革进入"新时代"，针对国有企业制度的改革仍然选择混合所有制改革作为重要的突破口。而针对民营经济发展遇到的银行抽贷，股市下跌带来的资产缩水等困难和问题，习近平总书记在民营企业座谈会上表示将大力支持民营企业发展。[8]

综合考量改革开放以来企业制度的改革历程，课题组认为，多元化的生产经营者普遍面临融资和市场压力，生产者角色的多元化也同时导致对土地使用权态度的差异。

---

6 参见在 2010 年颁布的《国务院关于促进企业兼并重组的意见》和《关于加快推进重点行业企业兼并重组的指导意见》。
7 参见 2015 年颁布的《关于深化国有企业改革的指导意见》《关于在深化国有企业改革中坚持党的领导加强党的建设的若干意见》。
8 参见：习近平.在民营企业座谈会上的讲话 [N].人民日报,2018-11-02(002)；张占斌.坚决支持民营企业和民营经济发展壮大 [N].学习时报,2018-11-16(001).

这种差异会进一步导致生产企业在对土地使用的态度方面发生改变,从而使用地更新出现多种模式。

3.3.4 生产者多元化视角下的工业用地政策演进

企业制度与土地制度的演进相辅相成,共同构成了工业用地使用方式变化的政策背景。认识这一关系对厘清城市土地市场化的脉络有重要启示作用。也正因为如此,有学者讨论了处置两者关系时所面临的困难,以及处置方式的特点。随着国有企业、国有企业制度改革的推进,民营企业得到不断发展和壮大,并出现了多种混合所有制企业形式,工业用地的出让方式也从划拨为主演进到了以有偿出让方式为主,"招标、拍卖、挂牌"已经成为获得土地的主要方式。与工业相关的土地政策的演进响应了生产者角色多元化的进程,即,适应了国有企业面向市场化、多元化生产主体的改革过程。这一视角下土地政策改革进程可以划分为六个阶段。

1. 1978—1989 年:引进外资,土地使用权有偿出让的探索期

1978 年改革开放初期,国内开始引进外资,并出现中外合资企业、外资企业和中外合作企业,我国企业所有制结构发生了变化,打破了无偿使用土地的传统用地观念,"三资"企业进入和国有企业改革推动了土地的有偿使用。1981 年,深圳率先推行了土地的有偿有限期使用。1986 年出台《中华人民共和国土地管理法》以加强对土地利用的管理,1987 年深圳市政府以协议的方式出让了中国第一块国有土地使用权,是土地使用有偿出让的第一次试水。随后,1988 年在《宪法》中增加规定:土地使用权可以依照法律的规定转让,并重新修订了《土地管理法》,依法实行国有土地有偿使用制度。同年,日籍华人以 2805 万美元中标,获得上海虹桥 26 号 A、B 地块共计 1.29 公顷土地 50 年的使用权,这是第一起土地招拍挂出让,就此拉开上海和全国利用土地引进外资、改善投资环境的序幕。

1989 年土地出让收入被纳入地方政府财政收支体系。这一结果,是随着城市经济发展的需求不断高涨,出现了"产业园区"这种功能发展地区而导致的;在 1979 年,首个工业区蛇口工业区成立，到 1984 年国务院共设立了 14 个国家级经济技术开发区。由此，在运用特殊政策地区的特殊优惠政策发展地方经济的同时，开启了中国式的造城运动。

2. 1990—1997 年：国有企业制度改革，土地使用权出让实行"双轨并行"制

市场经济机制的建立迫使国家针对国有企业进行改革。在保留国有企业获得土地的划拨形式同时，经过土地有偿出让的探索。国务院于 1990 年颁布《城镇国有土地使用权出让和转让暂行条例》，对土地使用权的出让、转让、出租、抵押、终止等问题做了明确规定，确立了国有土地使用权有偿出让制度。同时，通过《外商投资开发经营成片土地暂行管理办法》和《外商投资开发土地管理办法》等政策进一步规范外商投资开发国有土地的行为。

在政策执行层面，1992 年邓小平"南方谈话"后，国家正式提出建立社会主义市场经济体制的发展目标，进一步推进国有企业制度改革。同时，用建设工业园区来打造产业集群的发展思路加快了工业园区的建设，园区数量呈爆发式增长。

国有土地使用权有偿出让与划拨"双轨并行"使两者形成了鲜明的对比，由于土地使用形式的不同，给不同性质企业带来了完全不同的负担。1994 年《中华人民共和国城市房地产管理法》要求用于房地产开发的土地其使用权要以出让方式取得，这为随后土地市场的形成，以及工业用地的有偿获得开启了大门。

3. 1998—2007 年：促进中小企业发展，土地市场逐步建立

1998 年，随着国家机构改革的推进，国土资源部成立。为了实现活跃市场经济的目标，国家鼓励和促进中小企业发展，随着生产主体角色的多元化，土地流转的需求日益高涨。因此，国家出台了一系列政策性文件以推动"招标、拍卖、挂牌"国有土地使用权方式。2002 年颁布的《招标拍卖挂牌出让国有土地使用权规定》中指出，经营性用地必须以"招拍挂"方式出让和获得，国家于 2004 年提出工业用地也要逐步实现"招拍挂"的出让方式，以推动土地资源市场化配置。2007 年，国土资源部、监察部联合出台《关于落实工业用地招标拍卖挂牌出让制度有关问题的通知》，标志着工业用地的使用完全进入"招拍挂"土地交易市场，工业用地政策从此由宽松逐渐转向约束。

在政策执行层面，国务院于 2000 年在昆山设立了国家级出口加工区，于 2006 年成立了全国第一个综合保税区。事实上，从 1998 年开始，住房分配货币化与工业园区开发"双轮"驱动的土地城市化发展模式已经形成。但是，在当时的土地管理制度下，土地事实上是各地招商引资的工具。工业区内乱占乱建，占而不建，建而不用的现象十分普遍。在改革开放早期的国家经济建设过程中，由于缺乏系统性的土地利用规划，开发区是城市采用"摊大饼"进行无序外延扩张的主要方式，开发区内开发投入强度不高、容积率低等土地粗放利用问题非常严重，国土资源被严重浪费。国家于 2003—2006 年，对产业园区进行了整顿，加强开发区的土地管理和调整力度，并开展对开发区的土地集约利用效率进行评价。随后，全国产业园区进入转型发展时期，从以发展工业经济为主向以发展服务经济为主转变，即所谓的开发区"二次创业"。

4．2008—2013 年：促进国有企业兼并重组，提倡集约节约工业用地

2008 年的金融危机导致企业倒闭潮出现，国家在促进企业兼并重组的同时，发现企业所有资产中的土地在处置中面临难题。随后通过集约节约用地政策促进工业用地再开发，试图解决僵尸企业问题。

由于企业制度改革进入公司制改造和法人治理机构的完善阶段，为加快经济发展方式转变和结构调整，提高发展质量和效益，国家《国务院关于促进企业兼并重组的意见》《关于加快推进重点行业企业兼并重组的指导意见》两份文件在土地等方面支持企业的兼并重组，并要求完善相关土地管理政策。

相对宽松的土地政策在促进经济发展的同时，也造成了土地资源的严重浪费。2008 年《国务院关于促进节约集约用地的通知》的出台是土地政策约束趋向强化的转折点。紧随其后，国家于 2009 年及 2012 年出台政策，旨在不断完善土地市场，规范地方政府工业用地出让行为，促进土地利用效率的提升[9]。2012 年《国土资源部关于

---

9 指 2009 年颁发的《城乡建设用地增减挂钩试点管理办法》《关于严格建设用地管理促进批而未用土地利用的通知》《关于调整工业用地出让最低价标准实施政策》《关于进一步落实工业用地出让制度》和 2012 年颁发的《闲置土地处置办法》《限制用地项目目录（2012 年本）》和《禁止用地项目目录（2012 年本）》的通知。

大力推进节约集约用地制度建设的意见》发布，对已有的节约集约用地措施进行总结，标志着节约集约用地制度体系的确立。

在政策执行层面，转型发展中的开发区继续"二次创业"，由外向内、由硬环境向软环境建设、由小而散向集中和特色产业发展转变。开发区在产业升级、技术水平、创新能力和管理服务等方面有所提升。国家支持符合条件的高新区升级、具备条件的高新区扩区和调整区位[10]，并于2013年首次提出国家高新区进入新的发展阶段，实施创新驱动发展战略[11]。

5. 2014—2017年：推进国有企业混合所有制改革，优化工业用地市场化配置

由于土地资产效应的浮现，工业企业金融化现象导致生产企业发展实业的积极性受挫，在"新常态"和"新型城镇化"的背景下，国家通过推进国有企业混合所有制改革，以优化工业用地市场化配置。这一时期出现了更多形式的企业，比如股份所有制企业。

通过对一个时期土地节约集约利用政策实施的归纳和提升，国土资源部于2014年发布《节约集约利用土地规定》，这是首部专门就土地节约集约利用进行规范和引导的部门规章。同年，按照党的十八届三中全会关于全面深化改革的战略部署，国家发改委和国土资源部下发《关于开展深化工业供地市场化配置改革试点工作的通知》，以完善工业用地市场化配置改革制度，提高工业用地利用效率。2017年《全国国土规划纲要（2016—2030年）》对土地供给结构及利用模式制定了长远的战略规划，其中就包括供地结构中的工业用地规模。

在政策执行层面，2016年国家盘点、清查了开发区中的僵尸企业。全国范围内各产业园区转型的进程虽然各不相同，但是，要求在国家高新技术产业开发区相关政策的指导下，针对自身情况、条件和转型需求，进行"二次创业"甚至是"三次创业"。地方政府在贯彻落实国家政策的同时，国家要求结合自身经济发展情况，利用不同的政策手段对工业用地的有效利用进行引导。以上海为例，2014—2016年颁布了一系列

---

10 指2009年发布的《关于发挥国家高新技术产业开发区作用促进经济平稳较快发展的若干意见》，2010年发布的《国家高新区扩区、改变区位和省级高新区升级的审批原则和审批程序》。
11 指2013年发布的《国家高新技术产业开发区"十二五"发展规划纲要》、《国家高新技术产业开发区创新驱动战略提升行动实施方案》。

政策，提出对全市工业用地实施盘活存量和全生命周期管理[12]，进一步加强管理工业用地出让[13]，引导城市工业用地的更新转型[14]；此外，还出台一系列政策以规范和指导工业用地的使用，提升其使用效率[15]。

6. 2018年以后：组建自然资源部，重视工业用地问题

2018年，改革进入到新时代。实体经济的生存环境再度恶化，大量民营企业倒闭，即使没有倒闭的民营企业也因为存在资金紧张等问题而被国有企业收购，国有企业与民营企业在经济和金融动荡中生存状态喜忧各异。2018年国务院深化机构改革，成立自然资源部，同时原住建部的城乡规划管理职责划入自然资源部，这一举措突出了土地的自然资源属性和权利属性。自然资源部被赋予了"两个统一行使"的职责[16]，可能会对已出台的相关具有针对性的用地政策做出调整，并影响未来政策导向。2019年1月23日中央深改小组通过了三个重要的指导性文件，包括已经公布的《关于统筹推进自然资源资产产权制度改革的指导意见》和《中共中央国务院关于建立国土空间规划体系并监督实施的若干意见》[17]。自然资源部也下发了《自然资源部关于健全建设用地"增存挂钩"机制的通知》，以消化批而未供土地和盘活利用闲置土地，进一步促进土地的节约集约利用，文件提出以土地利用方式的转变推动形成绿色发展方式，实现高质量的发展。最近，自然资源部办公厅于2019年4月24日发布了《自然资源部办公厅关于印发〈产业用地政策实施工作指引（2019年版）〉的通知》，同时废止了《国土资源部办公厅关于印发〈产业用地政策实施工作指引〉的通知》，工业用地的更新进入一个全新的阶段。

---

12 指2014年上海市政府颁布的《关于进一步提高土地节约集约利用水平的若干意见》、《关于本市盘活存量工业用地的实施办法（试行）》、《关于制定区县工业用地全生命周期管理实施细则的通知》等。
13 指2014年上海市政府出台的《关于加强工业用地出让管理的若干规定（试行）》。
14 指2015年通过的《上海市城市更新实施办法》和2017年通过的《上海市城市更新规划土地实施细则》。
15 指2015年发布的《上海违法用地综合整治三年行动工作》、《关于办理上海市工业用地、研发总部类用地房地产登记的若干规定》、《关于加强公寓式办公建筑规划管理工作的意见》、《上海市国有建设用地土地核验工作规范》、《上海市国有建设用地使用权公开出让业务流程及操作规范》。2017年发布的《上海市土地资源利用和保护"十三五"规划》、《关于开展商业办公项目清理整顿工作的意见》和通过的《关于加快培育和发展本市住房租赁市场的规划土地管理细则（试行）》。
16 指"统一行使全民所有自然资源资产所有者职责；统一行使所有国土空间用途管制和生态保护修复职责"。
17 同时通过的与自然资源部职能相关的文件还有《关于建立以国家公园为主体的自然保护地体系指导意见》。

在政策实施层面，随着产业园区逐步进入"三次创业"发展阶段，并向城市新区转变，产业园区也从单一的制造业空间向"生产—消费"型的综合空间转变，所含功能日趋多样化。这是开发区产业和人口集聚发展、不断提升的结果，也最终实现了利用产业园区建设实现城市空间向外拓展的目的。自然资源部在土地制度方面有重要的探索和突破，比如，土地增减挂钩，集体土地入市，农村宅基地制度；工业用地政策也不例外，比如工业用地转公租房开发。

由上述分析可见，土地资源的地位在不同的发展阶段被不断重新定位，资源和权利属性最终被强调。土地政策演进的阶段划分以十一届三中全会、对外贸易松动、国资委成立、经济新常态和国务院机构改革等社会经济发展重大事件，以及家庭联产承包责任制、国土资源部成立、节约集约利用土地、新型城镇化和自然资源部成立等土地政策重大变革为标志性事件（图3-1）。

政策演进分析是揭示政策对工业用地空间布局产生影响的第一步，深入研究的难点在于如何将政策影响转换为可进行定量分析的因子。

3.4 上海市工业用地的政策和管理

3.4.1 国有划拨土地上的工业企业转型

上海曾经有过辉煌的工业发展历史，工业用地的政策演进值得放在国家政策背景下进行独立分析。通过调研发现，一方面，当前在工业用地再利用方面，多数学者仍然将关注点聚焦在城市中心地区的工业企业用地，以及这些传统生产空间的再利用或者再开发议题。另一方面，主导二次开发项目并获得转型收益的工业企业及项目投资

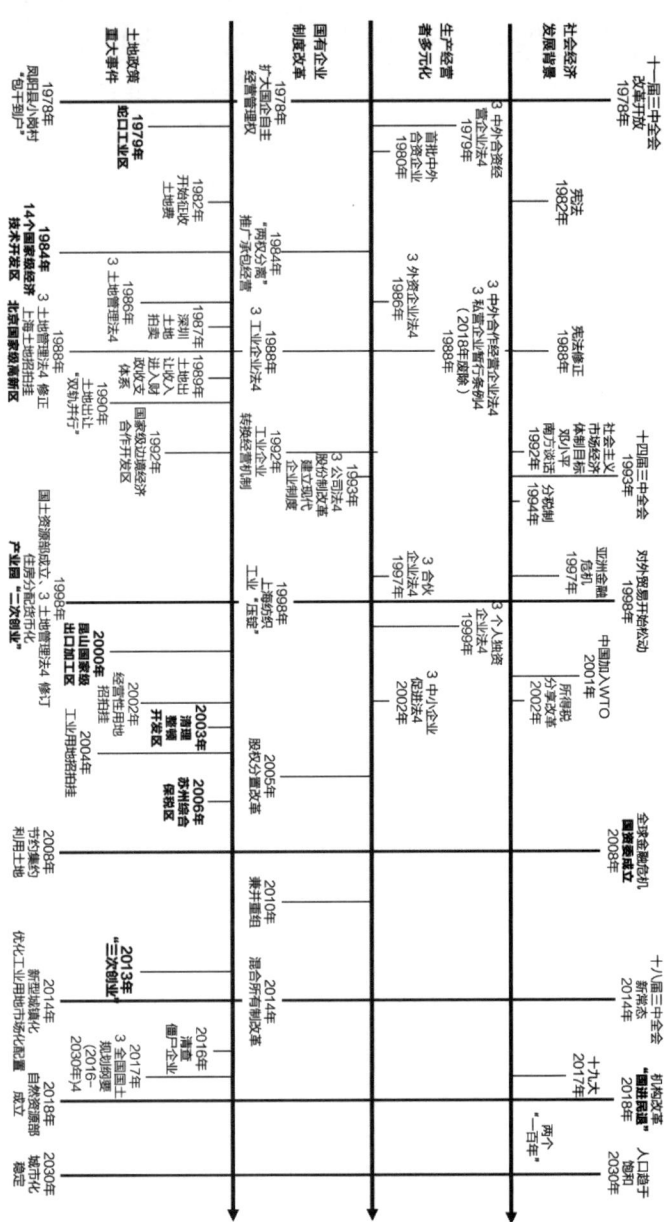

图 3-1 中国社会经济发展背景、生产经营者多元化、国有企业制度改革及土地政策演进

开发主体，可大致分为国有企业（含前身是国企的股份制企业）和非国有企业（集体企业、私营企业、股份制企业等）两大类。相关土地政策演进可分为两条主线，其一，是将土地纳入市场化配置范畴，通过"招拍挂"程序进入经营性用地开发；其二，是对已取得土地的工业企业开展集约利用约束，推进功能转变，包括强化规划指标控制和促进工业用地向服务业转型。实际上，这个过程远非其他城市更新类型项目那样顺畅，其根本原因在于，这类工业用地大多位于城市中心城区，并且使用的工业企业大多是国企甚至央企，土地溢价收入的分配是重要的制度性障碍。但是，本书尝试将有意识的工业用地再开发与之前的"旧城改造"相区分，尤其是强调在全域面临"存量"发展压力的情况下，在城市更新语境逐步形成的情况下，相关工业用地政策的演进进行阶段划分如下：

(1) 1998—2004年，上海市确立了工业用地使用权50年的出让年限以及除划拨用地外可通过协议和"招、拍、挂"的两种出让方式获得[18]。同时对土地制度不完善时肆意侵占的农用地[19]和随意建设的开发区进行清理整顿[20]。

(2) 2005—2007年，工业企业自发更新阶段。2004年，《国务院关于深化改革严格土地管理的决定》（国发〔2004〕28号文）开启了工业用地"招拍挂"出让模式。2004年下半年，上海市经委看到了创意产业未来的发展方向，结合国外经验，组织成立了"上海创意产业中心"。2005年首批18家创意产业集聚区，以市中心老厂房为主要空间载体开始集聚。随后，上海市发布沪府〔2005〕102号文[21]。为了推动其发展，上海提出了"三不变"政策，即工业企业可以在"产权主体不变，土地性质不变，建筑结构不变"的前提下转型；同时还有"五变"，即老厂房的产业结构、就业结构、管理模式、企业形态和企业文化等发生变化。这项"三不变政策"已经不再执行。

在"三不变"政策指导下，通过对工业用地的集聚化、集约化和规模化，鼓励工

---

18 指2001年颁布的《上海市土地使用权出让办法》。
19 指1998年上海市政府批转市房地局《关于本市各类建设用地清查后有关问题处理意见的通知》；1999年发布的关于印发上海市实施《中华人民共和国土地管理法》若干意见的通知；2001年上海市政府转发市计委等三部门《关于上海市农村集体土地使用权流转试点意见》的通知。
20 指2003年上海市政府转发市房地资源局关于进一步贯彻《国务院办公厅关于清理整顿各类开发区加强建设用地管理的通知》实施意见的通知。
21 指2005年11月30日由上海市人民政府发布的《关于上海加速发展现代服务业若干政策意见的通知》（沪府〔2005〕102号）。

业企业集中到工业区布局生产，同时挖掘原有厂区潜力，盘活存量，清理淘汰低效企业，以此提高土地的使用效率[22]。

（3）2008—2010年，政策引导工业企业转型。国家出台了一系列促进工业转型的政策，鼓励工业向服务业发展。在不变更土地用途和使用权人的前提下，上海市鼓励工业转型发展现代服务业[23]，转型路径似乎已经成型。但是，在推进进一步集约节约用地，转变经济发展方式的方面，产权不变更依然存在和带来了很多问题，同时，只盯着"旧厂房"这一种产业空间类型，显然缺乏战略眼光和全局性、系统性（表3-4）。

（4）2011—2017年，"转型"政策转变为"转性"政策。2011年，上海市政府发布《关于推进上海规划产业区块外产业结构调整转型的指导意见》（沪府办发〔2011〕51号），以及《关于委托区县办理农转用和土地征收手续及进一步优化控制性详细规划审批流程的实施意见》（沪规土资地〔2011〕1023号），以推进工业用地减量化的"195政策地区"工业用地转型。并将控规调整、容积率改变等审批权限下移至区县层级，以鼓励产业用地转型升级。针对工业用地的104区块、195区域和198区域分别提出土地发展战略[24]，有序推进存量建设用地的优化利用。同时对违法用地进行综合整治[25]，加快推进集中建设区外工业用地的减量化工作。

2013年之后，"转型"与"转性"并举。2013年上海市推出研发总部用地等用地性质以帮助工业企业将用地"转性"使用，原规划和国土资源管理局发布了《关于增设研发总部类用地相关工作的试点意见（沪规土资地〔2013〕153号文〕》以鼓励"存量型"工业用地转性开发，通过低成本方式激活这类土地使用的政策和开发行为在当时都是一种有益的尝试。但是，设定了严格的出让金补交制度（用地性质调整为研发总部类的，土地出让金按照研发总部类用地与普通工业用地评估价差额的50%补缴，

---

[22] 指2005年发布的《关于加强本市工业节约集约用地的指导意见》；2006年上海市人民政府办公厅转发市经委等九部门的《关于加快本市产业结构调整盘活存量资源若干意见的通知》；2007年上海市人民政府关于印发《上海市土地资源节约集约利用"十一五"规划》的通知。

[23] 指2008年上海市人民政府办公厅转发市房地资源局《关于促进土地节约集约利用加快经济发展方式转变的若干意见的通知》《关于促进节约集约利用工业用地加快发展现代服务业的若干意见》。

[24] 指2011年原上海市规划和国土资源管理局关于印发《关于在张江国家自主创新示范区试点进一步开展产业用地节约集约利用的若干意见》的通知；2014年《关于进一步提高土地节约集约利用水平的若干意见》；2016年《关于加强本市工业用地出让管理的若干规定》；以及2017年《上海市土地资源利用和保护"十三五"规划》。

[25] 指2015年发布的《上海市违法用地综合整治三年行动工作方案》。

表 3-4　　　　　　　　　　上海市"三不变"政策相关内容的演变[26]

时间	文件名或官网	文号	具体内容表述	备注
2005.11.01	上海市人民政府办公厅转发市规划局关于进一步加强本市规划管理若干意见的通知	沪府办发〔2005〕33号	严禁随意改变土地使用性质：在现有的交通、邮电、环卫等各类市政公用设施，文化、教育、卫生、体育等各类公共服务设施，以及工厂、仓储等第二产业的用地上，凡新建、改建、扩建建设项目，必须严格按照经批准的规划执行，不得随意改变土地使用性质。经批准的分区规划、控制性编制单元规划、控制性详细规划以及其他专业规划已经确定为市政公用设施、公共服务设施以及工厂、仓储等第二产业规划用地的，凡规划未经法定程序调整，严禁在土地出让和项目审批中擅自改变使用性质	提出"严禁随意改变土地使用性质"
2005—2006	上海创意产业"十一五"发展规划	不详	（四）产业运作机制初步形成充分发挥政府的引导作用。鼓励采用"三个不变"的开发方式，即老厂房、老仓库、老大楼的房屋产权关系不变、房屋建筑结构不变、土地性质不变，兼顾各方面利益，降低建设开发成本，促进创意产业园区加快建设	第一次提出"三个不变"
2008.03.13	国务院办公厅关于加快发展服务业若干政策措施的实施意见	国办发〔2008〕11号	（十五）实行有利于服务业发展的土地管理政策。积极支持以划拨方式取得土地的单位利用工业厂房、仓储用房、传统商业街等存量房产、土地资源兴办信息服务、研发设计、创意产业等现代服务业，土地用途和使用权人可暂不变更	国家级政策提出"土地用途和使用权人不变更"

---

26 事实上，上海于 2004 年下半年开始发展创意产业，(1) 2004—2007 年，各项政策没有明确表示"三个不变"，但是在《上海创意产业"十一五"发展规划》指导下，学界已经普遍提出利用产业空间发展创意产业的设想，大约在 2005 年 11 月至 2006 年间组织实施。(2) 2008—2010 年，国家和地方加快发展现代服务业，并出台一系列政策引导工业转型，提出可暂不变更土地用途和使用权人。这阶段的转型政策具有引导作用，但具体规划指标、操作流程还未规范。(3) 2011—2012 年，上海对工业转型要求和审批流程等提出具体指导意见，正式提出"三个不变"原则，转型过程规范化。(4) 2013 年及以后，2013 年提出"研发总部类（C65）"用地，"转型"发展为"转性"；但是，两种情况仍然同时存在，低成本的"转性"逐渐取代"转型"。

续表

时间	文件名或官网	文号	具体内容表述	备注
2008.06.13	上海市经委、市委宣传部关于印发《上海加快创意产业发展的指导意见》的通知	沪经规〔2008〕452号	3. 鼓励盘活存量房地产资源用于创意产业发展。鼓励相关企业结合产业结构调整、产业转型升级、旧区改造和历史建筑风貌保护，从扶持创意产业相关企业、完善创意产业链和优化资源配置出发，盘活存量资源，精简改造支出、减轻汇报压力，发展创意产业。积极支持以划拨方式取得土地的单位利用工业厂房、仓储用房、传统商业街等存量房产、土地资源兴办创意产业，土地用途和使用权人可暂不变更。有关部门综合存量房地资源规模、先期改造投入、周边商务租金等因素，对存量房产用于兴办创意产业实施最高租赁价格的指导、管理和监督	地方政策提出"土地用途和使用权人不改变"
2008.08.23	上海市人民政府办公厅转发市房地资源局关于促进土地节约集约利用加快经济发展方式转变的若干意见的通知	沪府办发〔2008〕37号	三、充分利用存量房产和土地 对现代服务业聚集区、创意产业园区内的工业项目，鼓励"腾笼换鸟"；经过产业部门认定后，在不改变使用权人、土地用途条件下，支持原用地者利用存量国有建设用地兴办信息服务、研发设计、创意产业等现代服务业	地方政策提出"土地用途和使用权人不改变"
2008.10.15	上海市规划和国土资源管理局关于印发《关于促进节约集约利用工业用地加快发展现代服务业的若干意见》的通知		2. 改善环境、合理利用老厂房 积极支持原以划拨方式取得土地的单位利用工业厂房、仓储用房等存量房产与土地，依据国家产业结构调整的有关规定，在符合城市规划和产业导向、暂不变更土地用途和使用权人的前提下，兴办信息服务、研发设计、创意产业等现代服务业。利用保留的原有工业厂房、仓储用房改建、扩建现代服务业项目的应严格控制转型的产业结构性质对周边环境的影响，不得侵害或妨碍相邻关系人的物权等合法权益，同时应保证原有厂房建筑结构的安全。对利用原有厂房等改建、扩建为研发、中试、创意产业等综合内容为主的服务业项目，可根据实际情况，综合考虑功能、使用等要求结合具体方案设计，参照一般办公建筑的标准进行控制；如需拆除，则应严格按规划管理规定，作为新建工程控制。核发建设工程规划许可证前，应按规定对建设工程规划设计方案予以公示	地方政策提出"土地用途和使用权人不改变"

续表

时间	文件名或官网	文号	具体内容表述	备注
2008.10.15	上海市规划和国土资源管理局关于印发《关于促进节约集约利用工业用地加快发展现代服务业的若干意见》的通知		3.严格规范工业厂房分割转让规划管理 经认定为符合出让条件的存量工业厂房的转让，受让单位不得随意将原批准的大空间布局改为小单元分隔。规划管理部门在审批工业厂房建筑设计方案时，应要求建设单位、设计单位按照工业厂房建筑设计规范进行设计，合理安排平面布局及各功能面积配置比例，严格控制将完整的平面空间划分为若干小单元分隔。建设单位应严格按照《建设工程规划许可证》批准的要求及附图进行建设，对建设过程中擅自改变原核准设计图的分隔行为，规划管理部门不予验收	地方政策提出"土地用途和使用权人不改变"
2011.10.28	上海市人民政府办公厅转发市经济信息化委等四部门制订的《关于推进上海规划产业区块外产业结构调整转型的指导意见》的通知	沪府办发〔2011〕51号	八、鼓励转型发展生产性服务业 对规划集中建设区内区位条件较好、紧邻城区或产业基地的区块，要结合地区规划，积极引导产城融合发展，明确生产性服务业发展功能，鼓励和支持具备一定发展规模的集中区块优先建设生产性服务业功能区，重点发展研发、设计、检测、营销、物流、总部等生产性服务业。支持中心城区工业企业在"三个不变"的原则下，建设创意产业集聚区，推进创意产业发展，积极支持以划拨方式取得土地的单位利用工业厂房、仓储用房等存量房产、土地资源，兴办信息服务、研发设计、创意产业等现代服务业。各区县要结合本区域生产性服务业和创意产业发展规划，制定年度转型工作计划，推进产业转型发展	工业用地转型规范化，上海提出三不变的政策路径
2011.12.12	关于印发《关于委托区县办理农转用和土地征收手续及进一步优化控制性详细规划审批流程的实施意见》的通知 http://www.xhut.cn/archives/9507	沪规土资地〔2011〕1023号		在审批环节规范化

研发总部类用地提高容积率的,土地出让金按照增加部分评估价的 50% 补缴,原工业用地提高容积率未补缴出让金部分应予补缴)。随后,在 2015 年上海市出台的《上海市城市更新实施办法》(自 2015 年 6 月 1 日起施行,有效期至 2020 年 5 月 31 日)中,针对工业企业用地采取区域整体转型、土地收储后出让、有条件零星开发等三类实施路径。

2016 年 3 月 30 日上海市人民政府办公厅转发了原市规划国土资源管理局制定的《〈关于本市盘活存量工业用地的实施办法〉的通知》(沪府办〔2016〕22 号),提出全面实施"总量锁定、增量递减、存量优化、流量增效、质量提高"的策略。在这一政策文件中,不仅将中心城区存量工业用地更新的责任下放给区县政府,而且在更新方案中增加了贡献 10%~15% 用地用于公益性建设,比如公共服务设施、公共绿地和广场用地的要求,以及开发企业根据转型开发的不同类型需长期自持 50%~70% 以上物业的严格要求。

(5) 2018 年以后,上海提出推进土地资源的高质量利用的政策要求[27]。

在 2000 年以后的上海市工业用地转型开发的过程中,遵循着几条线索。其一,从"三不变"到允许"转性"开发,逐步演变为功能、规划、土地权属、权属关系同步改变的趋势。其二,从有针对性地对待国有划拨土地到公平对待所有存量型工业用地。其三,从以全国共性为主演变为强调地方特性为主,尤其 2011 年后上海市开始独立出台一系列政策,如上海市规划和国土资源管理局《关于印发〈关于在张江国家自主创新示范区试点进一步开展产业用地节约集约利用的若干意见〉的通知》(沪规土资地〔2011〕1056 号)这一类地方性政策文件。其四,从对工业用地的粗放管理逐步演变为基于各类参数(合约参数、规划参数、现状参数)的精细化管理,管理手段约定在先。

这一阶段上海市对传统工业用地给出了四种转型的路径:用地转性开发路径,"三不变政策"路径,存量用地补地价开发路径,升级为研发总部用地路径。其中,用地转性开发路径的问题在于净地出让的要求非常之高,导致有价值的工业遗产得不到保护,而且,这一方式较适用于城市中心区的传统工业企业用地。"三不变政策路径"有利于保护工业遗产,但是,由于物业不能计入产证、只可租不可卖,因此里边的功

---

27 指 2018 年发布的《关于本市全面推进土地资源高质量管理使用的若干意见》。

能性使用存在着临时性,面对转性开发存在的土地升值诱惑,既存在逐利的"灰色空间",也存在因为大量国有资产的处置问题而存有风险,最终有可能导致用地和建筑沉淀荒废,成为无个性的办公区;同时,由于制度设定方面,这类功能转型既无须申办规划许可,也无法进行开发强度管理,但是,却存在着对城市功能结构和空间绩效的影响。"存量用地补地价路径"成本低、产证齐全,但是,只适用于国有企业资产,存在一定的不公平性以及与转性开发一样存在的贪腐风险。"升级为研发总部用地路径"可以直接转性进行二次开发,但是,对物业自持和后期运营管理有较高的门槛要求,除非物业持有人自己在工业生产领域有创新需求,靠这一路径吸引民间资本注入存量产业空间开发则存在利润空间不足的风险问题。因此,上海市工业用地的转型更新始终面临着存量巨大、机会巨大却无从下手的局面。

3.4.2 工业用地政策在空间上的变化特征

政策实施和响应的空间特征,就是政策措施在实施的重点地区所发生的空间位移变化,政策作用对象的空间分布特征发生的变化。将工业用地相关政策分为土地管理和规划管理两类,其中土地管理又可分为土地产权、土地流转、土地利用和土地权益分配四种类型;规划管理则可以分为针对用地性质、功能布局、指标参数和行政审批这四个方面的政策。以上海为例,工业用地政策演变的空间效应存在有两个特点。

1. 土地管理重心从产权流转向土地利用方式转移

多种所有制企业的出现使土地获得方式变得多元化,企业获得土地方式从无偿划拨向有偿出让转变。2004 年,《国务院关于深化改革严格土地管理的规定》要求工业用地也要创造条件逐步实行"招拍挂"出让后,工业用地的增长主要发生于城市中心地区之外的近郊区和远郊区。

至此,城市中心城区主要面临着工业用地的转性开发管理,以产权流转为特征。城乡接合部及郊区主要面临着工业用地新增和向集约节约发展的土地使用方式管理,以减量增效、减少浪费闲置为特征。

2. 顺应城市发展，空间管理工具不断调整强度和使用性质内容

工业用地的规划管理政策相对滞后于土地管理政策。规划管理主要从功能布局、用地性质、技术指标和行政审批这四个方面进行调整与规范。在不同的发展阶段夹杂着具体空间规划管理工具的交替和演进，工具的目的性和指向性与政策导向常常存在滞后、交织，一度十分混乱。

在工业用地的选择使用方面。在 2000 年前，顺应开发区政策，各项规划措施都在大力推进各级开发区建设[28]。在 2001—2007 年间，顺应工业企业从中心城区迁移至郊区的趋势，提进"三集中"规划策略，促进郊区和城镇发展[29]。2008—2010 年，郊区工业企业继续向工业园区集中[30]，使布局更集中化，同时鼓励生产企业向现代服务业转型，转变经济发展方式[31]。2011—2017 年，推进工业用地减量化发展，划定 104 区块、195 区域和 198 区域，并对不同的工业区块采取不同的节约集约利用处理方式[32]。2018 年以后，各项规划政策手段都突出要求工业用地的高质量发展（图 3-2）。

在工业用地的用地性质管理方面。经历了从不允许转变使用性质到允许转变使用性质的过程。其一，2010 年前，普遍执行"三不变"政策[33]，用地性质不发生改变，但是鼓励企业转型发展为现代服务业[34]（图 3-3，表 3-5）。其次，2011—2016 年，上海市提出在工业用地中新增用地性质 M4 和 C65 两类用地，[35] 用以缓解工业用地转

---

28 比如，1987 年颁布的《闵行、虹桥经济技术开发区外商投资优惠规定》，以及 1988 年颁布的《上海市经济技术开发区条例》。
29 指 2001 年《印发〈关于上海市促进城镇发展试点意见〉的通知》；2004 年关于印发《关于切实推进"三个集中"加快上海郊区发展的规划纲要》的通知，市委、市规划局、市房地资源局《关于规范本市郊区都市型工业园规划建设的指导意见（试行）》；2005 年发布的《关于开展第二批郊区都市工业园试点建设的通知》。
30 指 2008 年上海市城市规划管理局发布的《关于进一步加强土地集约利用、合理核定郊区工业用地规划指标》的意见。
31 同 22。指 2008 年上海市人民政府办公厅转发市房地资源局《关于促进土地节约集约利用加快经济发展方式转变的若干意见的通知》、《关于促进节约集约利用工业用地加快发展现代服务业的若干意见》。
32 指 2011 年上海市人民政府办公厅转发市经济信息化委等四部门制订的《关于推进上海规划产业区块外产业结构调整转型的指导意见》的通知；2013 年上海市人民政府印发《关于统筹优化全市工业区块布局若干意见》的通知；2014 年发布的《关于进一步提高土地节约集约利用水平的若干意见》《关于本市盘活存量工业用地的实施办法（试行）》；2015 年发布的《上海市违法用地综合整治三年行动工作方案》；2016 年发布的《关于本市盘活存量工业用地的实施办法》《上海市工业区转型升级"十三五"规划》；2017 年发布的《上海市土地资源利用和保护"十三五"规划》。
33 指 2004 年发布的《加强中心城内改变土地使用性质规划管理的暂行规定》和 2005 年上海市人民政府办公厅转发市规划局的《关于进一步加强本市规划管理若干意见》的通知。
34 指 2008 年发布的《关于促进节约集约利用工业用地加快发展现代服务业的若干意见》。
35 指 2011 年开始实施的《上海市控制性详细规划技术准则》。

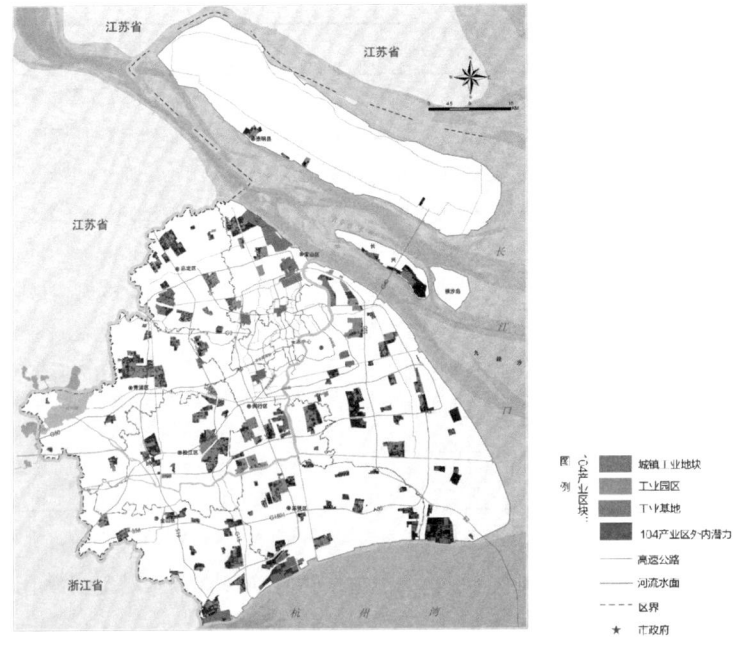

图 3-2 工业园区在城市内的分布——以上海市为例(2018 年)

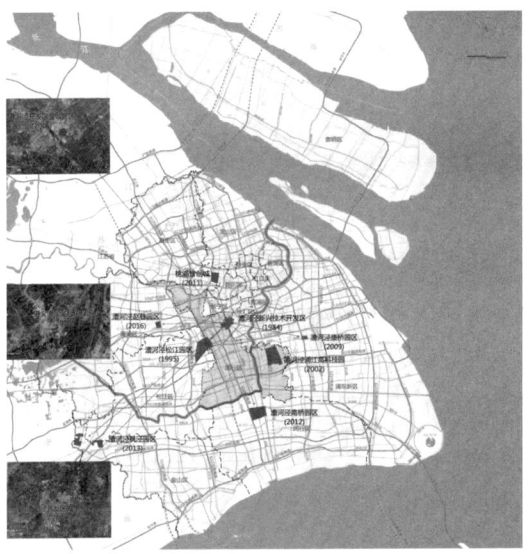

图 3-3 园区建设和管理平台的网络化经营——以漕河泾为例

表 3-5　　　　　　　　　　　漕河泾新兴技术开发区扩展表

年份	名称	行政区划
1984	漕河泾新兴技术开发区	上海市，徐汇区、闵行区
1995	漕河泾松江园区	上海市，松江区
2002	漕河泾浦江高科技园	上海市，闵行区
2009	漕河泾康桥园区	上海市，浦东新区
	漕河泾开发区海宁分区	浙江省，嘉兴市
2011	桃浦智创城	上海市，普陀区
	漕河泾开发区盐城分区	江苏省，盐城市
2012	漕河泾南桥园区	上海市，奉贤区
2013	漕河泾枫泾园区	上海市，金山区
2014	遵义漕河泾科创绿洲	贵州省，遵义市
2016	漕河泾赵巷园区	上海市，青浦区

型过程中市场需求与政府管理之间的矛盾，并在 2013 年将这两类新增用地性质进行统一协调，整合为研发总部类用地 C65。[36] 进而，2017 年至今，基于商业开发房地产市场的日趋饱和，上海市提出允许工业用地转变为租赁住房 Rr4 用地，[37] 以加强和完善租赁住房市场，提高土地利用效率。

在节约集约用地的要求下，上海市工业用地的强度类指标也进行过相应的调整。首先，在 2003—2004 年，随着工业企业逐渐从中心城区向郊区搬迁并积聚，规划管理要求内环线以内的工业用地容积率不得高于 3.0，内环至外环不得高于 2.0，外环以外的则在 1.2 以下。并要求，原则上各级工业园区的容积率都需要控制在 1.5 以下，并不得低于 0.6。[38] 随后，在 2005—2013 年，响应对工业用地节约集约利用的要求，规划管理要求新开发的工业用地容积率不得低于 0.8[39]，都市型工业园则要达到 1.2 以上，（比之前提高了 20%）[40]，建筑密度在 50% 以下 [41]。从 2014 年至今，进一步提高土地

---

36 指 2013 年发布的《关于增设研发总部类用地相关的试点意见》；2015 年发布的《关于办理上海市工业用地、研发总部类用地房地产登记的若干规定》《关于加强公寓式办公建筑规划管理工作的意见》。
37 指 2017 年发布的《关于加快培育和发展本市住房租赁市场的规划土地管理细则（试行）》。
38 指 2004 年颁布的《关于本市郊区工业用地规划指标核定的若干意见（试行）》。
39 指 2005 年关于印发《上海市工业项目供地导则（试行）》的通知。
40 指 2007 年上海市人民政府关于印发《上海市土地资源节约集约利用"十一五"规划》的通知。
41 引自 2008 年，上海市城市规划管理局关于进一步加强土地集约利用、合理核定郊区工业用地规划指标的意见。

节约集约利用水平始终是一个努力达到的目标，因此，除特殊工业项目的容积率要求不得低于 0.8 之外，一般容积率都要求不小于 1.2[42]。

此外，规划管理行政审批流程也在不断完善。以 2014 年为分界线，在 2014 年前，主要针对农转用和土地征收、控制性详细规划[43]以及建设项目[44]的审批流程进行规范。而从 2014 年开始，相继出台"14 号文件、25 号文件和 26 号文件"[45]，对工业用地全生命周期中的各个审批环节都提出了明确的要求，行政审批流程愈发规范透明。

3.4.3 各类工业园区建设的变化

1. 工业区及其发展

工业区是一种政策区，又常被称为"工业园区""产业园区"。在英国，企业区是振兴地方经济的一个很重要的载体。政策区内的土地使用以工业用地为主，但是，也不仅限于工业用地。因此，工业区的发展历程，可以被当作政策的演进，也是一种用地政策背景的演进，但是，它并不能涵盖工业用地使用方式演进的所有内涵，也不能涵盖土地使用制度演进的所有内涵。如果不加区分，学者们也常常将工业用地与"工业园区"所涉及的问题与土地使用中的科学问题相混淆。更有甚者，将作为城市功能区之一的"工业区"与作为产业和城市发展政策表现形式的"产业区"相混淆。笔者认为，围绕这个问题，实际上存在三个相互有关联，但是却有着截然不同指向的问题研究领域：工业用地、工业区、产业园区。

从上述分析可以看到，土地使用政策是直接作用于工业生产的一类政策。事实上，还有许多相关的政策影响着工业用地的使用，根据对工业用地使用方式影响的强弱、主次而呈现出层次化状态。本书选择上海张江高科技园区的发展和空间扩张作为例证，来分析影响工业园区发展乃至工业用地使用方式演进的复杂政策影响因素。

---

42 引自 2014 年颁布的《关于进一步提高土地节约集约利用水平的若干意见》。
43 引自 2011 年《关于委托区县办理农转用和土地征收手续及进一步优化控制性详细规划审批流程的实施意见》。
44 引自 2009 年，上海市人民政府办公厅关于转发市建设交通委市规划国土资源局制订的《上海市建设工程行政审批管理程序改革试行方案》的通知，《关于简易建设项目免于设计方案审批的实施意见》。
45 引自 14 号文《关于进一步提高土地节约集约利用水平的若干意见》、25 号文件《关于本市盘活存量工业用地的实施办法（试行）》、26 号文件《关于加强工业用地出让管理的若干规定（试行）》。

2. 产业园区对周边地区城市化过程的影响——上海张江高科技园区为例

我国高新区建设起自"火炬计划"，数量从最初 21 个，增加至 2014 年的 144 个。高新区作为开发区的重要类型之一，在推进城市化进程、拓展城市发展空间方面，不仅提升了城市经济能级，而且也事实上承载了部分城市的功能。

作为一种地理现象，产业集聚区从 19 世纪中叶就开始为人们所关注和研究，并影响了我国的地理学界，进而影响到规划学界。对产业集聚区发展阶段的判断和分析，既有的研究多以集聚区内产业的发展特征为主要指标；通过划分发展阶段，总结各个阶段的特征以揭示产业集聚区的发展规律。这里的产业发展特征主要指集聚区在生产方式、核心竞争力、企业间联系、产业特点、政府作用等方面的区别。

通常，产业集聚区发展会经历"起源和定位""增长和趋同""成熟和重整"三个阶段。而有些学者认为，集群发展除上述三个阶段外还存在着"衰退阶段"。产业集聚区的发展阶段，是由低级向高级不断升级的动态转变过程，但是每次升级都需要一定动力驱动，而升级过程并非都可靠自己潜力完全实现，因此，集聚区的发展可能在任何一个阶段停滞不前。同样，国内学者也对产业集聚区的发展进行了阶段划分研究，并更突出地关注政府在其中的作用，强调企业之间联系的改变对产业集聚区发展的影响。

除了基于产业特征的阶段划分研究之外，也有学者从空间视角对创新型产业集聚区发展演化阶段进行了总结，认为可划分为"初始阶段"——集聚区以政策、土地等外部条件推动，呈现工业园区形态；"发展阶段"——产业技术水平提升，企业协同发展，空间扩张的同时，出现研发、生活等城市功能；"成熟阶段"——文化创意产业、科技创新产业以及其他高端现代服务出现，空间发展存量化，集聚区与城市不断融合，呈现出"无界"状态。

在众多针对产业集聚区进行研究的相关文献中，关于产业集聚区发展过程的研究无疑对地区开发、产城互动、城市空间结构优化等问题的深入探讨有重要的意义。

上海张江高科技园区（后文简称张江园区）位于上海浦东新区，距市中心约 20km。1992 年，由中央和上海市政府共同发起建设。最初规划面积 17km²，后扩至 25km²（图 3-4，A 区），2007 年范围进一步扩大到 75km²（图 3-4，B 区）[46]。为便

---

[46] 2007 年扩区的很多部分并不属于张江高科技园区的核心园区，而是独立运营的。本书主要针对张江园区 2007 年扩区前的 25 平方公里进行分析（图 3-4 的 A 部分）。

第 3 章 工业用地研究的制度演进背景 | 127

图 3-4 张江园区区位图
资料来源：根据上海张江高科技园区官网 http://www.zjpark.com 信息自绘

于了解我国产业园区发展与发达国家类似产业园区发展动因方面的差异，本书选择巴黎萨克雷(Saclay)园区进行比照。巴黎萨克雷位于巴黎南部 20km，因法国战后巴黎城区科研机构外迁而兴起。法国国家原子能中心和国家科研中心落户在萨克雷，成为萨克雷快速发展的重要契机。2006 年巴黎萨克雷地区发展成为国家利益项目，此后被界定为在 78、91 省部分区域发展高科技产业的计划实施地区，相关项目由巴黎萨克雷公共机构（Etablissement Public de Paris– Saclay，EPPA）负责协调落实。2009 年，*MIT Technology Review* 将其与美国硅谷、中国北京中关村等一起列为世界 8 个主要创新区。[47] 巴黎萨克雷公共机构的管辖范围涉及 49 个市镇，约 368km² （图 3-4）[48]。辖区内科研资源丰富，拥有 20 多个国家科研机构、10 多个科学组织、2.5 万科研人员，承担了全法 15% 的科研项目（图 3-5，表 3-6）。

1）就业岗位的增长特征

根据官方统计数据，张江园区 1995 年—2013 年和巴黎萨克雷 1975—2011 年的就

---

47 CEA 官网 http://www.dsm.cea.fr/en/Phocea/Vie_des_labos/Ast/ast.php?t=actualites&id_ast=512
48 资料来源：巴黎萨克雷（Saclay）公共机构官网（www.EPPS.fr）。分析主要涉及萨克雷发展最早的区域，即萨克雷所处 91 省部分（图 3-5 的 B 部分）。

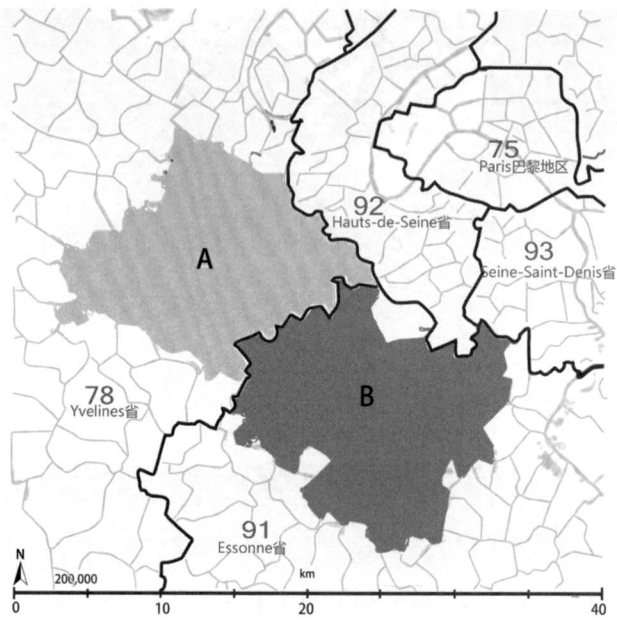

图 3-5 巴黎萨克雷区位

资料来源：根据巴黎萨克雷公共机构官网 http://www.EPPS.fr 资料自绘

表 3-6　　　　　　　　　张江园区与巴黎萨克雷基本情况比较

内容	巴黎萨克雷	张江园区
定位目标	加强科研机构与工业的联系，促进技术创新，推动经济发展；优化城市服务配套，激发城市活力	国际一流创新科技园区
优势产业	核能、生物制药、科研、计算机科学、光学、国防产业	生物制药、集成电路、软件
政策影响范围	49个市镇，合计368.27km²	9个镇，合计75km²
研究范围边界	EPPS涉及的91省的部分，面积194.6km²	2007年扩区前的25km²

资料来源：根据巴黎萨克雷公共机构（EPPS）官网（http://www.epps.fr/）；上海张江高科技园区官网（http://www.zjpark.com/Default.aspx）整理

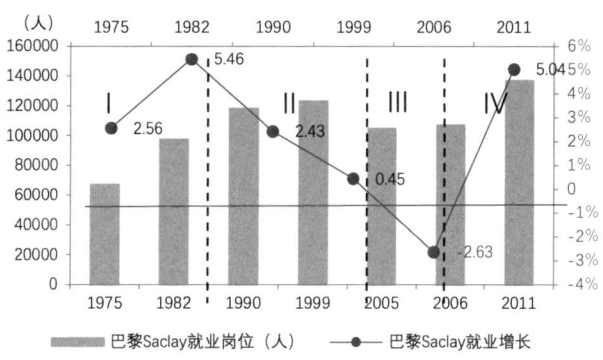

(a)巴黎萨克雷

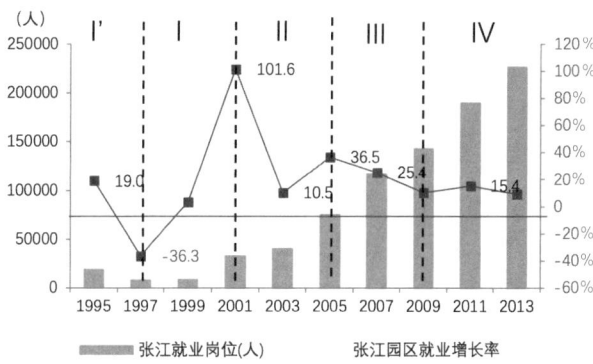

(b)张江园区

图 3-6 根据就业数据划分发展阶段图示

资料来源：巴黎萨克雷，法国国家统计局 www.insee.fr；张江高科技园区，浦东新区统计年鉴 1996—2014.

业岗位变化趋势线特征差异明显。张江园区可划分为 4 个阶段（其中 I'和 I 作为一个阶段），巴黎萨克雷的发展可划分为 4 个阶段（图 3-6）。

发展初期阶段（第一阶段）。工业园区发展的初期阶段通常伴随着就业的快速增加。统计数据显示，张江园区和巴黎萨克雷在初期阶段就业的增长速度都在不断加快（图 3-6（a），I 段）。这一阶段，巴黎萨克雷得益于法国原子能机构等军工企业落户，航天、通信等产业迅速发展，企业之间基于生产需要开展的合作带来了产业的聚集，带动了地区经济活力。同一阶段，张江园区却并非直接开始就业快速增长。1995—1997 年张

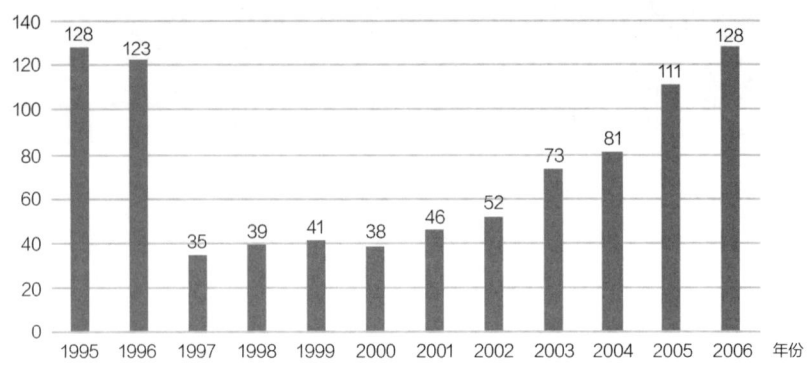

图 3-7 张江园区工业企业统计数量
资料来源：浦东新区统计年鉴 1996—2007.

江园区就业岗位大幅减少（图 3-6（b），I'区段），与此同时，园区内工业企业数量亦大幅减少，由 1995 年的 128 个减少到 1997 年的 35 个（图 3-7）。从企业性质来看，减少的企业多为以服装、机电、化工等产业为主的乡镇企业[49]。反映出张江高科技园区自 1992 年成立，到 1997 年用了 5 年时间清理园区范围内各类不符合高新技术政策的企业，造成了短期内企业、就业岗位的减少。1999 年基础设施建设、土地收储基本完成，企业开始入驻。1999—2001 年，张江园区主要入驻了规划目标发展产业的若干龙头企业，比如，中芯国际、宏力半导体等。因此，1999—2001 年就业高速增长是前 7 年努力的成果。张江园区 1995—1997 年是其初期发展的准备阶段，是政府主导下产业集聚区发展的特有阶段。

发展过程中的放缓（第二阶段）。在度过一个快速增长阶段后，张江园区和巴黎萨克雷就业增长速度均开始放缓，增速持续下降，但就业岗位总量仍在扩张（图 3-6，II 段）。这一时期，巴黎萨克雷大型企业的科研机构逐渐减少雇员，但服务于工业的小型科研服务公司以及多学科交叉的工业机构则快速发展。受 1990 年经济危机的影响，法兰西岛大区的企业科研机构和雇员的数量都在下降。巴黎萨克雷也放缓了就业增长速度，特别是 1992—1995 年，萨克雷虽然在汽车、医药类产业科研人员有所增加，整

---

49 引自：张江镇志（第六篇），工业企业. http://szb.pudong.gov.cn/pdszb_pddfz_zz/2012-05-06/Detail_423402.htm.

体就业岗位数量仍大幅下滑,地区经济进入下跌通道。因缺少大区和国家层面的政策扶持,区域内约有 25000m² 的建筑面积荒废。

张江园区 2001—2003 年的就业岗位增速虽同样下滑,但与巴黎萨克雷此阶段下滑性质并不相同。张江园区就业增长率虽然从 101.6% 降至 10.5%,但在短期迅速回落后,很快企稳复苏。而巴黎萨克雷却经历了长达 20 年的就业增长率下降。1999 年,上海市政府提出"聚焦张江"的战略,2000 年出台支持张江高科技园区发展的"十九条"政策,提供资源、人才及平台服务等方面的政策优惠,刺激园区的快速发展。从就业增长率变化来看,这一政策的推动作用非常明显。

假如没有出台各项支持政策,张江高科技园区的就业增长率曲线很可能与实际发生的变化会形成两个阴影区。其中阴影区 a,可理解为 1999 年 "聚焦张江"政策推动下的就业岗位额外获得的增长;阴影区 b 则可理解为是针对前期政策作用下爆发式就业增长的合理回调(图 3-8)。可见当时的政策作用非常明显,虽然仍会受实际市场力量影响,但是能在时间上为园区建设争取主动。

发展过程中的回落(第三阶段)。自 1999 年起,巴黎萨克雷就业增长延续下滑的趋势,并滑向负增长;就业岗位实际数量开始减少,1999—2005 就业岗位总数下降近 20000 个(图 3-6(a),Ⅲ段)。市场环境发生改变,中央财政支持减少,科研

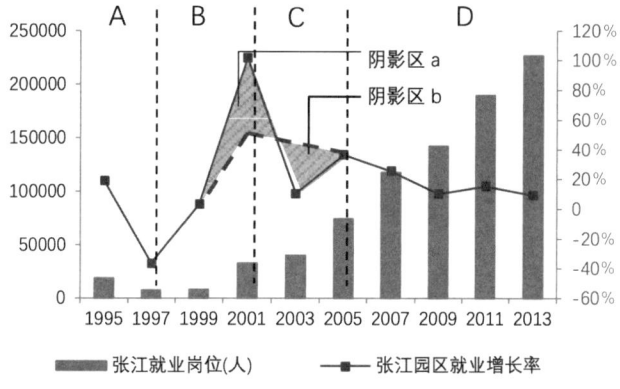

图 3-8 张江园区就业增长趋势分析示意图

教育机构和大型军工企业等已不再能够提供持续的就业岗位，大量的就业岗位流失。针对巴黎萨克雷就业增速的持续下降，2000年法国科技部做了一份调查报告，报告显示科研机构自身的封闭以及各个不同机构之间缺乏联系和交流，造成其未能如硅谷那样保持持续的经济活力。

与巴黎萨克雷不同，虽然张江园区2005—2009年就业增长率逐年回落，但仍保持高于20%的增长水平。张江园区的建设在浦东开发、中国经济快速增长的宏观背景下展开，是政策、资源集中倾斜的特殊政策区域，负有一定的政治目标：经济、产业发展要保持一定的速度，从而发展自身，带动周边。因此张江园区能够不断获得政策支持。

发展过程中的企稳（第四阶段）。2009年，张江高科技园区就业进入平稳增长期。虽然政策效应开始减缓，但持续的政策红利仍使得张江园区产业经济、就业形势一直向好。据不完全统计，截至2007年，上海市政府、园区管委会出台的各项政策多达70多条。从就业增长趋势来看，张江园区较高的就业增长率仍将持续，暂不会面临如巴黎萨克雷一样负就业增长率的情况。但是，就业增长率的快速回落也在一定程度上反映了市场存在一定问题。显然，这是与萨克雷完全不同的增长过程。2006年，巴黎萨克雷成为公共利益项目，中央和地方政府开始直接介入增加投资，这一新的外部发展动力推动了萨克雷的复苏（表3-7）。

表3-7　　　　　　　　根据就业数据划分张江园区与巴黎萨克雷的发展阶段对比

	图表对应阶段	巴黎萨克雷	张江园区	就业增长特点
第一阶段	I	1975—1982年	1997—2001年	总体快速增长，其中张江准备期就业负增长
第二阶段	II	1982—1999年	2001—2005年	萨克雷：逐步下滑；张江：剧烈震荡
第三阶段	III	1999—2005年	2005—2009年	萨克雷：衰退；张江：逐步下滑
第四阶段	IV	2005—2011年	2009—2013年	萨克雷：再次增长；张江：稳定在中高速

注：2005年，法国国家统计局INSEE改变了就业人口的统计方法，因而2005年之前的数据统计方法和数据内涵是一致的。2006年、2011年则是具有不同内涵的单独数据，因此计算就业增长速度时，仅计算2011年就业岗位相对2006年就业岗位的增长情况。

2）园区周边居住人口的增长特征

产业集聚区的发展与就业状况有密切联系，那么，是否与园区及周边一定范围内的居住人口有明确关系则不得而知。对这一关系的分析能够给研究产业聚集区的溢出效应（Spatial spill-over effect）提供一个新的观察视角。

张江园区是高科技园区而非居住区，解决职住关系主要依靠周边的居住地区，尤其是张江镇。针对上海张江镇[50]和巴黎萨克雷居住人口的变化进行比较，在考虑居住人口增长速度的同时，兼顾其与所在片区的居住人口增长的关系进行综合判断。根据统计数据，园区所涉范围（本书不就园区的空间溢出进行具体的研究，在课题组其他研究成果中会涉及工业用地在更大范围产生影响的机制）内居住人口呈现出明显的阶段性变化（图 3-9，图 3-10）。

园区建设初期对居住人口的吸引情况。巴黎萨克雷在建设之初对区域人口有较强的吸引力，人口集聚的速度高于所处区域的平均速度，但是集聚增速逐年放缓；居住人口聚集的态势一直持续了将近 15 年才逐步与周边地区持平（图 3-9，I 区段）。张江镇在张江高科技园区建设初期，人口集聚的速度较低，且低于周边地区的平均水平；由此可以推断，1999 年前，张江园区的建设并未对张江镇人口择居产生明显的影响（图 3-10，I 区段）。

园区建设成熟阶段对居住人口的吸引情况。园区建设进入成熟阶段后，巴黎萨克雷迁入居民的增速便呈现一个稳定低速的增长状况，增速低于所在的 Essonne 省，但仍高于所处的法兰西岛大区（图 3-9，II 段）。张江镇的居住人口增长则由于园区建设成效的显现所带来的正外部效应而进入高速增长状态，从 1999 年的低迷到 2005 年的年增长 6%，并创下了截至目前最高的年均居住人口增长速度（图 3-10，II 段）。由此判断，在 1999—2005 年，张江高科技园区建设带动了当地和周边房地产的快速发展，房屋住宅建设成为这一阶段的重要建设内容之一。

园区建设成熟后阶段对居住人口的吸引情况。巴黎萨克雷园区建设成熟期后，居住人口始终保持着较低、缓慢的迁入状态，并没有明显的迁移波动情况（图 3-9，III 段），而此时的就业情况则处于巨幅波动的情况（图 3-11，III 段），由此可见，巴黎萨克

---

50 采用所处张江镇的人口数据，以反映张江园区建设对镇区人口吸引力的影响。

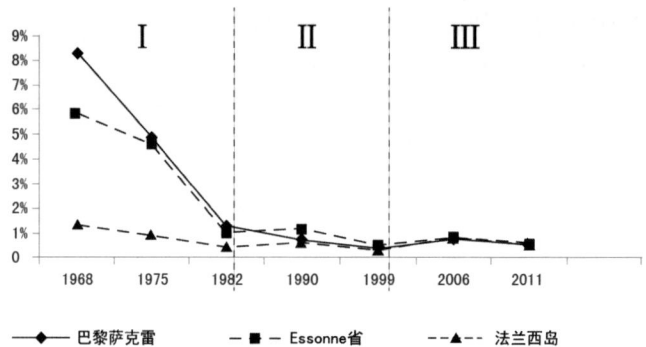

图 3-9 巴黎萨克雷，Essonne 省和法兰西岛居住人口增长
资料来源：INSEE，www.insee.fr

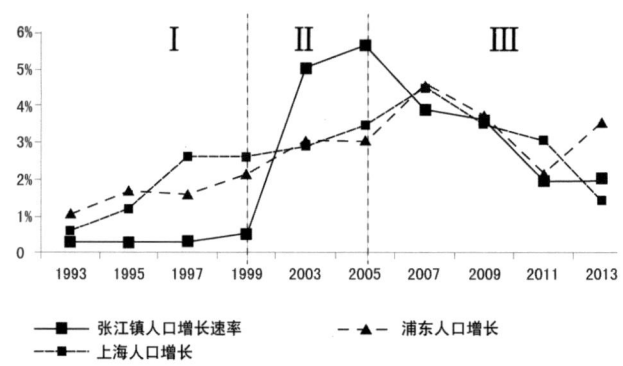

图 3-10 张江镇、浦东新区、上海市历年人口增长
资料来源：浦东新区统计年鉴（1994—2014 年）；上海市统计年鉴（1994—2014 年）

雷的居住人口并不与就业岗位情况紧密相关。张江园区所处张江镇的情形则有所不同，在居住人口大规模迁入达到顶峰之后，虽然增速逐渐放缓，但是依然保持着明显的人口迁入态势（图 3-10，III 区段）。这一状况与整个浦东新区和全上海市的情况相近，说明作为上海国际化大都市的一个重要产业基地，张江高科技园区在承担产业发展职能的同时，也承担了完善城市功能、承载市民择居的职能。

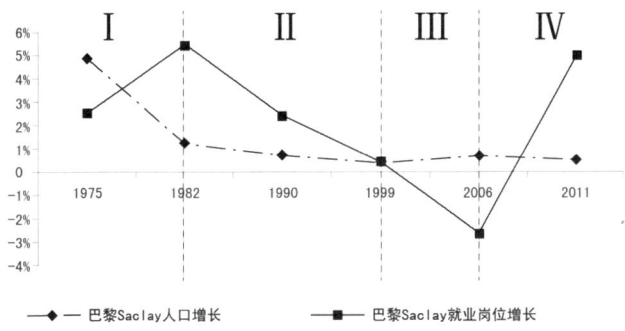

图 3-11 巴黎萨克雷就业与居住人口历年增长率
资料来源：法国国家统计局 INSEE，www.insee.fr

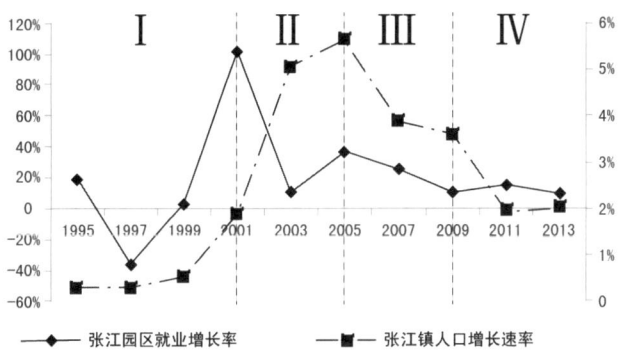

图 3-12 张江就业与居住人口历年增长率
资料来源：浦东新区统计年鉴（1994—2014 年）；上海市统计年鉴（1994—2014 年）

3）就业岗位与人口增长两者之间的关系分析

通过将就业岗位与居住人口增长趋势进行叠加，发现巴黎萨克雷与上海张江就业岗位增长与居住人口增长趋势之间的关系差异较大。前者的就业岗位与居住人口增长之间并没有明显的相同趋势（图 3-11）；而张江镇受张江高科技园区建设的影响，镇居住人口的增长趋势与园区就业增长趋势有一定的关联，并存在一定延迟（图 3-12）。

综合以上考虑，基于就业增长和居住人口增长的变化趋势关系，巴黎萨克雷和张江高科技园区发展都可以被划分为四个阶段，每个阶段和居住人口增长率的变化趋势不尽相同：

第一阶段，巴黎萨克雷居住人口增长速度下降，而就业加速增长，两者趋势相反。张江高科技园区就业岗位开始大幅增加，张江镇人口增长率缓慢提升，增长趋势相近。

第二阶段，巴黎萨克雷就业与居住人口的增长率均下滑，但就业下降速度更快；居住人口的增长率平稳下降。张江高科技园区就业增长率出现回落，但同时，张江镇的迁入居民增长速度却在逐年提高。"聚焦张江"政策恰在 1999 年发布。

第三阶段，巴黎萨克雷人口增速继续放缓，而就业出现了负增长。张江高科技园区的就业增长率与张江镇的人口增长率双回落。

第四阶段，巴黎萨克雷人口增速稳定，而就业岗位则在新政策刺激下快速增长。张江高科技园区就业增长与张江镇人口增长速度趋势放缓，进入一个相对稳定的发展阶段（表 3-5）。

4) 规划引导与建设模式的比较

规划作为一项政策工具还是作为一项公平规范条件被使用，在两个所选案例的发展建设过程中得到了充分的展现。

上海张江高科技园区的规划几经变化，目前至少已有 1992 年、1995 年、2000 年、2010 年四版规划。1992 年、1995 年版总体规划内容变化较大，2000 年版总体规划基本将张江园区北区的用地使用功能确定，2010 年总体规划则将园区的边界向南扩展（图 3-13）。现在，张江园区已经向南扩展成为具有 70km^2 面积、合并了包括康桥镇辖域范围内的大量专业性产业园区的大型"创新创业"基地。这无疑既是政策、也是空间的重大转变。

巴黎萨克雷发展早期依托于法兰西岛大区的总体框架，直到 2006 年被确立为国家利益项目，才有了专门的针对性建设规划。它的第一轮规划是 1965 年总体规划，定位为目标明确的产学研新城，沿高速规划了大面积科研教育区，并配以大量工业用地。第二轮规划是 1975 年总体规划，虽仍然强调科研机构的集聚，但对土地开发量进行了限制，减少了科研、产业用地。第三轮规划是 1994 年总规，在中央权力下放的背景下，更强调区域平衡，通过疏解法兰西岛大区功能，进一步缩减科研人员，但是并

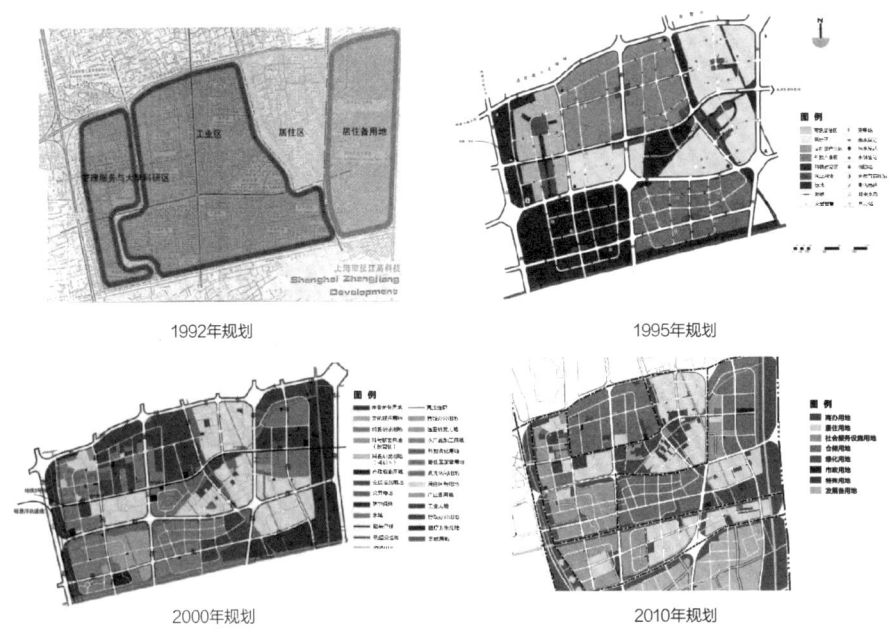

图 3-13 张江园区历史上总体规划

资料来源：（1）张江园区 1992 年规划来自张江高科技园区开发公司；

（2）1995 年、2000 年规划区面积数据，引自：罗翔．高科技园区规划评估研究：以上海张江为例 [A]// 中国城市规划学会．多元与包容：2012 中国城市规划年会论文集 (03. 城市详细规划)[C]. 中国城市规划学会，2012：12.

未调整萨克雷作为法兰西岛创新中心的地位。第四轮规划是 2006 年总体规划，出现了第一个针对性的发展规划，政府介入力度明显增加，从国家到大区再到市镇都参与了规划的制定、项目的协商。规划包含宏观协调和项目落地两个层面；在宏观框架确定后，针对具体项目经过长时间的论证和协商，制定地区发展项目合同（CDT，contrat developement territorial），以明确每个项目的修建性规划、出资人、时序安排等细节。政府通过这些项目的落地，配合区域交通网络建设和政府创新政策，刺激科研与产业的协调发展和带动地区活力（图 3-14）。

通过比较两个园区各版本规划发现主要的不同点。其一，规划边界的变更。巴黎萨克雷的产业集聚区以当地市镇的边界为规划边界，具体实施时则直接落到项目，因此始终未划定规划边界。张江园区则单独划出园区范围，相对独立于张江镇区，拥有

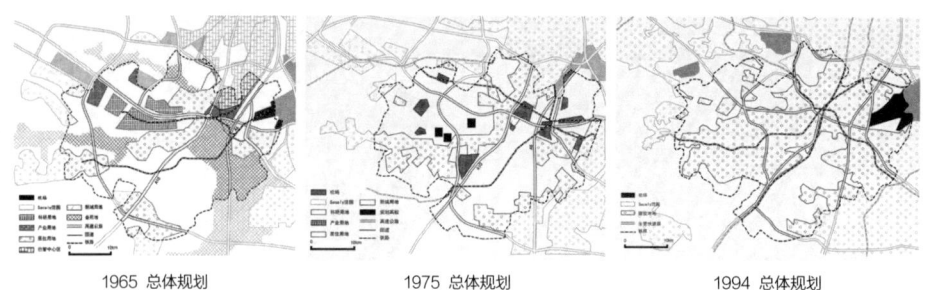

图 3-14 法兰西岛三轮总体规划涉及巴黎萨克雷部分
资料来源：DRIEA, http://www.driea.ile-de-france.developpement-durable.gouv.fr/Le-schema-directeur-d-amenagement-r280.html.

自主的管理权和土地开发权力，管理机构会通过扩区的方式拓展规划边界并导致规划面积不断增大（表 3-8）。现在已经扩大范围到 70km²。

其次，规划功能的调整。2006 年之前，巴黎萨克雷仅有宏观的上位规划作为依据，实际可控制的开发是国家科研教育等公共机构的建设，虽然对土地开发量有宏观控制，但少有大幅度功能调整。张江高科技园区依据明确的上位规划，有明确的建设目标，在实施层面的控制性详细规划和修建性详细规划会应不同发展阶段的定位变化而进行调整，规划的功能性调整可以通过园区用地结构变化进行观察（表 3-9）。

5）建成规模及变化趋势

总体而言，巴黎萨克雷建设速度呈逐渐加速的态势。数据显示，2009—2011 年，国会正式批准巴黎萨克雷成为国家利益项目，从而推动了项目的规划和建设。建设速度明显加快，相比 2006—2009 年，年平均建设规模增量达到 0.8km²（图 3-15、表 3-10）。

上海张江高科技园区的建设速度始终呈现波浪式增减的特点。1999 年前张江高科技园区处于土地准备阶段，入驻企业不多，建成项目寥寥无几，园区发展缓慢。1999 年"聚焦张江"战略发布之后，优惠政策的倾斜加上前期政府引进项目的入驻，促使区内建设速度节节攀升。2006 年开始，张江高科技园区南部（现在称为"中区"）"扩区"规划获准通过；自 2009 年起，张江园区"中区"的住宅项目先后启动，受住宅项目建设影响，园区建设增速出现了一轮小高峰。从 2010 年起，张江园区建设增速开始

表 3-8　　　　　　　　　　　巴黎萨克雷与张江园区规划与建设面积变化

	阶段	年份	行政边界面积（km²）		阶段	年份	可建设用地面积（km²）	规划区面积（km²）
巴黎萨克雷	初期	1965	196.2	张江园区	初期	1992	13.18	17.02
	中期	1975	196.2		中期	1995	15.79	18.47
	中期	1994	196.2		中期	2000	16.44	21.35
	近期	2011	196.2		近期	2010	19.53	26.13

资料来源：（1）巴黎萨克雷数据根据行政边界统计获得，行政边界面积来自法国统计局官网 www.insee.fr；
（2）张江高科技园区 1992 年规划来自张江高科技园区开发公司；
（3）1995 年、2000 年规划区面积数据，罗翔. 高科技园区规划评估研究：以上海张江为例 [A]// 中国城市规划学会. 多元与包容：2012 中国城市规划年会论文集（03. 城市详细规划）[C]. 中国城市规划学会，2012：12.

表 3-9　　　　　　　　　　　张江高科技园区规划建设用地结构的演变

用地功能	1992规划 面积(hm²)	比例	1995规划 面积(hm²)	比例	2000规划 面积(hm²)	比例	2010规划 面积(hm²)	比例
科研教育	222.2	16.9%	164.6	10.4%	495.4	30.12%	701.1	35.9%
工业	865.9	65.7%	416.5	26.4%	299.0	18.18%	300.1	15.4%
居住	230.4	17.5%	370.4	23.5%	392.3	23.86%	472.4	24.2%
商业服务	-	-	47.1	2.9%	65.3	3.97%	74.7	3.8%
水系	-	-	43.0	2.7%	84.3	5.13%	82.9	4.2%
市政设施	-	-	19.5	1.2%	13.0	0.79%	9.7	0.5%
交通设施	-	-	250.2	15.9%	280.2	17.04%	310.0	15.9%
卫生医疗	-	-	-	-	11.8	0.72%	11.8	0.6%
文化	-	-	-	-	3.4	0.21%	10.7	0.6%
总计	1318.5	100.0%	1579.2	100.0%	1644.5	100.0%	1953.4	100.0%

资料来源：（1）张江高科技园区开发公司，张江高科技园区 1992 年规划.
（2）1995 年、2000 年规划区面积数据引自：罗翔. 高科技园区规划评估研究：以上海张江为例 [A]// 中国城市规划学会. 多元与包容：2012 中国城市规划年会论文集（03. 城市详细规划）[C]. 中国城市规划学会，2012：12.
（3）2010 年规划，来自浦东新区规划局官网：www.planning.pudong.gov.cn.

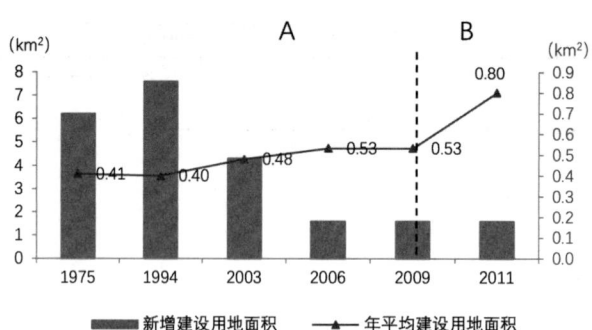

图 3-15 巴黎萨克雷建成区用地增长总量及平均建设速度
资料来源：根据法兰西岛大区规划局官网 www.iau-idf.fr 有关资料自绘

表 3-10　　　　　　　　　　　巴黎萨克雷建成区面积统计

年份	城市建设用地（km²）	新增建设用地面积（km²）	占总用地比例	年平均增加建设用地面积（km²）
1960	31.4		16.0%	
1975	37.6	6.2	19.1%	0.41
1994	45.2	7.6	23.0%	0.40
2003	49.5	4.3	25.2%	0.48
2006	51.1	1.6	26.0%	0.53
2009	52.7	1.6	26.8%	0.53
2011	54.3	2.0	27.6%	0.80

资料来源：法兰西岛大区规划局官网 .www.iau-idf.fr.

逐步降低。2013—2015 年，由于园区"中区"项目的启动，导致建设增速出现一个短期回升，启动项目多为国家级、市级科研机构，如国家蛋白质研究中心、上海科技大学、中国科学院上海高等研究院（图 3-16，表 3-11）。

通过对上海张江高科园区发展历程的分析，同时结合巴黎萨克雷园区。课题组以就业、人口、规划和建设规模四个方面的变化比较，对两个园区发展阶段尝试进行划分。通过分析各要素的趋势特征，巴黎萨克雷的发展被划分为 4 个阶段（表 3-12），由于

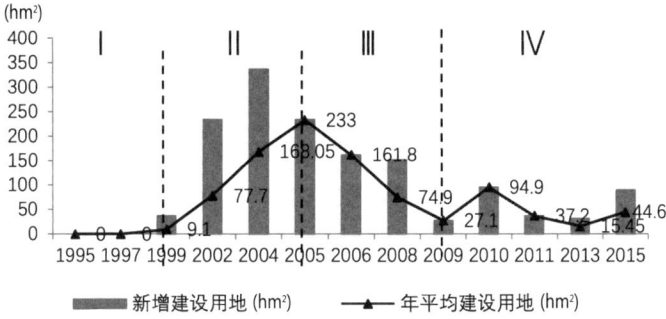

图 3-16 张江高科技园区建设用地增长变化情况
资料来源：根据 google 历史地图绘制

表 3-11　　　　　　　　　　张江高科技园区建设用地增长情况

年份	已建用地面积（hm²）	新增建设用地面积（hm²）	年平均现在建设用地面积（hm²）
1992	0	0	0
1999	36.4	36.4	5.2
2002	269.5	233.1	77.7
2004	605.6	336.1	168.05
2005	838.6	233	233
2006	1000.4	161.8	161.8
2008	1150.2	149.8	74.9
2009	1177.3	27.1	27.1
2010	1272.2	94.9	94.9
2011	1309.4	37.2	37.2
2013	1340.3	30.9	15.45
2015	1429.5	89.2	44.6

资料来源：根据 google 历史地图绘制

表 3-12　　　　　　　　　张江园区与巴黎萨克雷发展阶段划分及各阶段特征

阶段划分	时间段	巴黎萨克雷发展阶段及特点	时间段	张江高科技园区发展阶段及特点
第一阶段	1960—1982年	高速发展期 就业快速增长 人口减速 建设速度平稳	1997—2001年	高速发展期：就业、人口快速增长 园区进入高速建设期 规划角度从工业园区 转变为综合新城模式
第二阶段	1982—1999年	减速发展期 就业稳定减速增长 人口持续减速增长 建设速度保持平稳	2001—2005年	调整发展期：在前期高速发展后 所有指标有所降低 进入调整期 增长幅度起伏不定
第三阶段	1999—2006年	衰退期 就业进入负增长 人口低速增长 建设速度缓慢地增加	2005—2007年	深度调整期：进一步调整 各项指标均匀减速
第四阶段	2006年至今	新一轮发展初期 就业再次增加 建设速度加快	2007年至今	稳定高速发展期： 各项指标进入稳定期 政策不断的支持

其建设从科研教育机构出发，由市场发挥作用而集聚企业，培养区域内的"产学研"生产关系，关注构建高科技产业集聚区的关键网络。这样的发展建设逻辑需要一定的契机和较长的时间，且对城市功能建设并不直接影响，规划管理对建设行为的影响作用较小。相反，张江园区的建设发展虽同样可以分为4个阶段，但是，总体上受到政府较多的控制，由于园区土地资源是建设发展的初始资本，政府借此强有力地干预高科技产业的集聚，带来了周边城市功能的建设。因此，发展阶段划分中虽有市场力量作用的痕迹，但更明确地反映了政策、机制的刺激和推动作用，尤其是以规划为空间政策工具的影响作用更为明显。

因此，产业园区发展阶段划分的研究，揭示了在不同制度背景下，对以市场经济活动规律为主要作用机制的产业园区建设，中国与法国在具体的建设过程中采用了不同的建设姿态，尤其是地方政府在通过政策、规划干预和影响其建设方面，中国地方政府采取了更为主动、积极的机制。显然，这背后反映了在园区建设上，中国赋予了园区除经济职能之外更多其他的政策涵义。在后续的研究中，注重在同一的全球化背景下，选取在发展建设时期上更为吻合的不同国家园区进行比较研究，是需要进一步深化的研究内容。

3.5

小结

工业用地的使用，在中国改革开放 40 年来所呈现出来的状态，映射出我国土地制度的演进过程。学者们建立起众多的视角来观察和分析土地制度的演进，比较经典的有从社会主义市场经济体制建立的视角、城市化的视角、集约节约土地的视角等开展的分析研究。本书提出从"生产经营者角色的变化"的视角重新认识土地制度的演进，包括产业政策演进和现代企业制度演进两个方面；这一视角的建立凸显了作为生产经营者主体角色的企业身份的多元化和市场化演进过程，揭示了产权制度和经济制度形成的根本基础。

生产经营者视角凸显了外资企业进入、国企改革、民营企业发展、中小企业生存等涉及工业企业成长和第二产业发展的根本性议题。也正是这些企业形式的多元化，导致对以土地为载体的生产经营空间、固定资产、投融资行为等的解释才具有了合理性；也才存在企业身份发生变化时，由于土地溢价的存在而产生的对土地金融杠杆作用的关注，并由此影响了产业转型升级的意愿和行为。

在推进企业混合所有制改革的当下，土地资源如果进行市场化配置，将从根本上影响传统产业区位理论、劳动力成本理论和国有资产的认知和界定。由此作为切入点，工业用地的转型更新就不仅仅是产业转型升级的载体，而且代表了生产经营者的主体特征和意愿的空间表征，是一种权利空间化过程，也是空间权利化的过程。由于土所有制度的单一背景，这种权利体现为一种使用权，它既可以为市场机制所引导，同时也存在将市场机制剥离的可能性。这种权利转换特征，给工业用地的转型更新带来了更多不确定的因素。它究竟是一种具有市场供需特征的"资源"，还是一种具有公共产品特征的"资产"，都是一个需要深入探讨的话题。

第4章 工业用地的分布特征

对工业用地的关注，起于 2008 年前后，时值席卷全球的金融危机。金融动荡过程中持续走高的房价和热火朝天的基础设施建设维持了城市土地和建成空间的资产水平，并继续通过金融"杠杆"作用推动着经济总量的攀升。相比于这一增长状况，制造业的总体情况并不乐观，同时，工业用地的总体规模和粗放使用情况触目惊心。

4.1
规划对工业用地分布的引导——案例上海[1]

4.1.1 城市产业定位

1949 年后上海城市建设贯彻"为生产服务、为劳动人民服务"的方针，逐渐从一个消费城市转变为生产城市，成为我国重要的工业基地。1958 年，国务院批准将江苏省的嘉定、松江等 10 个县划归上海，上海市域面积扩大为 6158km²，为上海城市发展提供了广阔的空间。为疏解市区人口和工业，1959 年上海市政府组织编制了《关于上海城市总体规划的初步意见》（简称《初步意见》），提出"逐步改造旧市区，严格控制近郊工业区的发展规模，有计划地建设卫星城"的城市建设和发展方针。根据《初步意见》在郊区规划建设闵行、吴泾、嘉定、安亭、松江五个卫星城，各自有明确的工业发展导向。上海从单一城市逐步向"中心城+卫星"城演变。在 20 世纪 70 年代，根据国家建设需要，又先后建设了金山石化厂、宝山钢铁厂两个大型企业，工业建设带动了城镇建设，金山和宝山也逐步发展成为两个卫星城。

1986 年，经国务院批复的《上海市城市总体规划方案》中明确，"上海城市建设

---

[1] 根据历次总体规划公开材料整理。

的发展目标是：建设和改造中心城；充实和发展卫星城，有步骤地开发'两翼'，有计划地建设郊县小城镇，使上海发展成为以中心城为主体，市郊城镇相对独立、中心城与市郊城镇有机联系、群体组合的社会主义现代化城市"。国务院批复中提出，上海是我国最重要的工业基地之一，也是我国最大的港口和重要的经济、科技、贸易、金融、信息、文化中心，应当更好地为全国现代化建设服务。同时，还应当把上海建设成为太平洋西岸最大的经济贸易中心之一。由于大规模的住宅建设和工业企业的布局调整，市区建成面积进一步扩张，卫星城和郊区城镇建设进一步发展。至1990年，全市建设用地面积已超过800km²。

1990年浦东开发之后，上海进入了快速发展阶段。为发挥市和区（县）两级政府的积极性，市区实行"两级政府、两级管理"，郊区实行"两级政府、三级管理"的行政体制。在1986年城市总体规划的基础上，1992年编制了《浦东新区城市总体规划》，1993年成立浦东新区，城市建设跨越黄浦江发展。浦东新区的开发带动了浦西市区的更新，也推动了新区建设的发展。根据上海市政府提出"市区体现繁荣、繁华，郊区体现综合实力"的发展要求，规划建设的重点转向市域6300km²范围内。1993年制定了《上海中心城区工业布局调整实施规划》，产业发展"退二进三"。中心城内环线之内共腾出750万平方米工业用地，转而发展金融、贸易等第三产业。郊区工业布局也进一步发生变化，至1997年全市共有各类工业园区208个。至2000年，建设用地面积已超过1500km²。

进入21世纪，上海改革开放的深度和力度不断加大。2001年国务院批复的《上海市城市总体规划（1999—2020年）》，根据国家对上海发展的要求，提出"四个中心"的发展目标，提出了"多轴、多层、多核"的市域空间发展格局。这一版城市总体规划第一次将乡村发展纳入其中，统筹城乡、协同发展。同时推行"三个集中"政策，引导人口向城镇集中、产业向园区集中、土地向规模经营集中。

在迈向卓越的全球城市目标引领下，最新一版《上海市城市总体规划（2016—2035）》提出了建设"繁荣创新之城"的目标，促进城市产业向"高端化、服务化、集聚化、融合化、低碳化"发展。聚焦具有全球影响力的科技创新中心建设，确立了"加快建立以科技创新与战略性新兴产业引领、现代服务业为主体、先进制造业为支撑的新型产业体系,提升在区域产业分工中的辐射带动作用,提升在全球经济体系中的话语权和影响力"的目标。

4.1.2 城市工业用地分布

历史资料显示,上海市经历了工业促进城市发展的历史过程,一共分七个发展阶段。

(1) 1926 年的《上海地区发展规划》提出了沪西、沪东、沪南三个工业基地。

(2) 20 世纪 50 年代,北新泾和桃浦成为上海市最早的独立工业基地。

(3) 60 年代提出了建设闵行、松江、嘉定、吴泾、安亭五个 20 万人左右的卫星城,结合卫星城形成彭浦、漕河泾、闵行、吴淞、高桥、周家渡、吴泾、安亭、长桥、庆宁寺、五角场、嘉定、松江等工业基地,形成了工业基地与中心区的圈层布局模式。

(4) 70 年代随着金山、宝山基地的形成,突破圈层式空间布局为沿江发展。

(5) 80 年代至 90 年代末,上海市完成了现代工业园区的建设和扩张,形成了 7 个国家级工业区、11 个市级工业区、12 个传统工业基地、174 个乡镇一般工业园。

(6) 2000 年后,原有工业园区转变为多功能复合式园区,生产性服务业增加。改革开放 30 年以来,上海市工业对 GDP 的贡献率基本保持在 50% 左右,成为经济增长的主要推动力。

(7) 2015 年后,新一版总体规划中,特别强调"上海张江综合性国家科学中心"是创新中心体系的核心,紫竹、漕河泾、杨浦、市北、嘉定、临港等高新技术产业园区、大学城和重要产业基地是建设高能级创新功能集聚区的基础。结合城市更新和工业用地转型,促进创新功能与城市功能融合,形成代表国内制造业最高水平的产业基地,直接用于高端制造业发展的工业用地面积不少于 150km^2。产业空间分布要符合"制造智能化、能源生态化、空间集约化",主城区优先发展高端生产性服务业和高附加值都市型工业。

综上可以看出,从消费型城市到生产型城市,再到创新型城市,制造业是上海市跨越式发展不可或缺的基础和支撑。从对未来情景的描绘来看,工业用地的空间分布始终与城市的定位和空间结构调整密不可分,两者之间存在相辅相成的关系。但是现实中，我们很难想象或者观察到这种相互影响关系，甚至由于土地使用的制度性约束，规划情景的实现不得不依赖于新增土地，而无法通过既有用地的变更、流转、再开发而实现。当土地空间资源的使用达到某一阈值时，这种谋划就不能再这么理想化，而是必须要针对已有的功能使用进行结构性转变。这正是笔者长期关注和研究工业用地问题的起点。

4.2

工业用地规模结构总体失衡

4.2.1 土地资源是城市规模扩张的重要空间基础

对土地空间资源的依赖，是我国城市 40 年快速增长所显现出的重要特点，甚至由于普遍存在获取土地指标的动机，已经形成了对新增土地空间资源的发展"路径依赖"效应。上海也不例外，一方面，如果 1958 年 10 个县没有划归上海，上海城市发展的空间格局便难以展开；另一方面，我们应当看到上海建设用地面积已达到 3081km^2，约占市域陆地面积的 45%，这意味着生态用地和农业耕地减少，建设已经触及底线。[2] 除非有新的行政区划调整，土地空间资源已经成为上海城市外延式发展的硬约束条件。事实上，很多城市最终不得不屡次采用行政区划调整的策略以获得更多的发展空间。因此，一定行政辖域内建设用地确实存在一定合理的约束性规模，而这种约束关系又进一步促使对不同类型社会经济活动所占用土地面积的比例结构进行考量。城市化带

---

2 课题组上海城市土地空间资源潜力、再开发及城市更新研究（研究报告），2015 年 8 月。

来的城市规模扩张，在推动经济总量增长吸引更多人口居于城市的导向下，为对土地资源的占用提供了理由。

4.2.2 工业用地是城市发展空间资源挖潜的主要对象

上海市各级工业园区在扩大发展的同时，也成为耗费土地资源、降低环境承载力和不集约使用的主要因素。工业用地在城乡建设用地中所占比例较大，不仅超出了国家的用地构成标准，而且与城市职能定位中提出的实现建设"四个中心"目标、实现卓越全球城市目标不符。从获得的 2011 年统计资料分析，现状工业与仓储用地共 843km^2，约占全市建设用地总面积的 26%，其中，工业用地面积 752.4km^2，约占全市建设用地总面积的 23%。2008 年的金融危机让人们看到了制造业的问题，也显示出工业用地使用中存在的问题。上海市长期强调经济转型的重要性，致力于实现以服务性产业为主的城市经济结构，并推动工业用地的再开发利用（图 4-1），而实际情况却并非如此乐观。

工业用地被视为盘活存量用地、挖潜城市发展空间资源、推动城市转型发展的主要对象。一方面是因为工业用地在城市建设用地中所占实际比重普遍偏大，另一方面是因为大量的工业用地存在着闲置、荒芜的低效使用，甚至浪费情况。可以通过实地的观察和国际同类型城市之间的比较得出这样的判断（表 4-1）。

4.2.3 工业用地数量的增长与工业产值占比变化趋势不一致

依据统计资料，将工业用地总量增长和占建设用地比重变化情况与三次产业结构变化趋势进行对比，可以看出如下问题：其一，工业用地的使用量处于长期、持续增长状态，只是在增长幅度上根据不同的背景条件有所波动。其二，工业用地总量增长趋势与在建设用地中占比增长趋势几乎一致的，如果有更长时期、准确、翔实的数据，将更有助于准确判定两者之间的趋势关系。其三，工业用地使用的低效问题是显而易见的。三次产业结构中第三产业比重不断提高，可以解释为第三产业拥有更高的土地产出经济效率,在计算产值增长时有更高的弹性系数,并且有各种产业政策、发展政策的扶持。但是,如果同时考虑扣除二次产业中建筑业的贡献,仅就各类制造业的总和而言,不难看出工业用地在城市整个行政辖区范围内,总体上存在着难以掩饰的低效问题(图 4-2,图 4-3)。

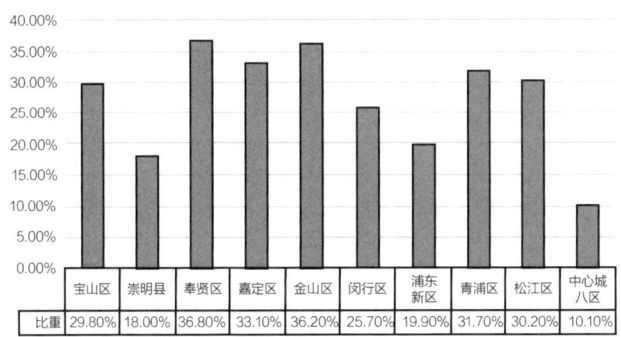

图 4-1 上海市各区县工业用地占建设用地比重
资料来源:根据 2011 年各级统计年鉴与年度报表绘制

表 4-1 　　　　　　　部分国际大都市工业用地占建设用地比重

城市名称	工业用地比重	年份
上海	30%	2008 年
纽约	3.75%	2006 年
新加坡	6.8%	2006 年
香港	3.86%	2007 年
东京	3.47%	2007 年

注:由于城市市政体制的差别,以及统计单元设置与行政管辖区域的差别,这样的指标对比仅仅具有参考价值。
资料来源:冯经明. 转型时期特大型城市土地利用规划理论与实践 [M]. 同济大学出版社,2013.

图 4-2 工业用地荒芜、闲置的情况

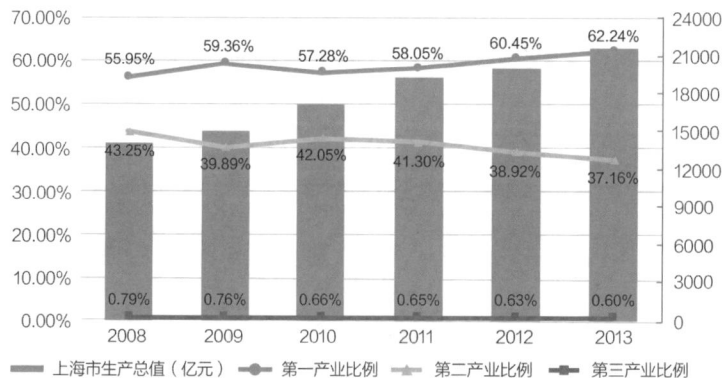

图 4-3 2008—2013 年上海市三次产业结构变化趋势图
资料来源：上海统计年鉴（2014）.

4.3
工业用地空间布局的结构性失调

4.3.1 工业用地向各类园区聚集程度较低

2003年以来，上海市经过两次清理整顿和设立条件审核，在1008km² 共177个申报开发区中，筛选公布了其中41个国家公告开发区（15个国家级，26个市级）。规划面积达656km²，其中工业为主的开发区38个，规划面积约556km²。统计资料显示，上海市域范围内现状752km² 工业用地中仅有241.9km² 分布于公告开发区中，集中率为32%左右。说明仍有大量的工业用地散布于上海行政区范围非公告开发区内，产业空间的聚集程度较低。从2011年的统计资料来看，虽然上海市各区县工业用地的产出率在逐年升高，但是全市工业用地地均产出平均水平在3835.1万元/公顷，只有中心城8区（7965.3万元/公顷）、浦东新区、闵行区、松江区高于此平均水平（图4-4，表4-2）。

4.3.2 城乡统筹视角下工业用地分布呈混杂状态

上海市现有工业用地在空间分布上呈"两个层面，两种模式"特征。"两个层面"体现了工业用地分布的混杂状态，分别为：其一，大规模集中分布模式，是指以"104区块"为主的产业基地、产业社区、各级公告园区。其二，零星散布模式，主要是指分布在集建区外的"198"地区，是重点减量化的对象；以及分布在集建区内、"104区块"之外，被称为"195"的政策区域，属于转型升级，向"104"区块聚集的工业（图4-5）。

"两种模式"体现了在零星工业用地混杂布局的情况下，大型园区和工业用地集聚区呈现出来的分布特征，分别是，"圈层模式"，即围绕中心城8区和内环、中环、

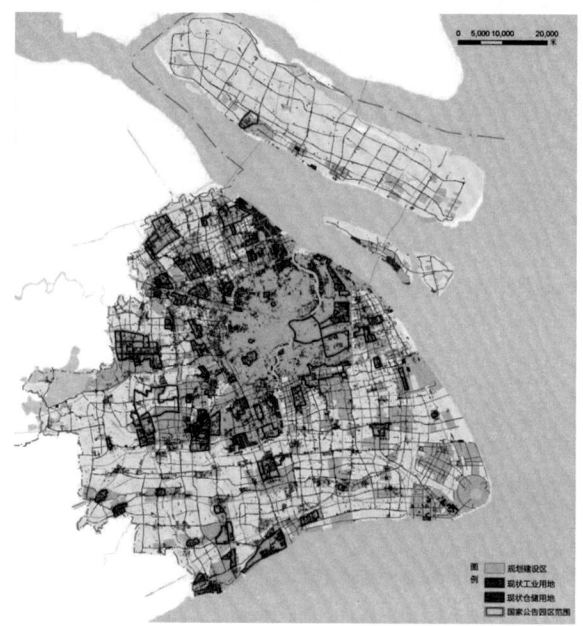

图 4-4　2011 年全市工业仓储用地分布图
资料来源：上海市原规土局．

表 4-2　　　　　　上海市各区县工业用地分布于公告开发区的聚集比例

区县	分布于公告园区内的工业用地比例
青浦区	45.0%
松江区	43.7%
金山区	40.4%
嘉定区	37.6%
浦东新区	30.6%
闵行区	29.8%
奉贤区	25.6%
宝山区	22.8%
崇明区	7.5%
中心城八区	13.0%

资料来源：上海市原规土局．

外环快速环路体系,呈现出环状分布特征,绝大多数集中工业区分布在外环线以外地区,中心城8区围绕中环分布有3个集中工业区,中环、内环地区以分散的都市工业为特征,且每个圈层的特点有所不同(图4-6)。其二,"放射状模式",即在外环以外的工业区布局上,出现一些放射状工业走廊,工业用地沿交通性道路分布,形成伸入城区的楔状空间。共有五个产业楔:西北向的嘉定宝山象限,西向的青浦象限,西南的松江闵行象限,南向的金山奉贤象限,东北向的张江高桥象限(浦东)(图4-7)。

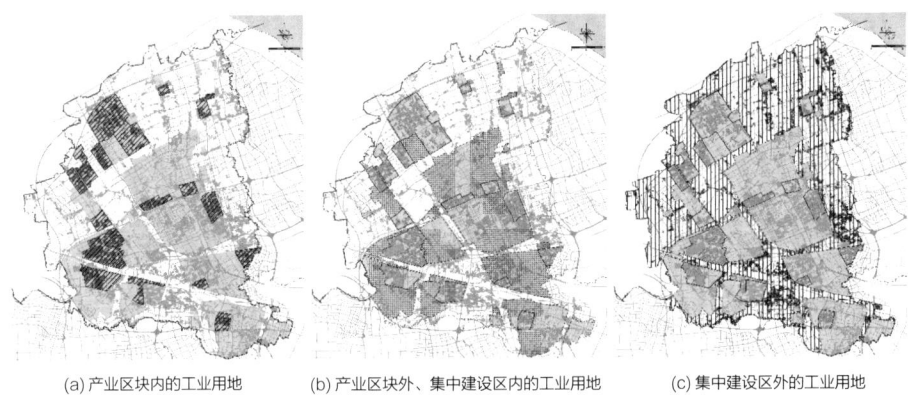

(a) 产业区块内的工业用地　　(b) 产业区块外、集中建设区内的工业用地　　(c) 集中建设区外的工业用地

图4-5　上海市嘉定区工业用地空间分布状况(2011年)

资料来源:根据调研资料绘制

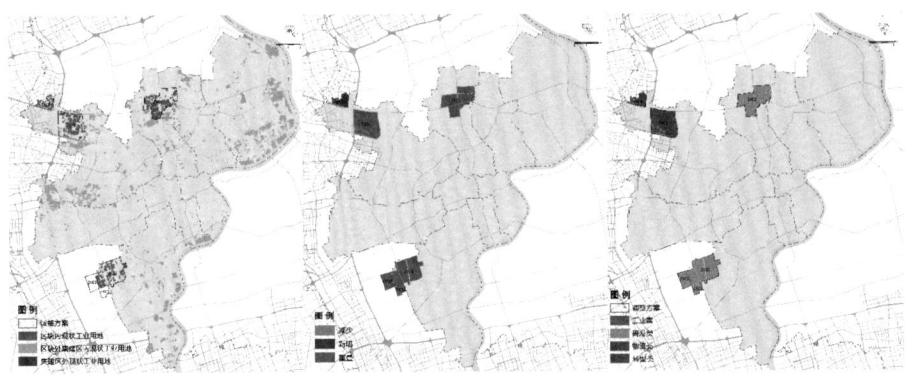

图4-6　上海市中心城八区的三个集中工业区和零星"195"工业用地(2013年)

资料来源:根据调研资料绘制

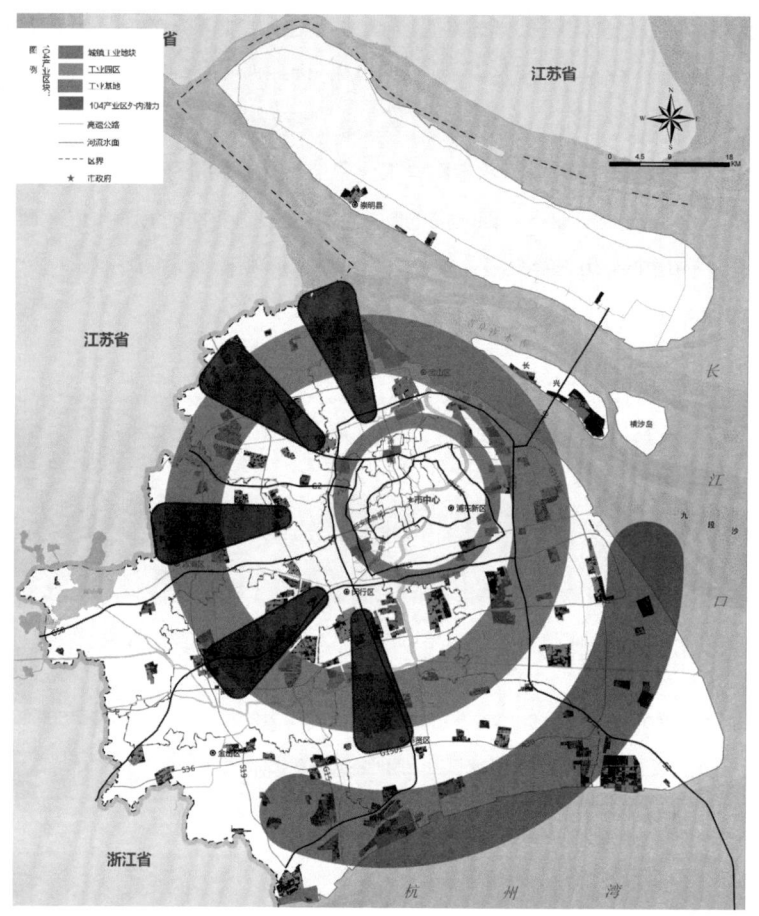

图 4-7 上海市域工业区分布的模式示意图

除了上述在空间布局上有较为明显的结构性特征的工业用地之外，上海市还有相当多的工业用地更加混杂分布于其他类用地之中。存在有几个不利的影响，其一，造成城市功能空间结构的混乱，在空间管理上带来不便；其二，造成交通的生产性出行与生活性出行之间的相互干扰，给道路网络和设施配套带来压力；其三，工业生产给周边居民和办公带来安全、卫生隐患；其四，给工业用地的再开发利用带来障碍，由于碎化严重，在再开发利用中难以实施大规模整体战略性空间的开发；其五，土地权利主体多元化,转型意愿同样呈现破碎化状态。很多生产企业在衰败之后不是考虑转型、出让、再开发,而是寄期望于政府的收储行为,以获得超额的土地价格增值,这一预期造成闲置土地逐年增多。

综上,由于上海市内行政主体的多层次、复杂利益格局,导致工业用地的分布既有一定的聚集特征和经济走廊现象,也存在着混乱和破碎化现象。上海市提出的"104、195、198"工业用地政策,正是对这一分布现象的应对策略,试图为不同类型工业用地提供退出、升级、再利用提供制度性安排。

4.4 工业用地地均产出效率差异较大

核算工业用地的地均产出效率,是对工业用地"投入—产出"进行评价和比较的常规性方法。针对上海市工业用地的研究发现,在经历了工商业发展阶段,并被很多学者分析认为正在向后工业化阶段演进的上海市,工业用地产出效率仍然存在较大的问题。主要表现为两个方面:

其一,工业用地地均效率不均衡。根据2011年的统计数据,占地不到40%的规模以上工业企业[3]为全市贡献了约95%的工业产值。以划定的集中建设区为界,集建区(图4-5,图4-6中灰色所示地区)以外的工业用地占上海全部工业用地的1/4,所完成的工业产值仅占全市年度工业产值的不到1/10(图4-8)。集建区以外的工业用地在上海市的工业用地使用政策中被称为"198"地区,是散布于乡村地区、建于集体建设用地之上的工业企业,普遍存在闲置、荒芜、使用效率低下、环境生态安全等

---

3 规模以上企业按照2011年的标准,是指年主营业务收入2000万元以上的工业企业。

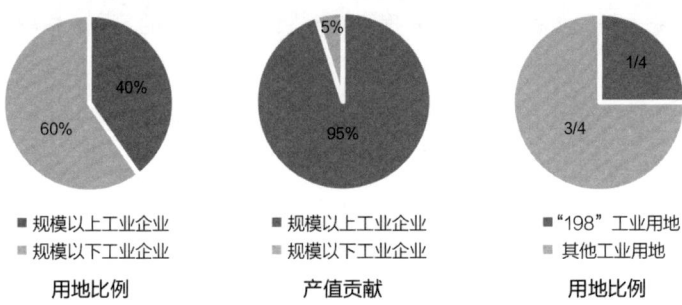

图 4-8 上海市不同类型工业企业占地和产值比重的比较
资料来源：根据 2011 年统计数据绘制

情况较差的问题，全市统计下来有将近 198km² 之多。给出的政策出路是减量化，要么退耕，要么向工业区块转移。在 2018 年的大调研之后，有少数生产效率还不错的、分布于"198 政策地区"的零星工业用地，结合乡村振兴战略（2018 年）获得了新的发挥作用的机会，也有一部分采用"增减挂钩"策略，转换成为新增城市建设用地。总体上看，零星分布的工业用地远低于集中分布的工业用地的使用效率。

其二，工业园区间地均效率差异较大。根据 2011 年统计数据，将上海市获得公告的开发区、产业园区划分为三类，"国家级，市级，乡镇级"。地均产值相差巨大，国家级工业园区的"投入—产出"效率远高于乡镇级工业区块。上海市的"104 区块"（图 4-9）大多数是依托高等级的开发区划定，其内部的产业门类多为政府扶持、引导发展的重点、重要，或者新兴产业，而乡镇级工业园区中的产业以民营企业为主，在生产经营上面临更多的市场不确定因素的冲击（图 4-10）。因此，从另一侧面反映出，以产业园区为主要聚集空间载体的工业用地分布中，受到更多政策扶持的、高等级的产业园区有更高的投入产出效率。工业园区作为以工业用地为主的城市功能性空间单元，不仅反映了市场经济机制波动的影响，更反映了地方政府政策红利因素的影响。

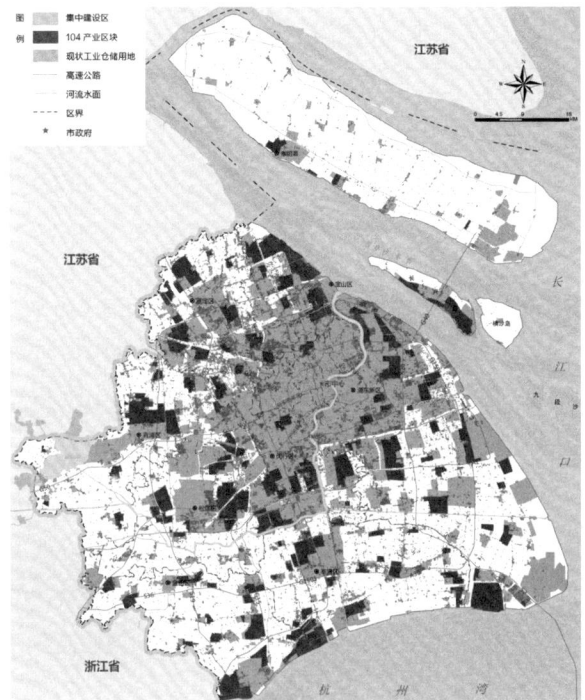

图 4-9 上海市工业用地 "104" 区块示意图
资料来源：根据调研 2013 年上海市工业用地绘制

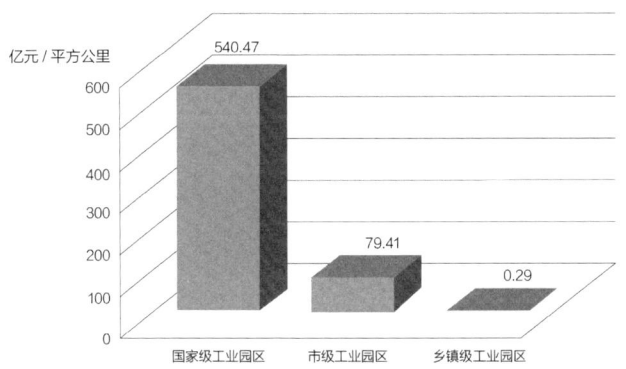

图 4-10 上海市各级产业园区地均产值比较
资料来源：根据 2011 年统计数据绘制

4.5 工业用地分布的其他特征总结

4.5.1 "工业园区"

工业用地的分布，在20世纪90年代往后就常常以政策区的形式存在。它们分布在城市原有建成地区以外，为各类开发区、保税区、产业园区、自贸区等，有时候甚至是城市新区。在城市建成地区，原有的工业厂区常常转型成为现在常见的各类创意产业园区。

与人们的住房常常聚集并形成具有一定结构的居住地区一样，工业生产也常常聚集在一起形成工业区。城市化与工业化如此紧密地联系在一起，就是因为工业生产活动所创造的就业岗位，以及由此带来的一系列的经济行为的聚集，在创造社会财富和物质基础的同时，也产生了各式各样的服务性就业岗位。就业机会的多样化体现了经济的繁荣程度，因而吸引人们聚居，孕育出城市，并推动它成长。

工业用地是工业区里的主要用地形式，体现了土地的使用方式、土地使用的政策，以及由这种土地使用方式而带来的特殊的社会经济活动。因此，工业用地和工业区这是两个含义完全不一样的表述。

经济发展的需要和重大产业的革新往往催生出五花八门的产业区。二次大战以后，20世纪五六十年代西方发达资本主义国家，由于依据高技术的生产活动达到了技术成熟期，推动了产业结构的调整，并开始向经济不发达地区扩散制造业。而发展中国家和地区，为了实现工业化，实行对外开放政策，通过提供税收、土地、能源、劳动力等方面的优惠，吸引外国厂商投资，设立经济开发区。到了70年代，发展中国家以出口加工为主的经济开发区的发展不断完善。80年代，资本和知识密集型高技术产业推动如硅谷、128公路高技术带等形式的高技术区出现，新加坡和台湾地区也出现了发展高技术及其产业的科学工业园区[4]。

---

4 顾朝林，赵令勋. 中国高技术产业与园区 [M]. 北京：中信出版社，1999：2-3.

1978年改革开放后，我国首先设立了五个经济特区。1984年设立首批11个经济技术开发区，1986年设立上海虹桥、闵行两个经济技术开发区。1986年国家批准实施高技术研究发展计划（863计划），1988年批准实施高技术产业开发计划（火炬计划），当年批准建立了第一个国家高技术产业开发——北京新技术产业开发试验区，以及随后的漕河泾新兴技术开发区（基于原漕河泾仪表电子工业区和微电子工业区、生物工程基地的基础）。

1990年开发开放浦东，设立了第一个保税区。1991年批准设立了25个高技术产业开发区，随后各地设立开发区数量日益增多。与房地产市场发育相伴，出现了"开发区"热，并逐渐出现了旅游度假区、工业园区、综合开发区（如海南洋浦开发区）等多种形式。不仅具有了产业功能，更是具有了居住功能；不仅总体上集聚在东部沿海城市和大中城市，而且多分布于城市边缘向外延伸地区，成为城市空间扩张的重要跳板。

以各类工业区为载体的产业空间，不仅是城市重要的生产活动场所，也成为城市空间结构变化的重要生长动因和影响因素。工业区的开发建设，为城市规模和形态的扩张创造了各种机会和理由。

4.5.2 产业簇群式空间

与蔓延式和组团式城市空间结构不同，"簇群式空间"（Clustered space）是另外一种直观描述城市空间形式的概念。这种大城市地域空间结构与形态，常以中心城区为簇群核心，都市区外围组团、新区为簇群单元，由一体化交通连接[4]（图4-11）。

我国中部地区城市（如武汉，长沙）有明显的簇群式城市形态发展趋势。形成的主要原因是城市建成地区外围工业聚集区的发展，以及城市有意将这些工业园区作为城市向外拓展的先导区或者跳板。因此，发端于20世纪八九十年代的"退二进三"过程，从客观以及某种程度的主观上，借助招商引资和建成区工业扩散两种力量促成了这种空间形态的形成。事实上，这种形态仍然可以被称作组团式空间结构。只是在一定空间尺度上，组团数量持续不断增长而且没有相互融合，组团规模较为细碎的状况。簇群式空间结构，是发展极多元化，空间管理主体碎片化的结果，同时，也存在城市

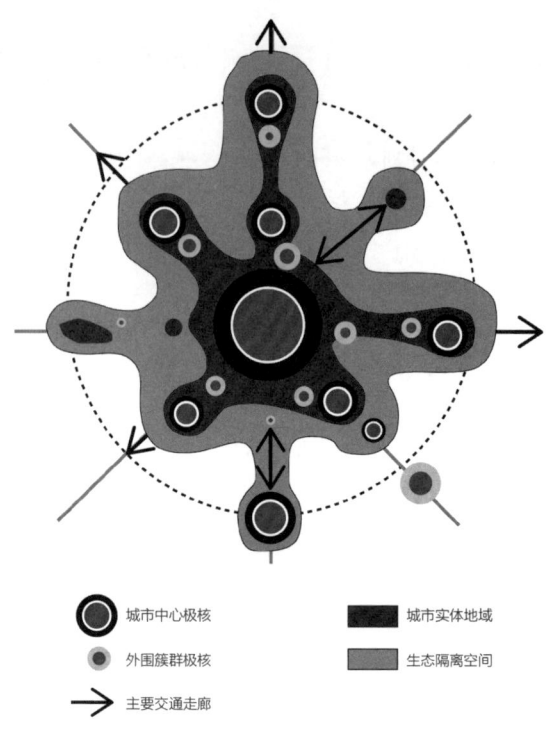

图 4-11 大城市簇群式空间形态示意
资料来源：黄亚平，王智勇.簇群式城市工业聚集区特征及布局优化研究[J].城市规划，2013，37(12)：43-50.

辖区地域范围内河湖水体和山体的分布情况。再加上交通性廊道日益加密，沿路发展成为工业用地分布的主要区位选择依据，往往会形成较为集中的工业用地发展轴带，也是相对集中的工业发展地区。因此，簇群式空间发展模式，是管理主体和生态空间双重碎化，以及强吸引力的基础设施走廊三方面共同作用的结果（图 4-12）。

工业园区的分布导致工业用地以及与工业用地相关的住房开发呈现出一种网络化特征，并进而影响到商业设施和公共服务设施的配置方式。交通廊道既是解决职住关系的方法，也逐渐成为引导大都市地区发展呈"簇群"式空间结构的手段，常被称为

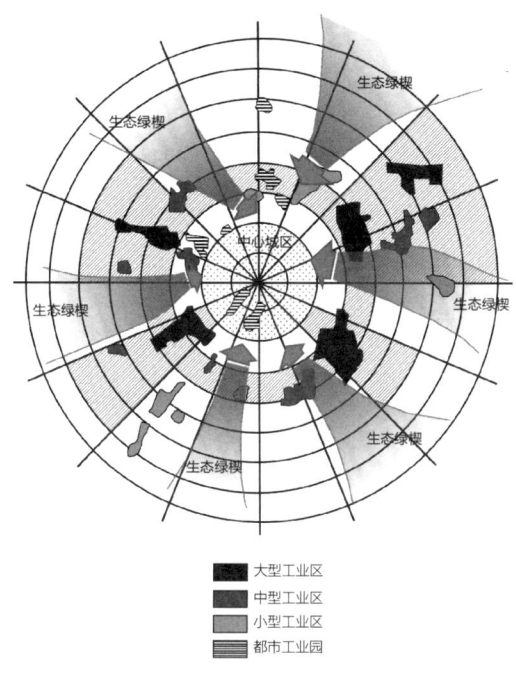

图 4-12 工业用地呈圈层和象限分布的示意
资料来源：黄亚平,王智勇.簇群式城市工业聚集区特征及布局优化研究[J].城市规划，2013, 37(12): 43-50.

TOD 模式。如果一定要针对这样的空间发展模式给一个抽象的模型，会有各种看似不同，却在本质上一致的称呼，如，"环形＋串珠"结构模型和"网络＋走廊"结构模型。这种簇群式空间结构模式，是一种过渡形态还是最优形态？它到底促成了都市化地区的发展载体网络化还是空间破碎化？它与西方城市研究中被频繁提到的边缘城市（edge cities）有何异同？它是边缘城市化地区（peri-urban area）的主要特征之一，还是最终要淹没在城市蔓延（urban sprawl）之中？这些都是非常值得关注的问题（图 4-13）。

164 | 制度演进背景下城市工业用地更新理论与方法

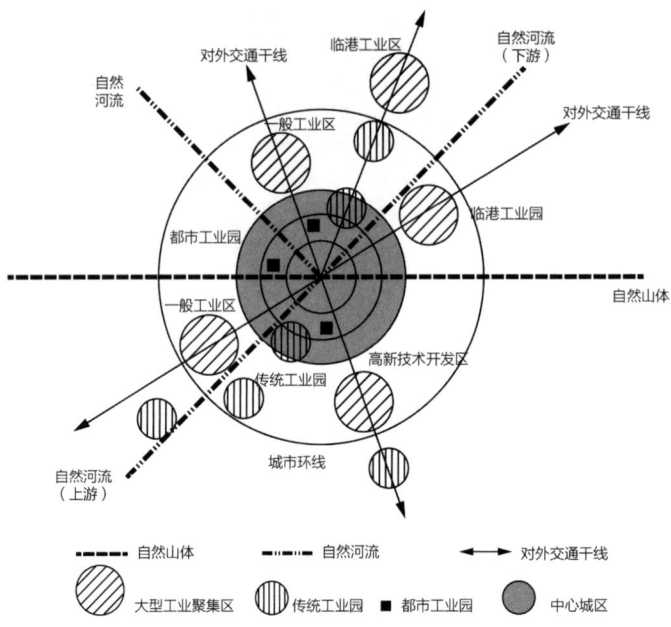

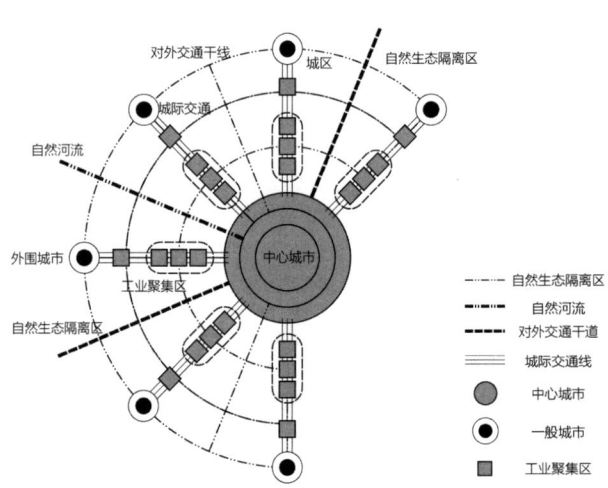

图 4-13 对呈簇群式空间分布的工业区的模式总结
资料来源：黄亚平，王智勇. 簇群式城市工业聚集区特征及布局优化研究 [J]. 城市规划，2013，37(12)：43-50.

4.6
工业用地转型是城市更新的关键

4.6.1 锁定总量、释放存量实现空间结构优化

工业用地面积稳定并逐步缩减，是国际大都市进入后工业化时期的普遍特征。以伦敦为例，1998—2007 年，工业用地建筑面积从 1468 万平方米减少到 962 万平方米，降幅高达 34.5%。但是，用地规模结构的调整是经济转型的结果还是先导，则是个难以一时厘清的大问题。对这一因果关系的理解和运用，体现了在城市规划引导下，经由以土地管理为主的干预机制，最终实现与其他领域，如经济、产业、金融、财政等，实现政策协同、促进城市发展模式转型的制度设想，呈现出与规划愿景相近或者相似的结果。

因应这一规律，逐步建立并提出以工业用地"规模结构，空间结构"转型更新促进产业和经济发展模式转型，并最终促进城市发展模式转型的假设。这一假设的成立，一方面要建立起工业生产模式与空间模式的紧密关联性，另一方面，需要建立起空间规划作为治理工具的视角，并解决空间模式引导社会经济目标实现的作用机理问题。

在新版上海市总体规划中，政府将 3226km^2 作为未来建设用地的"终极规模"予以锁定。按照工业用地占比 20% ~ 25% 的比重，只要保证有 650 ~ 816km^2 的工业用地就能够基本满足需要。工业用地占比 20% ~ 25%，是指城市建设用地中的工业用地规模结构，同时也反映城市的产业结构特征，并且保证这类用地是以第二产业为主。用地结构和工业用地规模，反映了城市处于工业化的哪个阶段，它既是一个阶段转化结果的表征，也有可能是可以运用作为干预工具的引导性指标。上海市 2050 年的发展目标是建设成为具有国际影响力的一线城市、全球城市，那么在用地结构上显然不能过于向工业用地倾斜。按照上海市目前的情况，在预留足够的弹性空间前提下，这些工业用地只要在"104 区块"基础上进行集中建设就应该能够满足工业的结构性和空

间性需求。其余空间范围内的工业用地,包括中心城区的三块工业基地、"195"和"198"范围内的零星工业用地,都应当向104产业区块聚集;或者就地进行产业升级、用地转型转性(图4-5,图4-6)。这样,就能够释放出大量的可供再开发利用的土地空间资源。

资料显示,上海市工业用地"一圈一带"的空间格局上曾集中了26个高能级工业区,包括了上海重要的市级工业基地和区级工业园区,总面积占全市工业区块面积的54%(图4-14)。保持并充分利用好这些产业空间,能够保证上海市在工业发展上的空间需求和结构优化潜力,并具有进一步强化"圈层加放射"产业空间布局结构特征的可能。

在圈层分布基础上,如前文所述,上海市工业用地正在呈现"一带一圈多楔"的格局。包括"滨江沿海带"(沿海布局的老工业基地和新设立的国家新型工业化基地,承担着上海市重大装备、航空航天、船舶、海洋、石化、精细化工、钢铁等战略性产业;滨江沿海是上海最重要的国家级制造业布局区域)。"主城区边缘圈"(由中心城区周边的老工业基地和区县重点园区组成,老产业基地沿市郊圈层布局,是一批国家级经济技术开发区、高新园区、保税区等,是全市电子信息产业、生物医药产业、汽车产业、新材料新能源等新兴产业聚集区,包括金桥、张江、外高桥、漕河泾、闵开发、安亭六大市级产业基地;是高附加值产业集中地区)。以及"沿交通廊道延伸的楔形"(沿放射状区域交通廊道已经逐步形成楔状产业聚集区)(图4-7),放射状的空间聚集具有更加开放的空间结构特征,利于各种空间资源、功能资源的有效匹配;在解决快速进出的交通走廊方面有得天独厚的优势;在共用基础设施廊道方面又具有提高土地资源空间使用效率的效果;同时,楔形产业空间布局,也有利于结合交通、基础设施廊道形成生态廊道,使城市功能布局形态和空间布局形态更加有机,是对呈圈层分布的国家级重要工业基地和产业空间的补充;并且,由于楔形产业空间的布局,有助于形成指状城市空间布局形态,避免城市蔓延造成的"摊大饼式"空间形态。这是对工业用地所形成的产业空间结构的理想化谋划。

上海市城市发展与工业用地使用存在着相互影响的历史进程,但是人们仍然难以判定,上海城市空间格局演进的特征一定是其所承载内涵的外在表征。在经历了从单一城市发展、城市与城镇组合发展的过程之后,地方政府面临着城乡统筹、全面协调

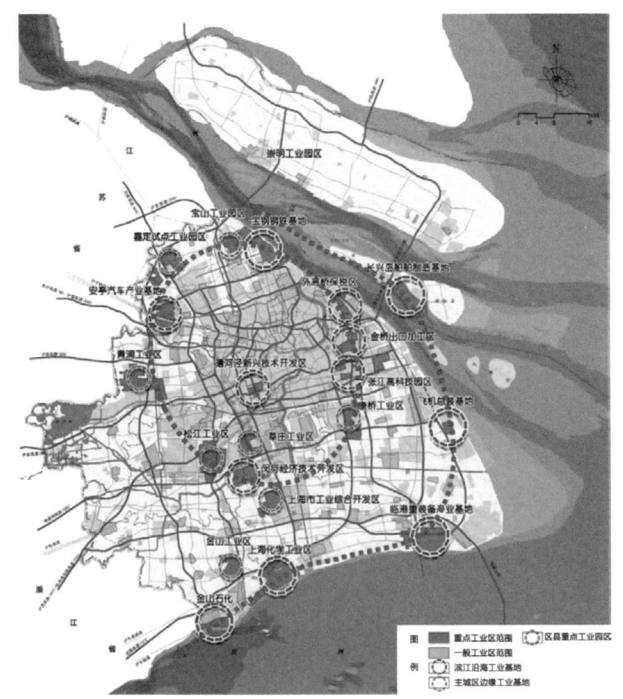

图 4-14 上海市工业用地分布的"一圈一带"特征
资料来源：上海市城市规划规划设计研究院.上海市工业用地布局规划深化（2012）:27.

发展的要求。显然，地方政府在相当长的时期内较难摆脱对土地财政的依赖，也就难以在对各级管理主体进行绩效考核时，下决心去除对招商引资等干预市场经济活动内容的考核，也就难以从制度上避免工业企业在选择生产场所时受各种行政力量干预的问题，那么，仍然会不断造成工业用地在分布上的种种不理性状态。事实上，产业发展及其布局调整往往是城市空间格局演进的动力。那么，在微观层面的合理行为，反映到中观和宏观层面，就会呈现一种非理性状况。空间结构作为微观行为的宏观结果，反映了产业发展与城镇化的真实关系。在信息化时代，一方面，新技术促进了规划技术的创新；另一方面新技术也将改变人们的生活方式和工作方式。如果这两个因素不能有效地影响产业空间的格局，那么用空间重构影响产业转型的设想就难以实现。

4.6.2 工业用地空间资源挖潜需要机制保障

理论研究发现，合理的城市空间结构表现在是城市中心地区大部分工业向郊区新城和园区聚集，释放出来的可再利用土地使商办、公共绿地比例大幅增长，居住空间分布与就业岗位空间分布相互临近。城市空间结构中有大量贯穿内外的绿色楔形空间，各种功能组团呈岛状布局；这种在城市快速增长过程中没能够实现的理想空间结构，有可能在工业用地的转型更新过程中得到一定程度的实现。原因是，大量存量型的、闲置工业用地，为这种理想空间结构提供了实现可能，这是一种混合使用、优化整体结构的弹性空间。

在内涵式、注重"双修"的城市发展阶段，城市内部大量公共空间、绿化休闲空间、滨水开敞空间的重新获得，主要靠传统工业用地的再开发利用。与此同时，这些位于城市内部的工业用地，也可以为内城复兴提供各类住房、生态绿化、文化休闲设施和办公会展等建设空间。住房建设可以有更多社会性考虑，从而影响中心城区的社会空间结构，其中既包括为了让更多的就业人口居住在内城地区而建设的保障性住房，也包括为了让中产阶层聚集而带来休闲和消费所建设的中高端住房。工业用地的更新相比居住区更新和商业办公空间的更新，一方面较少涉及居民的问题，另一方面较少涉及大量的沉淀资本的问题，因而是历史性包袱和社会性包袱较少的一种更新用地类型。

机会与问题并存。工业用地的更新转型，面临着产权制度、经济和整体绩效考量三方面的问题：其一，工业用地要么有较好的区位特征，要么有长期不变的使用权特征，要么有低廉到几乎为零的获得成本，因而，无论其权属是国有、集体所有还是企业个体所有，都对土地使用价值变化存有强烈的增值预期。这是使用者的获利空间，同时是再使用者的开发成本。因此，是否变更权利主体，以及变更权利主体所面临的制度性障碍就是一个大问题。而这一问题的根本，是使用权价格外部化还是制度内部化所带来的不同经济预期。其二，在变更权利主体时是否重新分配土地增值，谁来分享、分享机制如何，以及如何在分配时保证公平、公正、公开，政府或者市场主体能否承担这样的巨额成本，在满足公益性、公共性开发之后，依然能够在后续开发中获益，这些方面是影响工业用地更新转型重要经济性障碍。其三，工业用地更新势必给城市空间结构带来重要变化,这种变化是不是具有空间绩效优化的效果,需要开展充分研究。工业用地转型转性成为何种使用性质和城市功能,能够给城市带来更多的外部效益,是影响工业用地更新转型整体空间绩效性的重要考虑内容。针对这些问题,目前还缺乏有效的解决机制。

4.6.3 工业用地更新转型为增强城市活力提供载体

城市更新需要通过不断释放可开发的空间资源来实现,工业用地或者其所在工业园区为此提供了大量可用空间。这些可用空间又为建成地区场所再造(place remaking)提供了可能,在场所再造的过程中,又与居民的日常活动相联系。按照这样的逻辑路径,城市更新便与场所再造直接相关。场所既是居民日常生活的载体,又因为活动的多元化而带来经济繁荣和文化交流。经济行为、日常生活重新塑造了城区的活力。所谓城市活力,一方面,是让更多的就业岗位、多层次的就业岗位聚集在一起;另一方面,要为这些就业人群提供适宜的生活和居住空间。从这个趋势来看,国外一线城市已经走在了前边。很重要的远见在于,那些释放出来的可再开发用地,如果仅从投入产出的经济效益角度考虑,它们更适合于被用作商务、金融、办公等高端服务业功能开发,或者高档的公寓住宅开发。但是,如果从重构或者再造城市中心地区生活环境的角度,从公平使用土地资源的角度出发,将它们用于公共空间开发、绿地系统建设、步行和慢性系统沟通、水面和休闲系统植入的话,将会给城市带来更深远、更长久、更持续的综合性收益。与此同时,由于居住空间与就业空间的相互毗邻,可以有效减少长距离通勤交通,使绿色和低碳出行方式更为普及。由于"职"与"住"的空间平衡,给城市带来了"空间性绩效"(spatial performance),反映了其背后生产活动、生活行为以及由此构成的经济结构和社会结构都在空间分布上得到了优化。城市空间使用上的高效、混合和弹性有机,因而能够成为城市规划所追求和关注的空间绩效,提升土地使用空间绩效是实现城市土地空间资源潜力有效释放的最佳途径。

4.6.4 对工业用地动态调控实现"增减挂钩"目标

按照以生态文明为导向的发展模式，用地规模的控制和转用引导将成为接下来相当长时期的主要工作，其中关键性制度因素是工业用地的退出、利益分享和收储机制的建立。工业用地在我国城市建设用地中的占比、空间分布特征，存在着"建成地区积聚，行政区范围破碎；小积聚，大分散"的特点。尤其是行政辖域内郊区、街镇和乡村地区的工业用地存在较大问题，不仅存量巨大，而且分布空间破碎化。同时，带来如下问题：其一，乡村地区工业企业产值同样计入地方工业总产值，如果忽视其占用的实际为集体所有土地，而在统计建设用地规模时又只统计国有建设用地，则会造成工业用地产出效率统计失准，同时在依据三次产业结构所做的城市发展阶段、发展战略分析中造成误判。其二，农村地区的工业生产虽然带来一定税收和租金收入，但是，由此产生就业人口的居住、公共服务设施配套、环境治理等问题。其三，由于税收属地化规则设定，工业用地的空间分布破碎化与地方一级税收主体的管辖空间范围大小存在关系，因此，划定合理的基本治理空间单元时既需要考虑税基的多样性和可持续性，又需要考虑空间尺度范围的合理性。其四，由于地方一级政府迫于完成行政绩效考核目标的压力，造成相互之间争夺工业企业，短期行为、不加节制的让利，不仅使乡镇一级工业的产业能级和效率低下，而且造成普遍的土地价格增值预期，产业转型政策得不到真正地实现。

"增减挂钩"是试图减少闲置的建设用地，包括工业用地的政策，将存量空间指标释放，用于建设具有更重要发展目标的城市建设项目。需要配套建立一套机制：

其一，退出机制。促使市中心区工业企业出让用地，避免企业在不转换土地使用性质的情况下进行建筑使用性质变更，从根本上解决转变土地使用性质的问题。促进郊区工业用地和各类园区工业用地的再利用，在引导工业用地转型的政策地区，实施更为严格的退出跟踪机制，促使闲置工业用地的再利用。

其二，利益分享机制。对由于级差地租、土地出让年期较长而带来的土地增值预期，应当尽早研究政府、开发企业、土地使用权拥有者等的利益分享机制，既调动土地使用权所有企业转性的积极性，也要避免由于过高利益预期而导致的更新受阻、收储困难等问题。针对工业用地出让年期较长的问题，2014年上海市出台了"弹性出让年期"的土地管理制度，实施新增工业用地全生命周期管理。基于这一制度，再基于不同出让年期的工业用地的空间分布情况，大致可以判断出在某一年份即将到期的工业用地的数量和空间分布特征。根据这一信息，政府可以事先制定收储策略，或者提前制定转型更新引导策略。

其三，土地收储机制。在前两个机制基础上，政府应当控制市中心区工业用地资源的再利用。退出一幅收储一幅，实施全面的土地使用性质转变，即使一些工业遗产类的用地，也应当首先转变土地使用性质，再给予特殊的更新政策。

其四，跟踪调适机制。应当每五年评估一次土地资源空间的总量和空间分布变化趋势，以判定是否需要对政策、机制进行调整。对总量实施动态监测，对土地使用的空间绩效进行实时评价。

4.6.5 优先对工业用地实施空间转型

城市建设用地中实际上最为重要的有四大类，包括居住用地、工业用地、休闲及绿地、交通及设施用地。是否每种用地都存在有挖掘的潜力，并在更新策略上具有同步推进的可能，这是值得深思的问题。事实上，城市土地的使用总量和结构，取决于居住于城市的人口数量，以及这些居民的活动模式、活动质量和活动规律。因此，在城市土地空间资源的潜力问题上，每一种用地都可能在使用效率和土地闲置方面呈现着阶段性的不良状态。

有些用地并不能通过提高开发密度和开发强度实现提高土地使用效率的目的，居住用地就是其中之一。从居住环境的舒适度、安全性，居民心理承受能力方面考虑，居住用地的所谓挖掘潜力，不能通过单位面积居住的居民人数来衡量，并不是居住密度越高就越好。现有的住宅区基本上都是投入产出市场平衡机制作用下的住宅开发项目，并且住房的金融属性已经远大于其所提供的居住功能属性，相应的配套和建设也都存在过度供给的状态。居住用地的更新侧重于存量居住空间的结构性再分配，而不在于空间增量。

公共服务设施用地面积依然与居民数量有关。考虑到城市承担的区域和全球性职能，商业服务和高端服务业用地量受市场供需关系的影响，并且受级差地租效应的影响；也就是说，不能任意地无节制地进行开发建设。商业办公类用地和建筑，是否存在供大于需的问题，以及在供应方面是不是存在结构性短缺和结构性冗余问题，是应当时刻保持关注的方面。相关研究显示，上海核心商务区办公用地的供需状况基本平衡。但非核心商务区有的空置率达到了 30%～40%。2013 年上海甲乙级商务办公楼规模为 1700 万平方米，而最近 4 年计划推出和在建的办公楼规模有 800 万平方米。楼宇经济（现代服务业集聚区）遍地开花，每个区都有 2～3 处集聚区。按人均占有面积算，办公楼显然是过量的。上海的商业用房面积人均达 2.48 平方米／人，高于东京、纽约、巴黎与伦敦。综合体和购物中心达 1300 万平方米。因此中心城区不应再增加商办用地。另一方面，总量的保有、品质提升和空间分布的优化是提升商业和商务办公类用地空间资源潜力的主要方面。由于商业、商务类用地在开发模式上始终存在追求空间经济效益最大化的目标，因此，在建筑容积率、建筑密度、建筑高度、地下空间开发利用等方面基本上做到了阶段性的"极致"。它们的空间资源潜力，表现在多功能混合使用、多功能便利衔接、新兴服务产业注入，以及空间环境、开敞空间提供等方面，而不在于追求更高的空间使用强度、更多的保有面积、更广的空间分布等方面。比如，伦敦出现了中心区高端办公和商业面积空置和使用效率降低的趋势，供应量已经大于市场需求，因此，促使中心区商业办公面积重新转型成为公共服务设施用地（比如，早教设施、养老设施），或者转型成为公寓、居住空间，成为增强中心地区（inner city）活力和空间绩效模式转型的重要举措。这样，一方面为城市中心地区带来了具有较高消费能力和就业能力的居住人群，另一方面，增加了城市中心地区城市功能的多样性、互补性。

公共绿地、休闲空间、交通及设施用地，旨在保证城市有效、安全、健康地运行，从整体上提高城市土地资源空间的合理有效利用。由于涉及城市提供公共服务的质量和城市居民生存权利等因素，因此应尽可能增加这类用地。比如，尽可能增加城市中心地区的公共绿地、公共开敞空间，增加城市中心地区的空间多样性、为城市多种活动提供空间载体；根据城市的规模和功能结构，尽可能增加交通和各类基础设施用地，包括道路、停车设施、公共交通通道、步行空间、非机动交通空间、市政基础设施用地等。这类用地为城市"肌体"提供了"骨架",其本身并不能从空间潜力和再开发利用的视角进行评价,需要根据城市功能的更迭和结构变化而进行空间的重塑。

城市的竖向开发。包括向地下寻求可利用的空间资源。地下空间在使用成本、安全性、舒适性等方面有局限性,并不适合所有的城市功能。轨道交通、商业娱乐等功能适合在地下布置,但是居住、常规的工业生产等就不适合在地下设置。地下空间是地面用地的另一种使用强度,因此,不仅与地面使用功能有密切的联系,而且在相互混合和兼容上有更苛刻的要求。

综上所述,在城市更新时代,工业用地转型更新是各地城市理想的对象和突破口。

4.6.6 基于工业用地专题研究判断城市空间潜力

基于对工业用地的分析研究,提出上海市面向 2050 年的土地空间资源特征和战略性预判。在城市进入存量型发展的阶段,应当建立弥补市场机制作用的政府管制机制。

其城市发展空间资源的潜力需要被重新认识和界定。土地空间资源至少包括三个方面的潜力:第一,新增的空间资源。主要指通过行政区划调整获得新的增长空间,但是,涉及生态、资源使用红线的用地,始终不应被视作空间资源的潜力,比如,滩涂;这并不是具有可持续性的发展模式。第二,闲置空间资源。居住用地更新成本较高,对城市社会结构影响较大,不适宜频繁进行再开发,再开发的强度也不宜仅依经济成本进行确定。商办闲置情况非常严重,重新更新为居住空间,或者其他类型的服务功能空间,比如,会展、休闲、文化、影视、早教、养老、网络电商等,正在被一些城市探索。从释放土地空间资源的规模来看,更新潜力最大的是工业用地。工业用地的空间释放在规模和空间结构上都可以做到预判、调控和实现优化。第三,隐性的空间资源潜力。包括两个方面,一方面是通过空间结构调整带来的空间绩效的提升而获得的空间资源潜力,空间绩效的提高使得土地利用效率整体优化,从总体上节约了土地。就上海市而言,这里的空间绩效,是指在空间布局结构优化过程中,梳理与交通环线平行的环形廊道,以及贯通内外的契形廊道,通过提高就业空间与居住空间的匹配程度,以及不同就业空间之间功能结构的匹配程度,可以降低不必要的通勤交通,提高空间结构的有机性。另一方面,通过合理的制度安排和利益分享机制,调动社会资本参与再开发和城市更新的积极性,从而建立起多元化的城市更新和再开发合作机制,运用市场化的力量为城市土地空间的使用带来效益的提升。比如,建立有针对性的权属流转制度、土地价格增值部分的合理分享机制、更为灵活的功能混合使用制度设定、合理的更新单元划定以保证综合型开发、允许更富有弹性的用地性质变更程序等等(表4-3)。基于这样的认识,针对工业用地的更新转型开发,能够对其他类型用地的闲置空间再利用带来影响。

4.6.7 实施工业用地转型更新需要多种制度性保障

如前所述,工业用地更新转型还需要很多制度方面的支撑,否则仅有空间转型模式还难以真正促使城市经济和城市发展模式的转型。在这方面,上海市的经验值得借鉴。

(1) 2014年市委"一号课题"。该课题用了半年时间分四组进行了调研,第一调研组赴浦东、徐汇、普陀、静安,第二调研组赴黄浦、长宁、闸北、杨浦、虹口,第三调研组赴闵行、宝山、嘉定、青浦,第四调研组赴松江、奉贤、金山、崇明,调研工作覆盖全市17个区县。历经一年时间调研的"一号课题"成果——《关于进一步创新社会治理加强基层建设的意见》(简称《意见》)发布,《意见》文件包括12个

表4-3　　　　　　　　　　　上海市土地空间资源潜力

		空间红利	制度红利
数量型潜力	新增	滩涂	用地指标,区划调整
	存量	居住用地再开发	工业+商办,转变用地性质
质量型潜力	数量	用地规模结构优化	市场机制,增值分享
	载体	空间布局结构优化	土地收储,权属流转

部分，39条，明确了取消街道招商引资职能及相应考核指标和奖励，街道经费支出由区政府全额保障，推动街道工作重心切实转移到公共服务、公共管理和公共安全等社会治理工作上来。

这一制度性的保证，使得多年未能实现的"工业向园区集中"有了操作的可能性。空间结构的优化，有利于激发城市空间结构性潜力，同时，有利于释放大量的工业用地，以及闲置的工业用地空间。该项制度虽然不具体涉及用地和空间，但是解决了用地和空间问题多年难以解决的障碍，是一项根本性的变革。据了解，目前该项制度改革还在试点试行阶段。

(2) 2014年4月，上海市工业用地出让全生命周期管理规定。自2014年4月1日起，正式实施工业用地"全生命周期"管理，并将实行20～50年的弹性年期出让制度。工业用地全生命周期管理，就是以提高土地利用质量和效益为目的，以土地出让合同为平台，对项目在用地期限内的利用状况实施全过程动态评估和监管。由此可以看出，原国土管理部门也已经发现工业用地使用过程中的问题，以及给土地空间资源带来的巨大浪费现象。比如，规定提出"土地受让人按开工、竣工、投产等时间决定缴纳履约保证金"，此项可以更好地督促受让人尽早开发建设，促进项目投产落地，提高土地资源利用效率。同时，上海还建立了工业用地利用绩效评估制度，分别在达产阶段、达产后第3年以及今后每3年、出让年期到期前1年等阶段，对企业的土地利用绩效等履约情况进行评估，其结果将直接决定企业是否能继续使用土地。为了保证环保标准的实现，规划和土地管理部门还要求工业用地使用权转让、收回之前和定期评估阶段，须进行土壤地下水地质环境质量检测，造成环境污染的，按照"谁污染、谁付费"的原则负责修复。在土地使用权退出方面，规划和土地管理部门明确了"主动退出"和"强制退出"两种机制，前者主要考虑到工业产品受市场形势变化、产业结构调整等客观因素影响，后者则针对未按时开竣工投产、综合评估不符合要求、在使用过程中造成严重污染环境等情形。

在"全生命周期"的重要一环——土地供应方面，将正式实施工业用地弹性年期出让制，原则上新增工业用地产业项目类出让年限不超过20年；对于国家和全市重大产业项目，经认定后最高年限可放宽至50年。"全生命周期"管理的严格执行，将有效确保产业项目符合经济转型发展的要求,并缩短土地周转期限,保障土地市场供应稳定;而采用的"合同约定"手段,也有利于全过程发挥市场配置资源的决定性作用。

(3) 2015 年 4 月,发布《上海市城市更新实施办法》;2017 年发布《上海市城市更新规划土地实施细则(修订)》。实施办法中所指的城市更新,采用的是狭义界定,即指对上海市建成区城市空间形态和功能进行改善的建设活动,重点包括完善城市功能,促进创新发展;强化社区服务;增加公共开放空间;改善生态环境,加强绿色建筑和生态街区建设;完善慢行系统;塑造城市特色,保护历史文化风貌等。包括是政府认定的旧区改造、工业用地转型、城中村改造等范围。尽管不是一部覆盖全辖区、具有城乡统筹作用的城市更新实施办法,但是仍然具有划时代的意义。城市更新不仅成为上海市即将进入的重要发展阶段,而且将从规划、城市管理、城市开发建设、城市维护运行等多方面影响制度、机制、政策和规划的推出。

(4) 2015 年 7 月 13 日,《上海市加快推进具有全球影响力科技创新中心建设的规划土地政策实施办法(试行)》。尽管是一部专门支持张江国家自主创新示范区建设的地方性规定,但是,也明确指出"其他符合上海市城市和土地利用规划的保留工业用地参照执行",所指的园区平台"为承担市级、区县级各类园区建设、运营管理的平台型公司"。为 104 工业区块的实现给予了强有力的政策保障。

(5) 2015 年 7 月 23 日、24 日,市领导视察横沙岛、地产集团。上海地产集团成立于 2002 年 11 月,是经市委、市政府批准成立的国有多元投资公司,主营业务包括土地储备前期开发和滩涂造地建设管理等。在上海新一轮国资国企改革中,作为功能类企业,地产集团明确以构筑生态、生产、生活高度融合的城市更新平台为发展目标。市政府要求集团要打破传统思路束缚,推进新一轮旧区改造和区域综合整治,着力在浦江两岸开发、历史风貌保护和新市镇建设等方面有更大作为。积极践行"品牌联动、区区合作"的产业园区开发新模式,大力推动新型工业园区建设。不过度人为干预滩涂,构建城市更新功能平台,以城市更新的新理念、新办法,推进成片整体开发模式。

4.7 工业用地更新的政策性建议

未来城市发展的空间资源可能首先要可以在闲置的土地和不合理的土地功能使用结构两方面寻找。从西方城市的经验、上海自身成长的历程、建设城市的根本目标、各方面的认识和意愿来看，也许并不难做出某些判断，这些判断也仅仅是从今天的认识出发而获得。本书提出如下政策建议：

（1）需要建立持续的、广义的城市更新理念。城市再开发不仅要针对中心城区，也要进行城乡统筹；不能只看工业遗产，更要关注闲置工业用地。在这个问题上，国外经验对中国问题提供的解决方法并不多。

（2）土地空间资源的潜力主要来自存量用地的规模结构优化和空间结构优化调整两方面。上海市用地从总体上看并不紧缺，但是存量盘活的难度非常大。

（3）存量用地中可挖掘潜力最大的是工业用地。工业用地总量需要控制，工业用地的空间布局更需要优化。应当统筹全行政区域研究和分析工业用地分布，不能只顾城市建成区内的传统工业用地。

（4）城市功能结构、空间结构优化带来的空间绩效提升是隐性的土地空间资源潜力。上海市提出的"双增双减"政策有利于促进空间结构的网络化，并提高空间绩效。

（5）滩涂是理想的生态保护地区，不应作为上海市发展的战略性空间资源。同时，应当强调生态空间的网络化、结构化。

（6）在控制用地总量的前提下提高土地使用的混合程度非常有必要。在建设容量控制上应当坚持上线控制、底线控制，同时引入全局意识和空间结构意识，应当避免采用单一的投入产出经济指标对项目进行可行性和优势评价。

（7）建立一套保障自下而上参与城市更新的动力和积极性的体制机制。参与群体的多元化有利于促进空间的多样化和城市活力。

（8）通过工业用地的集中能够释放出大量可再利用、区位好的用地。释放出的土地空间咨询与城市集中建设区的空间关系需要进一步研究。应尽可能优先考虑基础设施和公益性设施的用地。

（9）空间优化迫切需要行政绩效考核机制的转型。上海市委一号课题的实施能够加快上海市工业用地的转型、升级、退出和再开发利用。

（10）工业用地的高度集聚将带来通勤增加和低效交通的增长。就业空间与生活空间的匹配是进一步需要优化的内容。

4.8 小结

工业用地存在的问题，是否起因于规划引导不当或者规划作用失效？近现代以来，以上海为代表的中国工商业城市的发展，规划是如影随行的重要环节或者内容。即便如此，从目前所获得的有限的资料来看，上海市（或不仅限于上海市）在工业用地方面普遍存在着"规模结构总体性失衡、空间布局结构性失调、地均产出效益差异巨大、工业用地集中布局差强人意"四个方面的重要问题，并由此导致工业用地使用的存量情况非常严峻。

基于针对上海市土地空间资源潜力和再开发利用的研究，选择从工业用地入手，了解城市空间资源使用状况、提出转型更新思路、实现城市发展模式的可持续性，是最具价值和决策意义的切入点。认识清楚一座城市的工业用地情况，也就基本上了解了这座城市过去的增长路径、现实的生存困境以及未来的对策思路。

本研究进一步强调，由于工业用地在城市快速增长和工业化过程中的特殊作用和地位，应当在理论上建立"广义城市更新"语境，将使用功能和权利交换共同视作城市更新的内容和对象，而不能仅仅将视线局限在"生产性"工业用地或者"产业聚集区"

上。也不能将工业用地转型更新简单地替代为"工业遗产更新"。而要将工业生产经营的所有场所视作转型更新的对象，更要将以工业生产经营的名义获得的"工业用地"或"产业空间"使用权利一并作为转型更新的对象。在认知清楚工业用地规模结构基础上，再进一步认知其空间结构，方能准确锁定广义城市更新语境下工业用地转型更新的真正内涵和目标。

第5章 工业用地空间特征分析及研究方法

关注发生在人类聚居地的空间特征，空间表征背后的社会经济、文化、政治等的作用机理，以及探究通过对空间类要素的干预进而影响社会经济进程的可能性，是城乡规划的专业追求。对空间特征进行挖掘分析，实现类型学（typological）和形态学（morphological）的归纳、提炼，一直都是各类研究努力的方向。

5.1 相关研究

工业用地不仅是城乡建设用地中承载生产活动的重要用地类型，而且与地方产业结构、职住空间特征、经济发展模式密切相关。

5.1.1 工业用地的宏观分布

在区域和都会地区层面对工业用地的空间分布进行的研究较多，包括如下三种：

（1）针对传统工业城市工业化过程的研究，将工业用地分布受政府宏观调控作用与城市发展方向的大规模开发过程结合在一起分析，指出两者具有空间正相关的特征，并且工业用地演化呈"主导地域集中—交通轴向扩展—轴线间指状填充"的特点（以长春市为案例）。

（2）针对传统工业省份工业不平衡发展的问题，分析各个城市之间工业发展的差距、协调性、集聚作用，并揭示空间分布上呈现的多核心、多点集聚格局（以山西省为例）。

（3）在工业用地空间管理上，引介了香港土地用途规划管理、工业空间用途转变与市场调整间关系的经验，在灵活的管理制度下，促进工业产权使用者的增量土地使用转换，使市场实际上产生了更多的工业用地，从而造成工业空间格局的转变。另有学者针对上海都市型工业空间的分布、集聚特征和行业间的空间邻近关系进行分析，揭示出工业用地空间分布的非均质特征，空间集聚在不同行业间也存在一定差异。

工业用地的区域分布格局受到以税收单元为影响因素的地方政府间招商引资竞争的影响。增值税偏好驱动地方政府通常积极发展工业并增加工业用地供给量，因此，工业用地规模扩张的一个主要原因是地方政府间招商引资恶性竞争。地方政府在"责权利"失衡的情况下，为了解决税制安排带来的建设资金不足等问题，选择转而依赖土地出让所带来的财政性收入，造成工业用地的分布与无论大小还是等级的各级行政单元辖域高度相关，空间分布呈现出量大、分散、区域间不均衡、集聚作用下降、与其他类型用地混杂等碎片化特征。

5.1.2 土地使用结构的不均衡及影响因素

与国际大都市中工商业用地规模小、比重低，但产出绩效高，集约化程度高相比，我国城市的用地比例极不均衡，规模结构稳定性较差，其中工业用地占比偏高，是干扰合理比例结构的重要因素。

究其成因，通过分析城镇化发展与土地利用结构间相互影响的关系，认为工业化、城镇化的发展对土地产生了强大需求；相伴而生的是随着农村对农业生产产出的依赖不断降低，农村劳动力不断流入城市，导致城市中居住用地比重增加；与居住空间需求的增长相对应，作为满足就业需求的用地方式之一，工业用地的增长一定程度上从另一个侧面支撑了城市化进程。大量农业用地转变为住宅和工业等建设用地，从而导致土地利用结构熵值增大。为加快城市化发展速度，地方政府常常压缩生产用地，增加生活用地，保证基础设施和环境建设用地。但是，由于缺乏科学的用地规划和城乡统筹，土地管理机制又存在严重缺陷，快速城镇化导致城镇土地总量失控、利用粗放，带来结构失调、生态环境恶化等问题。

城市产业结构的调整与工业用地空间结构变化之间存在相互作用影响的关系。城市产业结构的调整引致城市内部用地结构的重组和城市空间的外延扩张，而土地利用结构的优化能有效约束产业类型和产业层次，促使各产业用地效率最大化。但是，研究城市用地结构与产业结构互为因果的关系往往需要一个长期的调整、协调过程才能实现，产业结构的质态转变体现在土地资源在各产业、部门间的重新分配。对老工业区而言，产业改造升级会导致新产业用地形态的出现，而新的用地结构也会反馈并促进产业结构的高效化和合理化。基于两者的高度相关和高效互动，某种程度上可以认为产业结构调整是产业类用地结构变化的驱动力，产业类用地结构的变化应反映产业结构调整的思路与导向；而产业类用地结构调整是影响和促进产业结构调整的重要手段；地方政府可以通过调配国民经济各行业用地规模以实现对产业结构实施调整的目的。随着城市产业结构从劳动密集型向资本密集型，再到知识密集型的逐步转变，第三产业用地比重将会上升，商住和公共服务用地规模相对扩大，而工业用地规模将会相对收缩，迫使工业企业逐步向郊区迁移。实证研究显示，老工业城市的工业用地在向城市外围工业区快速扩散，居住用地则分布在环境好的城市主导方位（以徐州为例）。

此外，人口规模、地域组织形式等其他社会经济和空间因素也对工业用地的空间分布带来影响。人口的增长加大了对住房和基础设施用地的需求，从而推动了各项功能性用地规模的扩大，进一步推动导致城市扩张。因此，从地域组织形式来看，工业企业分散布局占用的建设用地规模相对较大，集中布局则相对较小。随着2008年国务院出台的《关于促进节约集约用地的通知》，集约利用土地的政策要求促使重新认识产业用地结构的情况。有学者从规模、结构、强度和布局四个方面分别评价产业用地的集约利用状况，可以帮助提出不同门类产业用地在工业用地中的比重的合理区间。

5.1.3 供地结构影响空间结构

地方政府通过垄断土地一级市场来获取土地出让、转让过程中的高额收益。因此，土地利用结构还受政府供地分配结构的影响，其中尤其以居住用地与工业用地的比例关系最为重要。甚至在某些情形下，居住用地与工业用地在年度供地规模中存在"挂钩"现象。即便城市职能相同，它们的土地利用结构也存在有显著差异。发展第二产业为主的城市，工业用地比例往往采用"城市用地分类与规划建设用地标准"的上限。比如，矿业城市受工业重型化的影响，工业与居住用地空间相互分离，也由此制约了商服用地的开发。事实上，供地结构是由地方政府经营城市的策略所决定，与地方政府的税收偏好直接相关，也与土地政策和土地财政息息相关。因此，地方政府的财政偏好通过供地结构而影响至土地利用空间结构，并进一步影响土地利用结构的变化和功能的演替，最终影响到城市整体空间格局。

  区域范围内，不同的地方政府对工业用地使用的政策造成了区域层面工业用地空间分布的不均衡状态。由于各城市土地市场化改革的进程不尽相同，导致依托工业用地实现城市空间扩张的阶段、规模和方式也不相同。在工业用地市场化改革进程中，东部市场化改革水平高、推进速度快，中西部由外生的被动配合中央政策规定，逐步向内生的主动引领阶段演进，工业用地需求强度与地区市场化水平存在显著的正向影响关系。因此，所谓的先发优势和后发学习效应也某种程度上在区域间影响着工业用地的空间分布。同时，在招商引资中采用工业用地协议出让的方式，不利于经济和生态环境的可持续发展，有研究指出工业用地的价格效应对产业扩散规模有显著的负向影响。土地市场化程度较高的地区，往往采用"招、拍、挂"方式供地，相反，为了招商引资实施土地无偿出让，会人为地造成获取土地溢价收入的预期，从而给产业转移带来影响。因此，工业中制造业的产业布局和转移需要以合理的地价作为有效的指导。

5.1.4 工业用地的使用效率

  城市工业用地普遍存在土地使用效率低下的问题，体现在工业用地在空间扩张发展过程中，常常出现总量失控和空间布局混乱的状况。地方政府的招商引资行为导致工业用地低成本供地和过度投机现象严重。由于工业用地的无序扩张，整体上降低了土地的使用效率，政府的低地价战略造成了不必要的社会和环境的高成本。

工业用地的使用效率问题逐步形成了一个研究领域。一方面是对当前工业用地的规模结构和空间布局进行效率评价。通过全国及各省市历年统计年鉴和统计公报获取工业用地相关面板数据，将面板数据与空间用地数据相结合，运用空间计量经济学、DEA 分析方法测度工业用地的投入产出效率、用地规模效率以及区域性空间分布差异变化特征，可以有效凸显城市工业用地普遍存在的土地使用效率低下的问题。我国东部地区城市更容易出现土地使用效率的波动，原因是虽然单个城市土地使用效率较高，但是在相邻地区的影响下，整体效率被拉低。另一方面，在企业微观层面，产出效率由于不同的企业规模而差别明显，大型规上企业土地利用效率大于中小型企业。此外，土地投入、企业特性以及外部环境均对企业土地效率有正向促进作用。工业用地效率的提升需要政府进行管控和政策引导，适度、有效的供地和投资有助于维持较高的工业潜在生产率，同时保持较高的行业集聚度，最终也将能导致工业企业土地利用水平提高。

5.2 工业用地分布的一般特征描述

如果将工业用地视为城市内一种功能地区（functional zone），可以借助芝加哥学派圈层理论（图 5-1）来描绘工业用地在城市中的分布；同时，考虑工业区位理论（Location Theory）的解释，那么工业用地的分布模式无外乎选择在综合交通条件便利、土地便宜、不利于居住和其他高端服务类经济活动聚集的地区。正因为如此，人们已经很久没有系统地研究工业用地的布局。可能由于缺少高深、富有人文气息的理论支撑，距离人们的日常生活较远，在规划实践中常常被填补在图纸中不起眼的位置，用作计算用地平衡、回应居民就业和产业结构等社会经济目标时才会被提及。但是，

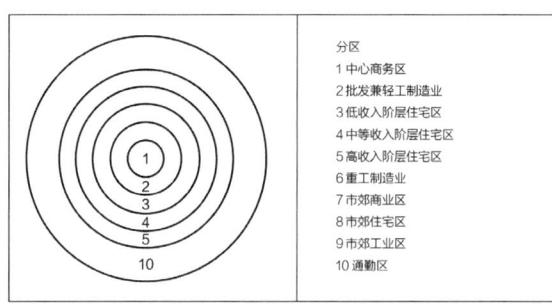

图 5-1 芝加哥学派的圈层理论
资料来源：安德鲁·塔隆.英国城市更新[M].杨帆，译.同济大学出版社，2017.

当前工业用地已经是遍布城乡难以抹去的存在，并且更为重要的是，它是否按照传统认识和传统理论进行分布和使用，则备受质疑。

本章以宁波市作为案例，呈现工业用地在城市中的空间分布特征，并且试图说明，工业用地在城市中分布的空间表征已经几乎没有规律可循，或者说，传统的解释模式大部分已经失去意义和对建设、规划的指导价值。

5.2.1 工业用地使用中存在的共性问题

本书写作时，还仅能获得土地二调图纸数据，除了二调数据，本书还采用了土地权籍信息数据，以及年度统计数据作为修正。2018 年全国第三次土地调查展开，在以后的研究中可以采用"三调"提供的最新数据。但是，从大量实证研究的经历和经验来判断，工业用地存在不限于前边章节提到的普遍共性问题。宁波市同样如此。甚至在某些问题上情况更为严重。不同城市间的区别仅在于规划编制者、规划研究者和城市管理者分别在多大程度上认识到了这些问题，以及在多大程度上认为这些问题给城市的发展带来了不利影响，并很有可能逐渐成为城市发展陷入长期不良境地的根本性问题。

（1）工业用地总体规模过大，在建设用地中的比例结构偏高。在完成工业化过程中，缺少对工业用地退出机制的制度设定；工业用地存在只增不减，导致无节制扩张的态势。不仅如此，近几年新增的用地中，工业用地仍然占较大比重，有近 1/5 用地是工业用地；因此，表现为工业用地规模结构总体失衡。

(2) 工业用地对城市发展中心城地区已经形成包围的态势。在城乡边缘地区，近郊区、远郊地区，都分布着大量的工业用地。用地斑块不仅呈破碎化，而且呈连绵的态势。反映在城市局部地区，存在城市功能聚集、交通、环境、职住关系复杂和混乱，进而导致在城市整体层面，空间布局结构性紊乱。其表象特征，往往是交通和宜居环境质量下降等问题。因此，表现为工业用地空间布局结构性失调。

(3) 工业用地总体规模和结构规模的偏大，并不是说它们都在被使用，而是反映了另一个严重情况，那就是在总体规模偏大的同时，闲置、低效、浪费的情况更为严重。这一问题往往与第一个问题相伴而生，互为因果。工业用地只增不减的情况，导致新兴产业无法落地，新的产业空间只能靠新增工业用地来落实。存量工业用地成为既得利益者待价而沽的投资对象，无论企业经营效益如何，只要能够被后续开发者购买或者被政府收储用于更大构想的开发，便能够获得超预期的土地溢价。这一预期导致大量倒闭的企业或者还未真正开工运行的企业乐于闲置土地，因而难以再被其他工业企业所使用。表现为工业用地"存量"问题突出。

(4) 设立"园区"是在快速工业化阶段，地方一级政府有效的发展模式，曾经是城市一个重要的增长极和发展平台。通常认为，它们应该担负起真正的产业聚集区的作用。但是，事权分级、地方税收和财政压力，高涨的土地财政收益和对 GDP 增长的推动作用，乃至较低的土地违法和环境违法成本，都促使工业用地在最小的财政治理单元进行分布，园区平台不再是产业发展的平台，而成为各级地方政府争相依靠的地方融资平台。分布在不同地区的工业用地由于有不同的事权对应关系，造成园区各行其事；即使尚且构不成园区规模的工业用地，也都承担着碎片化的发展主体推动经济发展的重任——解决就业人口和运营管理、建设性资金筹措渠道双重效益。与第一和第三个问题相关，并互为因果，造成工业用地向园区集中较为困难。

这四个共性问题，是具有空间特征的问题。空间的失调带来了更多麻烦，这些麻烦逐渐聚合，衍生形成了另外四个严重的城市问题。

其一，政府将园区开发视作融资平台并与土地财政互为支撑，引发了企业土地投机的预期，做实体经济不如做房地产开发成为坊间共识，导致资本以及银行贷款进一步向房地产市场汇聚。工业用地规模不断扩大的同时，实体经济逐渐萎缩，城市持续不断的增长动力问题突出。

其二，不同等级的园区平台、工业集中地区，由于管理水平、事权能力、资源调配能力、产业发展选择能力、行政动员能力等的不同，导致工业用地地均投入产出效益明显存在不均衡的状态。工业用地的使用情况较为复杂，国家级、省级开发区的地均"投入—产出"率较高，重点扶持的产业基地、新兴产业基地的地均"投入—产出"率较高。市级、县级、乡镇级、村级工业园区或者工业用地的经济效率只能靠运气，生死由天。或许有一些不错的企业、利税大户，但是环保问题、劳动保障问题等一直不断。因此，不同园区内工业用地地均绩效不均衡，并且与园区的等级密切相关。

其三，工业企业职工的日常生活和通勤困难长期得不到关注。机构和管理者对工业企业从业者的来源地、居住生活状况关心不足，相关的研究也非常缺乏。人们已经普遍接受，工业不是解决就业岗位的主要产业类型，也与城市的日常生活关系不大。第三产业中的生活性服务业、生产性服务业能容纳更多的就业人口，高端服务业能创造更多的金融价值，因此城市应该重点发展它们。以制造业为主的第二产业的就业问题离开人们视线的时间已经非常久了。职住平衡并不是关乎制造业从业者的理论，产城融合中的"产"也不是特指制造业。因此，与工业用地密切相关的二产就业岗位和从业者等一系列问题应当重新为人们所重视。

其四，工业用地的问题引发对土地使用权获得方式、使用方式、流转方式、用地性质转变等一系列土地管理制度存在问题的关注。事实上，如果设定刚性的城市开发边界，各地城市就一定会面临着低效、闲置工业用地再利用的问题。同时，生产制造型企业受产业周期、企业周期等经济社会因素的影响，又与土地使用的法定周期存在不协调之处，再加上我国生产制造企业多数为国有企业，工业用地使用权的流转、功能升级和再开发，面临着重大的制度性障碍。这已经不是市场经济力量、空间治理工具中任何一个单一力量能够轻易改变的。因此，工业用地相关的多部门协同土地管理制度和机制亟须重构。

5.2.2 工业用地中的"存量"

工业用地中包含有大量的"存量型"空间资源，既是问题，也同时带来了发展的机遇。前述工业用地存在着"4+4"方面的问题，其中前四个是共性的、根本性问题，后四个是衍生性问题。如果只关注衍生性问题，或者只从衍生性问题入手形成对策，并不能从根本上解决问题。只有从总体结构和总量控制入手分析，才能从根本上解决问题。与此同时，工业用地存在的上述四个共性问题，也为城市转型发展进入下一个阶段提供了机遇。通过建立良好的转型机制，工业用地中的"存量型"空间可以为城市发展带来巨大的土地空间资源，其中既包括空间性存量，也包括指标性存量。这些土地空间资源的再使用，既能够提高土地利用的空间效益和社会效益，也能够为城市建设中的重大项目提供承载，能够为落实新的城市空间发展战略提供契机。因此，即使不新增建设用地，"存量型"工业用地也能为城市未来发展提供大量潜在的发展空间，能够为实现更好的城市空间结构提供机会。针对工业用地开展科学、有机、有序、合理的更新研究就显得非常有必要。

5.2.3 工业用地的规模结构问题

本书以宁波市为例，详细分析、发现工业用地共性和典型问题的过程。

1. 现状工业用地和规划工业用地总体规模偏大

采用 2020 年总体规划成果的有关内容作为分析依据（《宁波市城市总体规划（2006—2020 年）》（2015 年修订））。宁波市中心城区城市规划区范围为市区行政区域，面积 2560km^2。规划 2020 年中心城区常住人口 395 万人，其中三江片 305 万人，北仑片 74 万人，镇海片 16 万人；2020 年中心城区城市建设用地 420km^2。城市开发边界内划定用地 700km^2，在这个范围内布置城市集中建设区域；规划期末形成"一主两副，双心三带"的空间结构；城市发展远景重点向南拓展（图 5-2）。

这份法定规划所附现状用地平衡表和规划用地平衡表反映了中心城区工业用地的

规模结构情况，同时，规划对平衡表做了区划细分，针对三江片区、北仑区、镇海区分别做了用地平衡表（表5-1，表5-2）。这份获批复的法定规划显示，2013年中心城区工业用地约117km^2，占建设用地的33%；占比较高，总体规模偏大比较明显。其中，三江片区的总体情况较好，但是依然没有体现出区域中心的城市特征，工业用地占比也达到了25%。北仑区工业用地有44.6km^2，占比达36.9%；镇海区工业用地43.3km^2，占比达43.1%；体现出了典型的重化工业城区的特征。相关专题分析报告也指出，规划2020年的工业用地规模偏大，不利于形成中心城市功能。

在规划实施过程中，控制工业用地规模扩张和用地比例结构的优化，是改革开放40年后城市转型发展的重点。宁波市规划提出2020年中心城区工业用地缩减至86.5km^2，占比缩减至29.6%，是一个比较明智，而且是符合长远发展目标的选择。但是，关键点和难点是工业用地如何得到真正缩减，以及缩减后的用地转为其他什么类型的用地更合适。这取决于城市的总体规模。如果城市总体规模偏大，那么通常工业用地转化为生态绿地或者基础设施较好；如果城市总体规模仍有增长空间，那么工业用地有可能为新增的商业性开发提供空间。工业用地转性为具有高溢价的用地类型，比如，居住和商办，则需要考虑土地溢价的社会分配问题，以及由于区位的不可替代性和选择机会的不可替代性带来的社会公平问题。

2. 不同口径、不同版本工业用地统计数据有较大差别

根据案例研究城市宁波市的不同版本规划资料，以及不同类型的规划公示材料，发现工业用地规模数据有非常大的差别。在各项规划中的工业用地规模，不再仅仅是一个空间性的物质存在，而是一种带有取舍和价值判断的技术工具。这带来五方面影响：其一，乡镇地区、农村地区的分散工业用地不被重视，或者被选择性忽视；其二，产业结构特征并没有准确反映用地结构特征，工业化程度不反映城市化状况，也不反映土地使用状况，产业结构、产业发展、产业转型最终在土地空间使用上形成不了具体的落地措施，土地使用成为一笔糊涂账；其三，僵尸企业的存在，导致城市用地结构失衡，产业升级困难，工业用地产出效率低下；其四，集约节约用地目标难以实现，难以摆脱规模扩张的发展模式，工业用地的再利用缺乏可操作性规则；其五，工业用

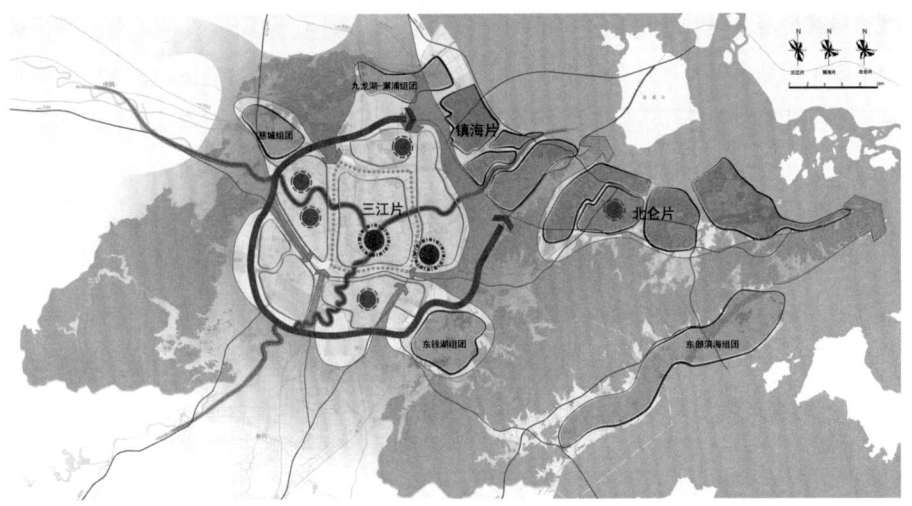

图 5-2 宁波中心城区城市空间结构图
资料来源：宁波市城市总体规划（2006—2020 年）（2015 年修订）.

地的权属情况、出让年期情况缺失；土地使用违法遭到忽视。下文详细列出不同规划资料中所呈现的数据。

1）第二次土地调查中的工业用地规模（2013 年）

在城市建设用地（H11）分类中，工业用地占 37.8%，合计 121.08km²。在城市建成区用地中，工业用地占 41.7%，合计 148.89km²。在建设用地的统计口径中，工业用地占 38.2%，合计 165.79km²。从上述三个口径显示的工业用地规模来看，最大的规模可以被理解为是整个中心城六区范围内，纳入统计的城乡建设用地范围内的工业用地规模，数量为 165.79km²；但是，这个数字应当不包括乡镇、村庄零星的工业用地、乡镇企业用地。但也比城市建设用地中工业用地规模，多涵盖了集体建设用地上、获得合法建设许可的工业用地（图 5-3，表 5-3，表 5-4）。

在合计为 165.79km² 的工业用地中，各个治理空间单元（由于资料获取的时间原

表 5-1　　　　　　　　　　　　　中心城区用地平衡表

用地代码	用地名称	现状（2013年）			规划（2020年）		
		用地面积（hm²）	比例	人均（m²）	用地面积（hm²）	比例	人均（m²）
R	居住用地	9591.2	27.0%	31.5	11175.7	26.6%	28.3
A	公共管理与公共服务设施用地	2135.0	6.0%	7.0	4273.7	10.2%	10.8
B	商业服务设施用地	1941.7	5.5%	6.4	3424.5	8.15%	8.7
M	工业用地	11743.2	33.0%	38.5	8653.4	20.6%	21.9
W	物流仓储用地	1723.2	4.8%	5.7	1291.0	3.1%	3.3
S	道路与交通设施用地	4689.8	13.2%	15.4	6794.5	16.2%	17.2
	其中：城市道路用地	4350.3	-	14.3	6266.3	-	15.9
U	公共设施用地	866.9	2.4%	2.8	1206.6	2.85%	3.1
G	绿地与广场用地	2871.7	8.1%	9.4	5185.4	12.3%	13.1
	其中：公园绿地	2304.7	-	7.6	4771.0	-	12.1
H11	城市建设用地	35562.7	100.0%	116.7	42004.6	100.0%	106.3

资料来源：宁波市城市总体规划（2006—2020年）（2015年修订）.

表 5-2　　　　　　　　　　　　　三江片区用地平衡表

用地代码	用地名称	现状（2013年）			规划（2020年）		
		用地面积（hm²）	比例	人均（m²）	用地面积（hm²）	比例	人均（m²）
R	居住用地	7244.5	34.1%	32.2	8419.0	32.8%	27.6
A	公共管理与公共服务设施用地	1774.2	8.4%	7.9	3116.6	12.15%	10.2
B	商业服务设施用地	1550.5	7.3%	6.9	2707.1	10.55%	8.9
M	工业用地	5834.6	25.4%	24.0	2388.2	9.3%	7.8
W	物流仓储用地	325.8	1.5%	1.4	231.7	0.9%	0.8
S	道路与交通设施用地	2653.1	12.5%	11.8	4512.2	17.6%	14.8
	其中：城市道路用地	2536.8	-	11.3	4257.8	-	14.0
U	公共设施用地	392.7	1.9%	1.7	468.9	1.8%	1.5
G	绿地与广场用地	1895.7	8.9%	8.4	3820.0	14.9%	12.5
	其中：公园绿地	1572.5	-	7.0	3618.7	-	11.9
H11	城市建设用地	21221.1	100.0%	94.4	25663.7	100.0%	84.1

资料来源：宁波市城市总体规划（2006—2020年）（2015年修订）.

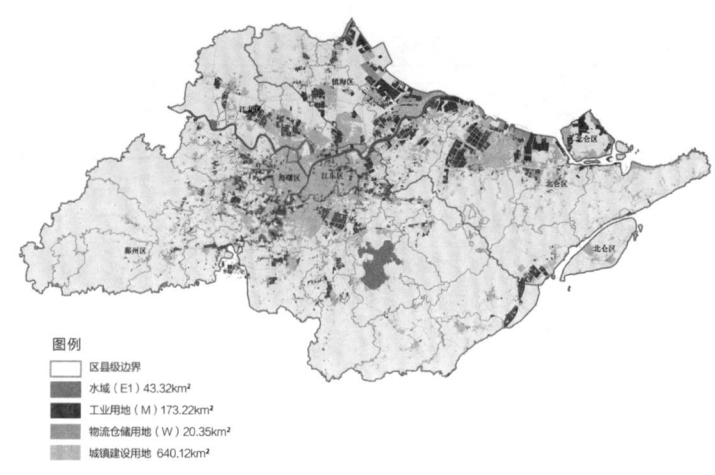

图 5-3　2015 年宁波中心城六区工业用地分布特征
资料来源：根据调研数据自绘

表 5-3　　　　　　　　　2013 年度宁波市城乡建设用地分类统计总表

用地类别			面积（km²）	比例
H1	城镇（乡）居民点建设用地		434.22	-
	H11	城市建设用地	319.96	-
	H12	镇建设用地	111.62	92.5%
	H13	乡建设用地	2.64	-
H2	区域交通设施用地		27.43	-
	H21	铁路用地	5.26	-
	H22	公路用地	11.62	5.8%
	H23	港口用地	8.67	-
	H24	机场用地	1.88	-
	H25	管道运输用地	0.00	-
H3	区域公用设施用地		2.13	0.5%
H4	特殊用地		5.93	1.2%
H9	其他建设用地		0.00	0.00%
	合计		469.71	100%

注：包括已批在建的用地项目

表 5-4　　2013 年度宁波市城市建设用地（H11）分类统计表

	用地类别	面积 (km²)	比例
R	居住用地	65.41	20.4%
A	公共管理与公共服务设施用地	19.85	6.2%
B	商业服务设施用地	20.41	6.4%
M	工业用地	121.08	37.8%
W	物流仓储用地	16.32	5.1%
S	道路与交通设施用地	50.88	15.9%
U	公共设施用地	5.29	1.7%
G	绿地与广场用地	20.73	6.5%
	合计	319.96	100%

资料来源：根据《宁波市 2013 土地调查》整理

注：包括已批在建的用地项目

因，行政区划沿用的是 2015 年的建制）分布的工业用地情况如表 5-5 所示，增长情况如表 5-6 所示。根据研读土地调查报告，宁波市年度工业用地的变化趋势仍然处于较高的增长速度。不仅在新批的建设用地中工业用地占比高达 25% 左右，而且，在竣工面积中占比高达 40%。显示工业用地出让和工业建筑建设在持续地扩张；存量工业用地和建筑的盘活和再利用量较小；经济增长靠的是新增的产业空间，而不是对废弃、闲置工业用地的再利用。这种状态，势必导致城市总体规模不断扩张。新增的工业用地主要分布于三个片区，中心城区的西南向片区，东北向沿海地区，东南向沿海地区（图 5-4）。

通过继续研读用地调查资料，能获得土地使用和城市扩张过程的许多细节。但是，也会发现很多缺陷。其一，依据现有的用地分类标准，在乡镇建设用地中（H12/H13/H14），没有相应的细分图纸和数据，以显示工业用地的分布情况；因此，透过工业用地总体规模并不能具体掌握乡镇地区工业用地使用情况。

其二，在宁波市划定的"420 范围"[1]中，工业用地占已建用地的 36.2%；城市建

---

[1] 宁波市规划中划定 420km² 集中建设区范围。

成区小于建设用地统计数据显示的总体规模；有相当一部分的集体建设用地中含有工业用地，没能将这一数据细化析出。

其三，缺少用地增长的动态变化连续数据，因此，不能够分析城市在长期、中期、短期内对工业用地扩张的依赖性；如果有5到10年的连续观测数据，将更有利于形成准确的判断。

其四，土地调查报告反映出在工业用地使用上，案例城市宁波市存在依赖工业用地进行规模扩张和工业用地流转阻塞两大问题。而这两个问题具有普遍性。

2) 2016年工业聚集区布局规划中的工业用地规模

该规划认为，宁波市各类园区经历了四个发展阶段；主导产业类型为传统制造业、临港工业为主，高新技术产业为辅（图5-5）。各类工业区（开发区）从2002年的114个，降至2012年的71个，减少了近40%。现状中心城六区工业用地约175.62km^2，其中园区用地13765hm^2，园区工业用地占比78%；那也就是说，园区外有3797hm^{2}需要转性使用。规划工业用地范围内现状工业用地总规模8524hm^2，占现状工业用地的37%，规划工业用地的59%（已建成）；规划工业用地范围外的现状工业用地总规模8418hm^2，占现状工业用地的73%。其中生态红线范围内共有工业用地1426hm^2，占现状工业用地的8.1%。同时，报告显示，在宁波不同的工业园区，产出效率差别较大。其中，以省级以上11个重点园区为例，工业总产值合计6072亿元，约占中心城六区工业总产值的60%，现状工业用地规模6515hm^2，占总工业用地规模的37%（反算可以得出，市中心六区的现状工业用地在此报告中采用的是176.08km^2，图5-6）。

该报告又提出，到2020年宁波中心城区城镇人口500万人；城镇建设用地将达到550km^2（区域交通用地、区域公用设施用地、林地、水域等农林用地等非建设用地，村庄建设用地等不纳入城镇建设用地）。实现工业用地总规模在2020年规划工业集聚区控制线范围内达167.93km^2，工业集聚区用地占比30%；2030年规划工业集聚区控制线范围208.98km^2。提出2020年规划重点发展的战略性工业集聚区用地范围30.81km^2，2030年规划控制范围40.58km^2。在工业用地总量规划的基础上，报告提出了工业用地布局设想："两化融合"促"两业融合"（工业化和城市化，第二产业和第三产业）；通过划线、定级、定标准，来实现工业聚集区的优化。对于工业用地

表 5-5　　2013 年宁波市中心城六区建设用地中的工业用地（单位：万公顷）

区域	居住用地（R）	公共设施用地（A）	商业服务业设施用地（B）	工业用地（M）	物流仓储用地（W）	道路与交通设施用地（S）	公用设施用地（U）	绿地与广场用地（G）	分项合计 总计	已建	已批在建
HAISHU	9.21	2.05	2.70	2.99	0.02	3.49	0.34	1.72	22.52	20.69	1.81
JIANGDONG	7.68	1.68	3.07	1.84	0.33	3.26	0.31	1.05	19.22	17.26	1.94
JIANGBEI	9.15	3.29	1.98	12.39	0.99	8.16	0.46	2.01	38.43	31.66	6.78
YINZHOU	24.04	7.39	3.61	31.12	0.48	14.76	2.40	3.99	87.80	73.17	14.62
ZHENHAI	10.70	1.89	3.46	18.69	1.92	7.97	0.54	5.36	50.53	42.45	8.06
BEILUN	11.00	4.73	3.23	43.56	8.36	14.88	2.40	4.14	92.3	82.53	9.77
DAXIE	1.13	0.30	0.20	6.11	1.56	0.99	0.16	0.18	10.63	8.62	1.95
BAOSHUIQU	0.21	0.00	0.16	3.94	1.07	1.16	0.02	0.36	6.92	5.89	1.00
SHIHUA	0.00	0.00	0.01	15.00	2.07	0.27	0.53	0.54	18.42	12.91	5.51
GAOXINQU	3.15	0.69	1.78	4.16	0.01	2.66	0.14	0.47	13.06	10.45	2.59
DONGBUXINCHEN	2.33	0.88	1.33	2.28	0.01	2.77	0.05	1.64	11.29	8.31	2.95
JICHANG	0.19	0.06	0.23	1.14	0.04	0.52	0.05	0.22	2.45	2.30	0.16
CICHENG	3.09	0.42	0.28	2.86	0.01	1.36	0.08	0.25	8.35	6.75	1.59
DONGQIANHU	3.47	0.39	0.75	1.75	0.00	1.36	0.06	0.89	8.67	7.13	1.54
JISHIGANG	9.59	1.78	1.55	13.66	0.31	5.23	0.20	0.99	33.32	30.46	2.86
MEISHAN	1.23	0.39	0.43	4.31	0.88	2.16	0.16	0.03	9.59	6.01	3.57
合计	96.17	25.92	24.78	165.79	18.08	70.99	7.88	23.85	433.47	366.59	66.87

资料来源：根据调研整理

表 5-6　　2013 年度已批建设用地统计表

	用地类别		城市建设用地（H11） 面积（km²）	比例	镇（乡）建设用地（H12/H13） 面积（km²）	比例
H1	R	居住用地	3.45	29.33%	2.14	28.81%
	A	公共管理与公共服务设施用地	1.05	8.90%	0.33	4.40%
	B	商业服务设施用地	1.82	15.46%	0.67	8.97%
	M	工业用地	2.63	22.48%	2.47	33.05%
	W	物流仓储用地	0.35	2.94%	0.44	5.92%
	S	道路与交通设施用地	1.52	12.89%	1.16	15.48%
	U	公共设施用地	0.12	1.00%	0.09	1.23%
	G	绿地与广场用地	0.82	7.00%	0.16	2.14%
		合计	11.76	100%	7.46	100.00%

资料来源：根据《宁波市 2013 土地调查》整理

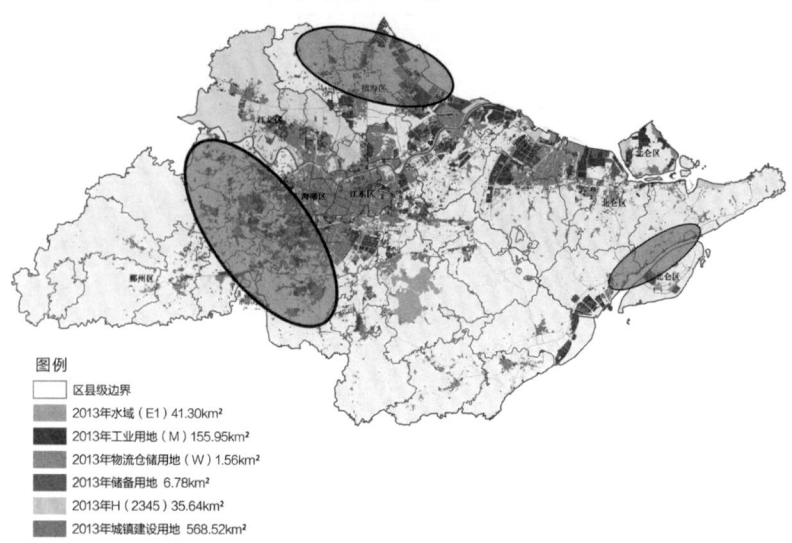

图 5-4　2013—2015 年宁波市中心城六区用地增量分布图
资料来源：根据土地调查报告分析绘制

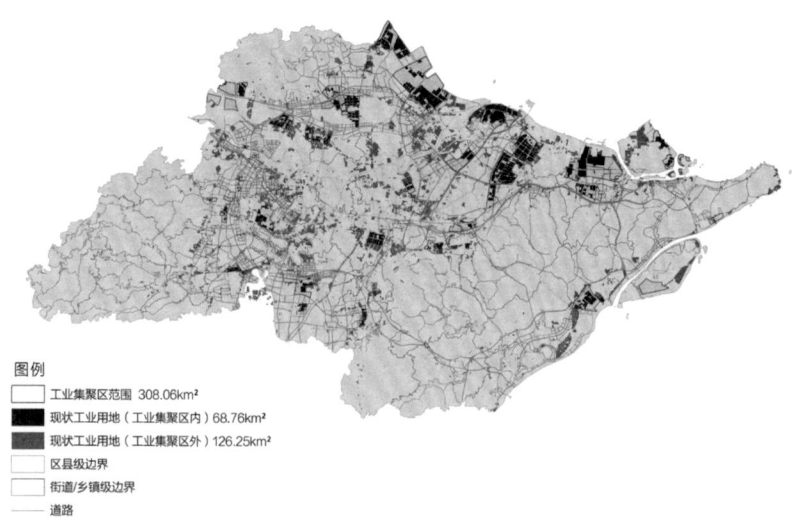

图 5-5　2015 年宁波市产业聚集区中现状工业用地分布
资料来源：根据《宁波市工业聚集区布局规划（2016）》绘制

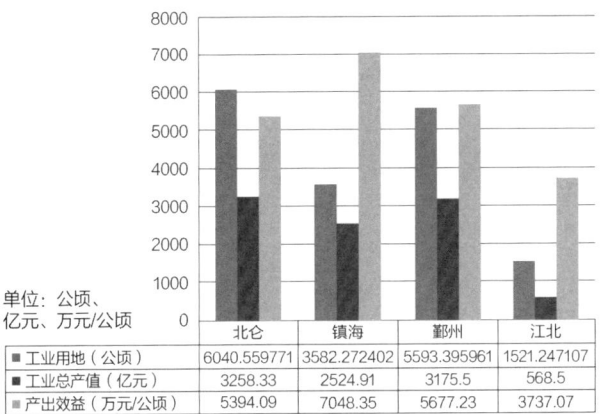

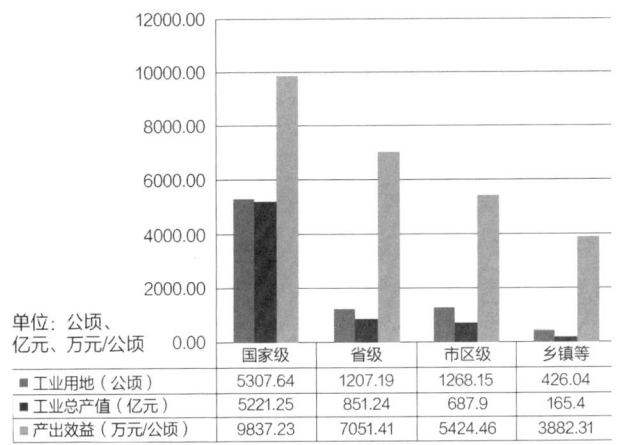

图 5-6 2015 年宁波市各区工业用地产出效益对比图
资料来源：《宁波市工业聚集区布局规划》（2016 年）

的使用政策，实行三种对策：重点发展，优化提升，调整控制（清理迁移、调整整治）。这一提法的政策内涵，等同于上海市提出的"104，195，198"工业用地政策。由此可见一斑，工业用地的使用、土地政策、再开发策略，是接下来每一座城市转型发展的重点、难点、突破点、切入点和关键点。

通过分析这份规划报告可以发现如下问题：其一，规划中引用的工业用地规模较为混乱，没有详细区分园区用地和工业用地，造成对工业用地总体规模的把握不够准确；针对现状工业用地的表述也没有区分建成区之内与集体建设用地上的工业用地两种情况。其二，报告没有与批复总体规划在城市人口和用地规模上进行协调，采用的 2020 年 500 万人口规模没有法定依据。其三，人地对应关系没有分析清楚，人均 100m² 是指所有的城市建设用地，哪怕工业用地上不居住人，但是它是居住人口的就业地，就不能忽视人地对应的技术要求（由此思考，国家用地标准中对于人均建设用地的设定缺乏依据，缺少科学的基础研究作支撑）。其四，如果是一份已经通过审查的法定规划，则容易带来混淆，在工业用地总量上没有提出很好的控制方法，甚至在规模上没有提出减量和冻结工业用地规模的方案，只是一味地扩张。

3）2016 年多规融合规划中的工业用地规模

该份规划材料将获得批复法定规划的 420km² 城市中心区用地规模，与产业聚集区的划定范围进行叠合，由此形成多种空间分布特征的工业用地，包括"420 控制线"以内的工业用地和"420 控制线"以外的工业用地两大类工业用地（图 5-7）。

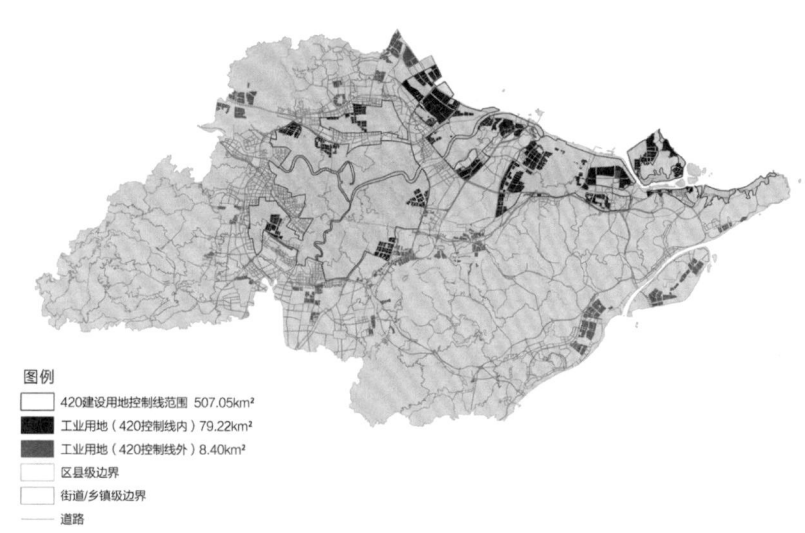

图 5-7 2016 年宁波市"多规融合"工业用地空间布局图
资料来源：根据《宁波市多规融合规划（阶段内容）》绘制

"420"控制范围之内，工业用地规模基于"双规模论证"，是具有人地对应关系含义的工业用地。又被分为产业聚集区内和产业聚集区外两部分。针对产业聚集区内的工业用地提出了产业转型、闲置工业用地整合提升的策略；非产业聚集区内的工业用地，则提出应当限期迁移；或被收储，或联合区域进行开发，转型成为非工业用地。

"420"控制线以外，工业用地具有可查的批复依据，虽然在双规模核定过程中属于超规模开发用地，但是，已经实际承载经济、生产活动，或许可以作为发展备用地、经济区等来对待。城市建设用地范围内的工业用地，可以提出转型、收储、联合开发的对策；集体建设用地范围内的工业用地，建议应当全面禁止非农使用（包括合法的、违法的用地）。因此，可以通过是否位于产业聚集区来对工业用地分别对待，以实现控制、压缩、减少"420"控制线之外工业用地的目的。这样做不仅具有法理依据，而且具有事实依据和合理性。

5.2.4 工业用地分布的圈层和扇区特征

芝加哥学派的圈层理论、扇形理论常被作为分析城市空间形态特征的原型。不仅限于对城市功能分布特征、社会结构特征和物质空间形态特征等方面的解释力，在城市地区土地使用分布所具有的空间格局方面，也同样具有解释力。

1. 工业用地的圈层分布特征

选择1999年、2004年、2008年和2015年四个时间节点，以共同的"城市形态几何中心"为圆心，针对城市地区工业用地图斑使用GIS缓冲区分析功能进行圈层分析。

分析结果显示，宁波市的工业用地主要分布在距"城市形态几何中心"向外5~8km的范围内（图5-8）。工业用地分布集中的峰值地带逐年向外部偏移。于2008年向外偏移到离城市形态几何中心8~11km的范围，形成一个聚集环。宁波市工业用地呈现出摊大饼的"蔓延"模式；峰值地带向外的移动预示着工业用地郊区化的趋势。工业用地的蔓延成为城市蔓延的先导，房地产等商业性开发随后跟进（其中，2015年工业用地数据为最新数据，缓冲区半径放大到中心向外18km，同时去掉镇海区工业用地的非扩散性影响）。

将工业用地再依据距"城市形态几何中心"的距离制成表格分析，仍然能发现距中心 8km 处是工业用地集中分布地区，有近 200km² 的工业用地分布在一个 1km "厚"的环内。距中心 13～18km 处工业用地所占密度没有太大的变动，说明 2008 年以来宁波市工业用地在距"城市形态几何中心"13km 以外呈现一种均布状态，距"城市形态几何中心"8km 附近则出现堆积性布局（表 5-7，表 5-8）。

2. 工业用地分布密度的变化特征

依然采用 GIS 的缓冲区分析功能，单独针对 2015 年的数据进行分析。工业用地分布峰值地带一直在向城市外围移动，中心城区工业用地存在郊区化趋势。一方面工

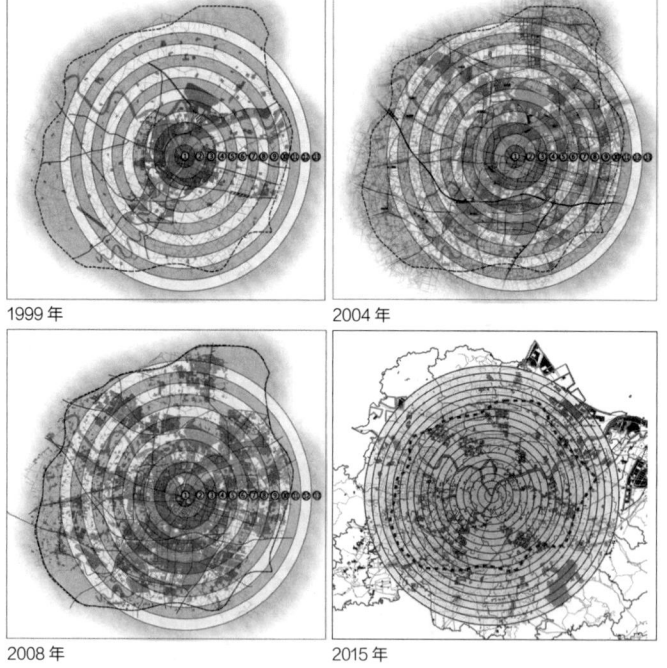

图 5-8　宁波市中心城 2004—2015 年工业用地的圈层分布特征
资料来源：根据宁波市历年图斑资料绘制

表 5-7　　　　　　　　　　宁波市中心城地区工业用地圈层分布分析

距市中心距离（km）	1999年工业用地 面积（hm²）	密度	2004年工业用地 面积（hm²）	密度	2008年工业用地 面积（hm²）	密度	2015年工业用地 面积（hm²）	密度
1	19.2	6.12%	20.71	6.6%	10.84	3.45%	7.35	2.34%
2	124.92	13.26%	90.21	9.58%	28.96	3.07%	14.53	1.54%
3	270.49	17.23%	213.12	13.57%	78	4.97%	51.84	3.30%
4	240.26	10.93%	292.28	13.3%	258.96	11.78%	211.67	9.63%
5	169.16	5.99%	517.94	18.33%	382.8	13.55%	382.96	13.55%
6	60.05	1.74%	433.11	12.54%	468.01	13.55%	467.96	13.55%
7	93.68	2.29%	487.6	11.95%	657.62	16.11%	685.53	16.80%
8	117.3	2.49%	531.14	11.28%	762.14	16.18%	866.13	18.39%
9	40.73	0.76%	318.01	5.96%	592.05	11.09%	862.23	16.16%
10	9.15	0.15%	232.66	3.9%	624.15	10.46%	667.57	11.19%
11	3.5	0.05%	178.06	2.7%	431.14	6.54%	603.45	9.15%
12	17.89	0.25%	331.34	4.59%	293.91	4.07%	664.91	9.21%
13	1.74	0.02%	195.66	2.49%	176.99	2.25%	545.96	6.96%
14	-	-	-	-	-	-	448.05	5.29%
15	-	-	-	-	-	-	508.12	5.58%
16	-	-	-	-	-	-	634.59	6.52%
17	-	-	-	-	-	-	759.42	7.33%
18	-	-	-	-	-	-	472.36	4.30%

资料来源：根据《宁波三江片工业用地更新规划研究》绘制

业用地蔓延成为城市蔓延的先导，另一方面，土地价格级差地租机制催使靠近城市中心的工业用地转变为土地溢价更高的其他使用功能。随着工厂外迁和用地转性开发，工业用地在中心城区的分布逐步出现"孤岛"和占据发展"走廊"两种状况。

案例宁波市"8～11km圈层"工业用地呈堆积式增长，是近几年工业用地重点扩展的范围。由于采用同心圆圈层分析，因此，每一圈层环内的工业用地分布密度能够反映其密实性，乃至对放射性通过的"阻断程度"。密度越高越不利于城市功能向

表 5-8　　　　　　　　宁波市中心城工业用地圈层分布峰值分布分析

距市中心距离（km）	2008年工业用地 面积（hm²）	密度	2004年工业用地 面积（hm²）	密度	1999年工业用地 面积（hm²）	密度
1	10.84	3.45%	20.71	6.6%	19.20	6.12%
2	20.96	3.07%	90.21	9.58%	124.92	13.26%
3	78.00	4.97%	213.12	13.57%	270.49	17.23%
4	258.96	11.78%	292.28	13.3%	240.26	10.93%
5	382.80	13.55%	517.94	18.33%	169.16	5.99%
6	468.01	13.55%	433.11	12.54%	60.05	1.74%
7	657.62	16.11%	487.6	11.95%	93.68	2.29%
8	**762.14**	**16.18%**	531.14	11.28%	117.3	2.49%
9	592.05	11.09%	318.01	5.96%	40.73	0.76%
10	624.15	10.46%	232.66	3.9%	9.15	0.15%
11	431.14	6.54%	178.06	2.7%	3.5	0.05%
12	293.91	4.07%	331.34	4.59%	17.89	0.25%
13	176.99	2.25%	195.66	2.49%	1.74	0.02%

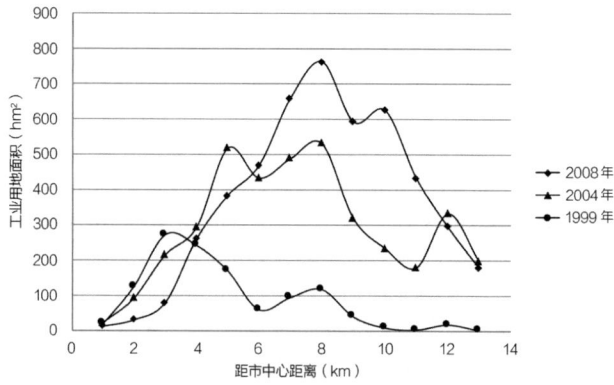

资料来源：根据《宁波三江片工业用地更新规划研究》绘制

外有机扩展，给城市空间形态带来的空间分割则越加严重。

工业用地随同心圆圈层向城市外围地区密度的梯度变化，以及每圈层工业用地占比变化，反映了工业用地变化的趋势信息。"8～11km 圈"不仅是宁波市中心区历史上的工业用地高密度地区，而且自 2015 年以来，由这一环带向外，工业用地分布密度始终处于较高状态。这不仅仅是一个地理特征，也是一个治理特征：城市政府对空间使用进行管制，并将空间管理作为治理工具的能力，在这个环带，与代表多样性、市场活力的民营经济体的发展诉求和规避管制的能力之间，构成了博弈的"胶着地带"，最终以工业用地的分布对中心城地区形成包围态势，城市空间结构和空间发展前景因此受到极大影响（图 5-9，表 5-9）。

继续比较 2015 年与 2004 年的数据。由于城市整体规模的扩张会给工业用地的比例结构带来变化，因此，通过计算该圈层工业用地面积占总工业用地面积（各圈层之和）的比重来排除整体规模变化带来的影响（图 5-10）。分析发现，2015 年的分布态势并未

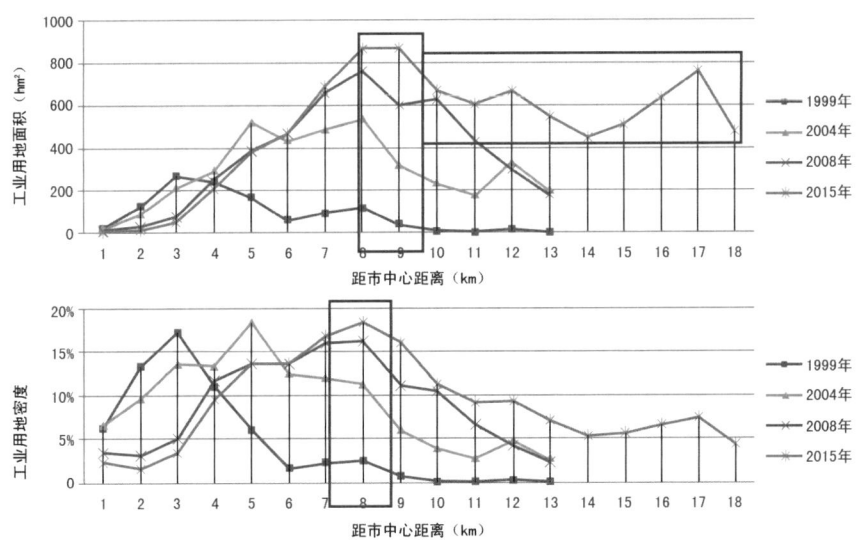

图 5-9 宁波市中心城工业用地圈层分布的变化情况比较分析
资料来源：根据宁波市历年图斑资料绘制

表 5-9　　　　　　　　　宁波市中心城工业用地随圈层的密度变化分析

距市中心距离（km）	1999年工业用地 面积（hm²）	密度	2004年工业用地 面积（hm²）	密度	2008年工业用地 面积（hm²）	密度	面积（hm²）	密度	2015年工业用地 面积（hm²）	密度
1	19.2	1.64%	20.71	0.54%	10.84	0.23%	7.35	0.12%	7.35	0.08%
2	124.92	10.69%	90.21	2.35%	28.96	0.61%	14.53	0.24%	14.53	0.16%
3	270.49	23.16%	213.12	5.55%	78	1.64%	51.84	0.86%	51.84	0.59%
4	240.26	20.57%	292.38	7.61%	258.96	5.43%	211.67	3.51%	211.67	2.39%
5	169.16	14.48%	517.94	13.48%	382.8	8.03%	382.96	6.35%	382.96	4.32%
6	60.05	5.14%	433.11	11.27%	468.01	9.82%	467.96	7.76%	467.96	5.28%
7	93.68	8.02%	487.6	12.69%	657.62	13.8%	685.53	11.36%	685.53	7.74%
8	117.3	10.04%	531.14	13.83%	762.14	15.99%	866.13	14.36%	866.13	9.78%
9	40.73	3.49%	318.01	8.28%	592.05	12.42%	862.23	14.29%	862.23	9.74%
10	9.15	0.78%	232.66	6.06%	624.15	13.1%	667.57	11.07%	667.57	7.54%
11	3.5	0.3%	178.06	4.63%	431.14	9.05%	603.45	10.00%	603.45	6.82%
12	17.89	1.53%	331.34	8.62%	293.91	6.17%	664.91	11.02%	664.91	7.51%
13	1.74	0.15%	195.66	5.09%	176.99	3.71%	545.96	9.05%	545.96	6.17%
14	-	-	-	-	-	-	-	-	448.05	5.06%
15	-	-	-	-	-	-	-	-	508.12	5.74%
16	-	-	-	-	-	-	-	-	634.59	7.17%
17	-	-	-	-	-	-	-	-	759.42	8.58%
18	-	-	-	-	-	-	-	-	472.36	5.33%

资料来源：根据《宁波三江片工业用地更新规划研究》绘制

因此发生根本性变化。也就是说，2015 年前后，"8km"环带以外的地区，工业用地的确呈蔓延、均布式扩散。工业用地环带对其他城市功能向外扩展的空间阻断效应已经形成。

3. 工业用地扇区分布特征

选择 1999 年、2004 年、2008 年和 2015 年四个时间节点作为分析重点。针对工业用地图斑运用 GIS 扇区分析功能进行分析，发现案例宁波市中心城区工业用地的分布既存在圈层式分布，也存在轴向延伸的特征。

图形和数据分析显示，2004 年工业用地增长以向东为主，2008 年后转向西、向南。可见宁波市中心城区工业用地聚集也存在着"扇区偏好"。形成扇区偏好的影响因素可能是交通条件、行政区划或者生态廊道空间等。同时发现，城市主要的战略性空间

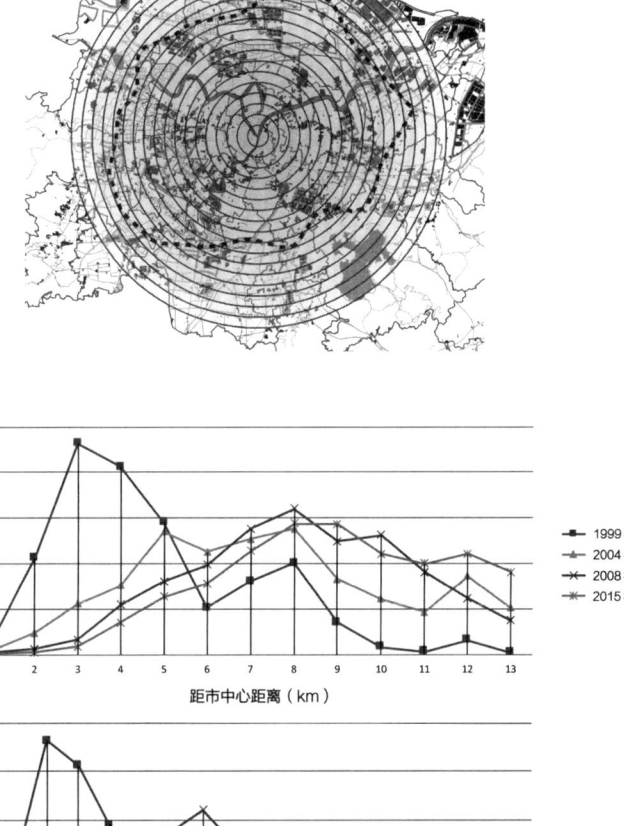

图 5-10 宁波市中心城区工业用地比例圈层变化分析
资料来源：根据宁波市历年图斑资料绘制

发展方向与工业用地的聚集方向存在过度一致的情况（在扇区分析中剔除镇海地区工业集中布局的影响）（图5-11）。

2008年第6、8、11扇区呈现出工业走廊式布局。2015年，各扇区之间的差异逐步减少。除了第5、7扇区是传统的分隔走廊而局部得到保留之外，其余象限几乎全部被工业用地侵入（表5-10）。

单独针对2015年工业用地的数据和图形进行分析，显示第8-11扇区除工业用地以外的其他用地空间贯通性较差，4-7扇区内有不明确的通道存在，12-15扇区有局

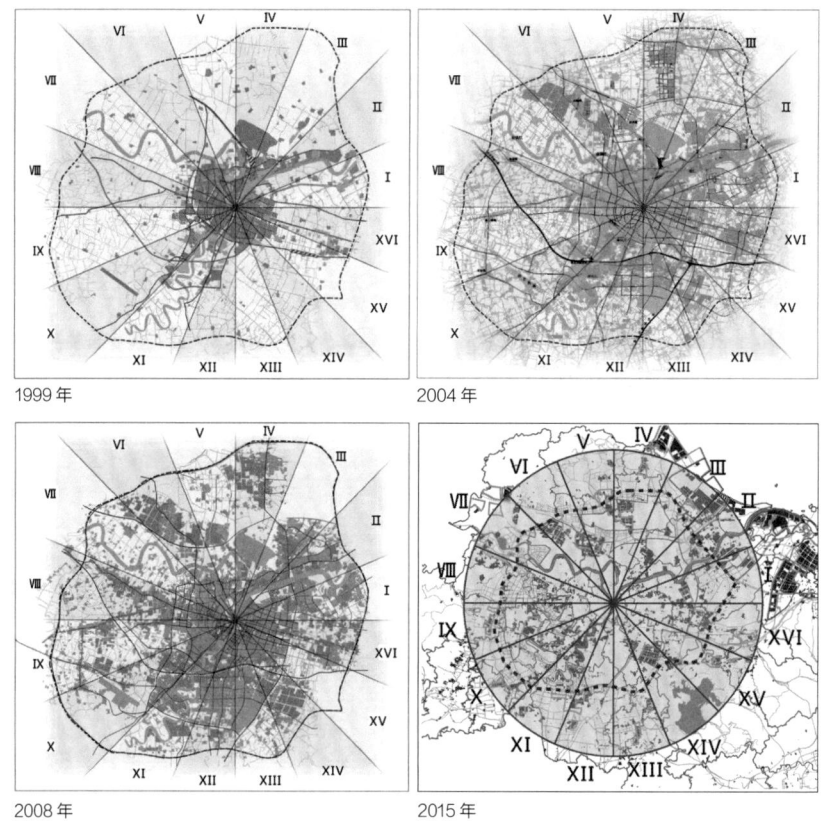

图5-11 宁波市中心城2004—2015年工业用地的扇区分布特征
资料来源：根据《宁波三江片工业用地更新规划研究》的资料绘制

表 5-10　　　　　　　　　　　宁波市中心城工业用地扇区分布分析

距市中心距离（km）	2008年工业用地 面积（hm²）	密度	2004年工业用地 面积（hm²）	密度	1999年工业用地 面积（hm²）	密度
1	325.58	6.74%	264.08	5.62%	91.75	7.29%
2	168.85	3.5%	497.6	10.6%	207.59	16.5%
3	277.03	5.74%	854.67	18.2%	164.85	13.11%
4	196.44	4.07%	249.52	5.31%	39.65	3.15%
5	224	4.64%	223.89	4.77%	92.66	7.37%
6	534.5	11.07%	633.17	13.49%	25.5	2.03%
7	169.88	3.52%	128.5	2.74%	36.41	2.89%
8	405.22	8.39%	90.3	1.92%	51	4.05%
9	477.38	9.88%	72.69	1.55%	9.87	0.78%
10	281.63	5.83%	188.38	4.01%	95.51	7.59%
11	616.42	12.76%	481.8	10.26%	191.36	15.21%
12	134.16	2.78%	145.27	3.09%	81.71	6.5%
13	138.62	2.87%	289.21	6.16%	0.04	0%
14	463.34	9.59%	275.55	5.87%	28.77	2.29%
15	70.58	1.46%	71.96	1.53%	51.55	4.1%
16	346.45	7.17%	228.32	4.86%	89.62	7.13%

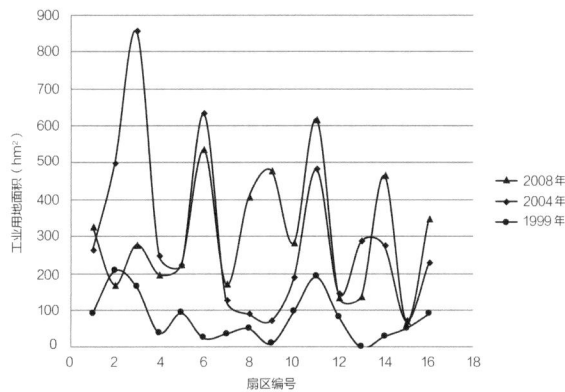

资料来源：根据《宁波三江片工业用地更新规划研究》绘制

部开敞用地空间存在。进一步结合扇区分析中每一扇区工业用地的密度变化，可以推算出该扇区由工业用地分布而造成的"密实"程度（表 5-11，图 5-12）。

工业用地被作为影响"扩展"、"贯通"、整体使用的阻碍性因素是值得深思的。工业用地的使用，要么归国有背景的企业，要么归民营和多种经营的股份制企业，情况比较复杂；由于初期使用土地成本极低，因此在转型使用中可以获得极高的土地溢价收益，也因此成为一种重要预期，也是一种制度阻碍；由于工业用地使用存在着只增不减、存量巨大的情况，并非所有区位条件、权属情况的工业用地都适合转型成为商业开发类用地，并且如果将存量全部释放会造成对房地产市场的极大冲击，给地方财政和金融系统带来风险。因此，它需要被谨慎对待。

工业用地在轴向发展通道上产生堵塞的情况，需要用土地的碎片化程度进行进一步校核，仔细考虑其分布密度情形。宁波市中心城区由历史发展形成的发展走廊已经为工业用地所占据；生态型廊道、楔形生态空间被侵蚀。

4. 工业用地空间分布特征的总体判断

通过上述圈层分析和扇区分析，对宁波市中心城区 2015 年工业用地分布情况有了清晰的认识，2008 年至 2015 年工业用地分布变化的趋势情况有了初步判断。

（1）工业向园区集中基本没有实现；工业用地规模严重超出实际需求。

（2）2008 年中心城区工业用地面积 47.66km^2。其中位于 2004 版总体规划范围之外的为 35.49km^2，占总工业用地的 74.47%。宁波市历版总体规划或多或少存在忽视规划范围之外建设用地，尤其是工业用地的情况。

（3）上述分布特征反映了城市建设用地中工业用地的分布情况；其中依然不包括乡镇地区工业用地分散分布情况。因此，实际情况可能更糟糕。

（4）工业用地已经形成"围城"态势，并且侵入走廊型发展通道空间。对工业用地进行清理、转型、控制已到了刻不容缓的地步。

（5）工业用地向道路交通设施（道路、停车）、市政基础设施、公共服务设施、生态基础设施等进行有条件地转型，是一个值得考虑的方向；但是，工业用地要严格控制向居住和商业办公用地转型。

表 5-11　　　　　　　　　宁波市中心城工业用地随扇区的密度变化分析

距市中心距离（km）	1999年工业用地面积（hm²）	密度	2004年工业用地面积（hm²）	密度	2008年工业用地面积（hm²）	密度	2015年工业用地面积（hm²）	密度
1	91.75	7.29%	264.08	5.62%	325.58	6.74%	808.93	9.14%
2	207.59	16.5%	497.6	10.6%	168.85	3.5%	378.69	4.28%
3	164.85	13.11%	854.67	18.2%	277.03	5.74%	233.25	2.63%
4	39.65	3.15%	249.52	5.31%	196.44	4.07%	44.96	0.51%
5	92.66	7.37%	223.89	4.77%	224	4.64%	256.03	2.89%
6	25.5	2.03%	633.17	13.49%	534.5	11.07%	700.99	7.92%
7	36.41	2.89%	128.5	2.74%	169.88	3.52%	407.72	4.6%
8	51	4.05%	90.3	1.92%	405.22	8.39%	737.97	8.33%
9	9.87	0.78%	72.69	1.55%	477.38	9.88%	686.34	7.75%
10	95.51	7.59%	188.38	4.01%	281.63	5.83%	861.53	9.73%
11	191.36	15.21%	481.8	10.26%	616.42	12.76%	774.96	8.75%
12	81.71	6.5%	145.27	3.09%	134.16	2.78%	483.08	5.46%
13	0.04	0%	289.21	6.16%	138.62	2.87%	598.37	6.76%
14	28.77	2.29%	275.55	5.87%	463.34	9.59%	591.77	6.68%
15	51.55	4.1%	71.96	1.53%	70.58	1.46%	540.67	6.11%
16	89.62	7.13%	228.32	4.86%	346.45	7.17%	749.44	8.46%

资料来源：课题组根据《宁波三江片工业用地更新规划研究》绘制

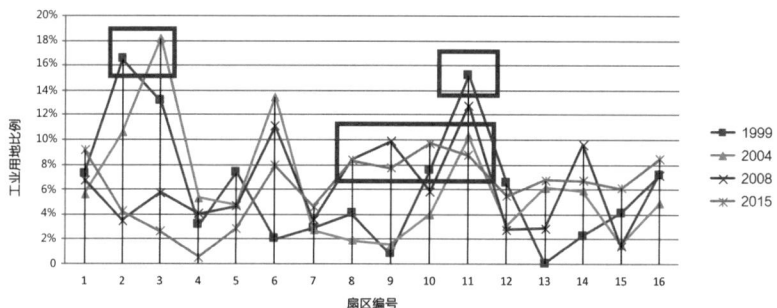

图 5-12 宁波市中心城工业用地扇区分布的多年情况比较分析

资料来源：根据宁波市历年图斑资料绘制

由于不掌握微观数据,比如,乡镇街道一级的五普、六普数据,工业用地统计数据和用地空间分布图斑,因此,难以在微观层面做出更为具体和精确的判断。

5. 三个政策空间内工业用地分布的政策含义

根据宁波市最新版"多规"融合成果(指 2016 年之前的成果),以及获批复的城市人口规模和用地规模,包括宁波市制定的产业集聚区规划的内容,将其信息和划定空间范围进行叠合,形成了几个具有不同政策内涵的空间范围:"420 范围内,中心城区外围组团,外围其他乡镇地区"。三个政策空间范围在人口规模、用地规模上反映了不同的侧重,具有不同的人地对应内涵,不同的法定地位关系。在对建设和实施行为的法定约束效力上具有不同的强度,对下一层次规划的引导性、规划管理的指导性方面也具有不同的效力[2](表 5-12)。

1)三个空间范围内的工业用地数量

"420 范围"内现状工业用地占 62.9%,外围组团内现状工业用地占比 12.8%,外围其他乡镇中的现状工业用地占 24.3%。"420 范围"内工业用地在中心城区用地平衡中所占的比重为 25.2%。在这一空间范围内到规划期末 2020 年仍然需要新增 7981hm^2 的工业用地,合计就有 19097.25hm^2 的工业用地,这是有待商榷的扩张策略。

2)三个空间范围内的工业用地分布

三个空间范围内工业用地分布与产业聚集区的划定相关,空间分布呈现出"大集中、大分散"的特点:集中产业园区与分散分布工业共存。乡村地区的工业用地没有被统计和显示。总体策略上显示出对工业用地四个共性问题的忽视(图 5-7)。

从划定不同口径的、复杂的空间范围的做法来看,仍然希望通过新增工业用地的方式解决发展空间需求,还未能做出消化现有工业用地的决心,甚至存在人地不对应的分配方式,这可能是一个战略性错误。从理论和理性角度判断,在保留必要的弹性空间基础上,应当逐步锁定和冻结工业用地规模,通过转型、流转机制,满足未来城市对产业空间的需求;如果矛盾突出,现有工业用地中符合新兴产业需求和生态空间需求的区块,应当指导其优先转型。

---

2 "420 范围"是规划 2020 年的空间规模。

表 5-12　　　　　　　　　　　三个政策空间内工业用地的现状情况

	现状工业用地（hm²）	规划工业用地（hm²）
420范围	11115.80	7981.45
外围组团（慈城、东钱湖、滨海、九龙湖）	2269.83	2440.34
其他（外围乡镇等）	4284.68	2358.69
合计	17670.31	12780.48

资料来源：根据宁波市多规融合和总规核定资料（2015）绘制

5.3 工业用地破碎化分布特征及评价

　　工业用地的分布是一种客观现实。上一节以宁波市中心城区为案例，展现了简单直观的空间分析方法。但是分析结论很难还原这一空间状态的形成原因，或者清晰地展现具有因果指向的生成机理，停留在描述阶段。

　　工业用地在规模结构方面存在的问题，类似于一种"容量"分析，其基本逻辑建立在合理的空间治理单元——具有相当决策和管制职能的行政区划范围的管辖主体上边。工业用地分布特征的描述，则类似于一种评价，其基本逻辑建立在"容量"分析和"分布"优劣判断基础之上。评价应当具有影响判断的"输出"要求，或者至少能够基于生成机理提出改进的方向性对策。这也是规划研究所需要回答的问题。

5.3.1 相关研究基础

1. 工业用地空间分布特征与模式的相关研究

针对工业用地失控的现状，有学者借助"斑块"（patch work）概念，用"碎片化"来对工业用地的空间分布状况进行描述，因为工业用地的无序扩张导致用地碎化。"碎片化"一词常被用于生态景观格局的研究当中，如，关于城市化与景观破碎之间关系，城市扩张与景观破碎之间关系，社会经济发展与景观破碎之间关系的研究等。对于造成景观格局破碎化的原因，交通道路网络是一个重要因素，局部区域的景观破碎度是由道路交通建设造成的，路网逐渐完善，同时景观破碎度上升，交通干线周边土地利用强度表现为距离指数衰减效应；但当路网密度发展到较高水平后，斑块又会重新出现粘合现象，即相邻斑块扩大到一定程度后，相互之间发生连接，最终合并成一个大的斑块，从而降低了破碎度。从政策角度来看，数量控制手段的生态政策可以提高土地利用集约型，而空间控制手段的生态政策则可以维护景观连通性，两个方面需要同时发挥作用，才能够产生协同效应。

由于在一定尺度空间上，土地使用的状况与景观分析在判定标准和空间特征上具有相同的特点，因此，破碎化分析逐渐被运用于城市土地使用研究，如研究规划区域中的相同或相关性质的建成地块，相互间缺乏必要的集聚规模和连接性，其形成过程、破碎化程度较高区域的土地利用的空间离散特征、以及土地利用碎片化的形成原因，都能运用这一方法进行研究。破碎化分析也常被运用于社会属性的空间分布状况研究当中，比如，城市居住空间结构和邻里关系"双重破碎"，反映出城市原有社会脉络和空间肌理被封闭社区不断割裂情况，以及门禁社区、绅士化与空间破碎间的关系，反映空间破碎和社会破碎两者间的辩证统一。这些方面的延伸性和交叉性探索研究，对从城乡规划学科视角开展工业用地空间分布研究有极大的借鉴意义和价值。

尝试将对用地破碎的定量化测度作为对工业用地使用状况进行判断的重要研究内容和步骤。既有的大量研究常基于Fragstats分析软件所输出的单一指数进行用地破碎程度的判断，如有效粒度尺寸指数，斑块密度指数。有基于多个指数的研究尝试，但是往往是基于多个指数对总体情况的定性描述，而未尝试构建出破碎指数。试图生成定量的破碎指数以支撑用地破碎状况判断的研究，通常会选择其中两个指数，如斑块密度指数与平均斑块面积，并将两者的比值作为破碎指数；也有将研究范围划分成基本空间网格，通过对网格赋值、计算碎化值从而得出碎化指数。此外，在测度"破碎化"时需要注意尺度效应，当比例尺缩小，各种地类的精度损失值的绝对值都将增大，景观指标的数值随空间粒度大小的变化而变化，空间变异性会随尺度的增加而降低，并呈非常明确的幂律关系。

综上，对多个单一指数进行综合考虑，并形成一种有助于直观判断是否"破碎化"的计量方法，以做出土地使用的空间"破碎"程度大小以及问题严重程度的评判，进而帮助明确用地空间分布的空间绩效内涵，相关的研究就目前来看还很不够。

2. 土地使用的空间分析和绩效评价研究方法

土地使用的研究处于多学科的交叉地带，地理学、地球科学、土地管理、城乡规划等学科领域都大量涉足。既然用地破碎度评价研究的目标是形成对土地使用空间分布的空间绩效问题进行认知和界定，那么，研究的基础数据应当包括地形图类的图像资料、经济和人口类的统计数据，以及社会调查的问卷和访谈资料。研究方法有如下三种。

其一，定性方法。运用于对社会属性的空间分布进行分析的研究当中，基于问卷和访谈资料，利用 UCINET 6.0 平台进行社会网络分析，生成空间网络图，并采用内容分析法，利用 ROST 文本分析软件，对所形成的空间模式的影响因子和机制进行分析；再基于问卷，利用层次分析法（AHP）构建社会网络空间绩效评价的体系。

其二，定量方法。相当多的研究，通过全国及各省市历年统计年鉴和统计公报获取工业用地相关面板数据，将面板数据与空间地形数据相结合，运用空间计量经济学、DEA 分析法测度工业用地的投入产出效率、用地规模效率以及区域性空间分布差异的变化特征。通过建立回归计量模型，既有研究发现，工业用地价格对空间布局具有重要的影响作用，一方面，价格扭曲将会导致企业过度投资，其中包括厂区扩张和分支机构设置；另一方面，总体上产生不理性决策和非经济性行动，对工业用地无序和混杂布局具有激励作用。

其三，空间分析方法。空间分析方法既可以与定量分析相结合，也可以与定性分析相结合，但是，其总体特点是空间可视化的分析过程和有针对空间结构的分析输出。这里一般涉及空间性议题，这类议题或许不仅需要定性、定量地分析，还需要给出空间性评价和对策，乃至引导。最终会影响规划和规划行动。因此，基于用地矢量和遥感数据，通过 ArcGIS 和 Fragstats 软件对用地空间分布格局特征进行量化计算便成为一种常被使用的尝试性研究方法。此外，结合统计数据和其他经济社会数据进行的空间自相关分析，通过局部 Moran'I 指数分析可以得出空间聚集的热点和冷点区域，在辅助解读具有地理和空间信息特征的数据和问题时具有特别的意义和价值。事实上，基于空间分析而提出的空间模式、时空演变规律有显著的"空间尺度"特征，目前的研究大多处于宏观或整体描述层面，比如，区域性的城市扩张空间模式，以及城市层面的就业空间模式，城市贫困和"城市剥夺"（deprivation）的空间分布模式的分析和描述。

总之，工业用地土地使用的破碎化分析研究能够从空间认知的角度为评价工业用地空间绩效提供一种可能的方法和路径。笔者始终在寻找更为有效、更为科学的研究方法。用地破碎度的定量测度能够为判定工业用地的空间绩效提供有效支撑；并为在中观和微观层面为城市提出可行的工业用地转型空间模式提供借鉴。

5.3.2 研究设计与研究假设

1. 研究区域

选择上海市闵行区辖区范围内的工业用地作为实证研究对象。据统计资料显示，该区总面积 372km^2，占上海市辖域的 6%，下辖 9 个城镇 4 个街道。2017 年末常住人口 253.43 万，其中外来人口 124.59 万，占常住人口的 49.3%（采自《2017 年上海市闵行区国民经济和社会发展统计公报》），三次产业结构比为 0.1:49.1:50.8（采自《2017 年闵行区统计年鉴》）。同时，根据目前可获得的土地"二调"数据（2014 年修订版），闵行区现状各类建设用地已达到 285km^2，占全区总面积的 76.6%，其中城镇建设用地达到了 257.9km^2；工业用地总面积 65.70km^2（除去违法用地和已批未供用地）。

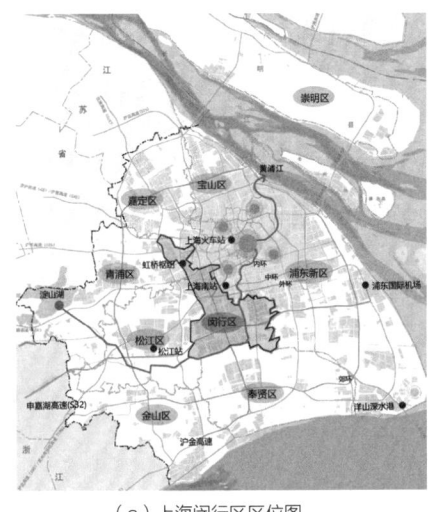
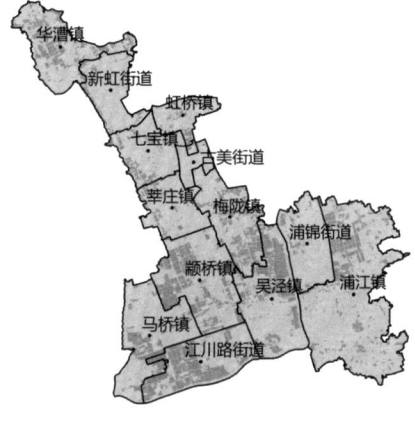

(a)上海闵行区区位图　　　　　　　　(b)闵行区街镇示意图

图 5-13 上海市闵行区区位及街镇示意图

2016 年上海市城镇化率达到 89%（采自《2017 年上海市统计年鉴》），进入城镇化的成熟阶段，闵行区同样也不例外。《上海市土地资源利用和保护"十三五"规划》中对存量工业用地提出了转型发展的要求，提出了从空间布局、用地规模两方面对工业用地使用状况进行评估的议题（图 5-13）。

2. 研究方法与数据

1）基本空间指数

工业用地规模失控所导致的直接结果是空间布局的混乱和无序。目前普遍缺乏对这一现象的定量描述和空间定义，因此不能确切地进行优劣评价并给出空间转型的建议。

用地"破碎度"分析从理论和逻辑层面考虑，可以完成对此进行定量描述并形成评价指标的目标。首先，借助 ArcGIS 软件平台将研究范围内工业用地空间分布信息转换为栅格数据。继而，运用 Fragstats 软件生成反映用地"斑块"破碎程度的相关指数。尽管该软件设计逻辑是基于生物学原理，但是，对"破碎"状况的描述反映了"斑块"的基本物理性状。该软件可以计算生成多种空间格局指数（Spatial Pattern Index），在一定尺度上，对具有"斑块"分布特征的土地使用可以实现描述其破碎状况的目标。其中，斑块密度（PD）、平均斑块面积（MPS）和平均近邻距离（MPI）三个空间指标（Spatialmetric）是开展工业用地破碎度和转型研究的重要基础（表5-13）。

2）工业用地斑块整理

选取上海市闵行区土地"二调"调整数据（指2014年底第二次土地调查底图中的工业斑块，除去违法用地和已批未供用地）作为实证研究对象。所获得的GIS和CAD图纸数据在反映工业用地使用上，均以具体的权属单位作为基本的构成。其中，不同生产企业共享地籍边界、因城市地面道路而分割、因其他土地使用功能而分割等情况，在判定工业用地是否存在破碎方面的效用并不一致，比如，一个以工业用地为主的工业园区，不能因为存在道路网络系统而被认为用地破碎。将集中布局的工业用地作为独立、完整的用地斑块将会有助于真实反映用地的分布特征，因此，需要对用地斑块进行整理。

需制订用地斑块整理的规则。以街镇行政单元内的工业用地为处理对象，将闵行区用地图斑以镇界进行分隔，同一图斑以镇界一分为二（图5-14）。制定板块整理规则如下：

表5-13　　　　　　　　　　土地使用破碎分析主要指数及含义

指标名称	单位	指标含义
斑块密度（PD）	个/100公顷	反映研究范围用地斑块的数量。该值越大，表示用地斑块越多，用地相对破碎度越大。
平均斑块面积（MPS）	公顷	反映用地斑块平均大小。该值越大，用地完整度越好，用地相对破碎度越小。
平均近邻指数（MPI）	—	反映用地斑块之间的邻近程度。值越大，表示斑块之间越近邻，整体破碎度相对越小。

资料来源：根据Fragstats软件使用指南自绘

规则一，"排除工业用地中的边角地"。将"边角地"定义为一条边长度小于5m 的独立用地图斑，或与其他图斑部分相连平均宽度小于 5m 的图斑（图 5-15）。

现实中"边角地"多为权籍或土地使用性质发生变化，造成原工业用地图斑被切割，从而形成细碎的无法用于生产的用地。在进行破碎化分析时，应将工作底板中的这类用地图斑删除，以避免给计算带来不必要的误差。

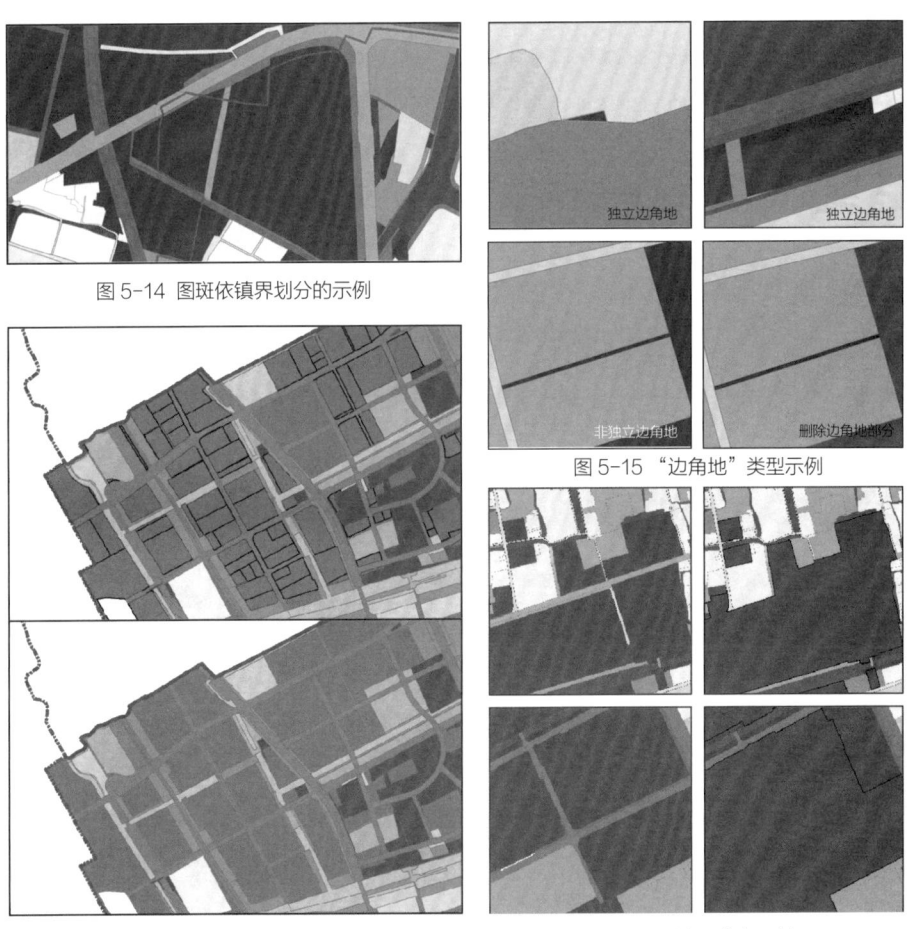

图 5-14 图斑依镇界划分的示例

图 5-15 "边角地"类型示例

图 5-16 图斑整合示例

图 5-17 边界整合示例

规则二,"相邻工业用地划归同一图斑"。边界相邻的工业用地,无论权属归谁,都已经形成一个局部的工业小区,应对边界进行融合,形成同一工业用地图斑。这种整合甚至可以在更大范围内进行,直至有明确的非工业生产的用地类型或者空间进行分隔为止(图5-16)。

规则三,"边界整合"。由宽度小于50m的道路、小于10m的绿带和未利用地相连的工业用地可以被整合为同一图斑。边界对应的以上用地有共享部分的工业用地可以整合,整合范围为工业用地边界相邻用地段的合并。共享小于5m道路的工业用地进行整合。大面积工业用地图斑中包含的其他用地,需要扣除。河道、绿地、铁路作为重要用地要素,均作保留(图5-17)。

通过上述梳理,该行政区域范围内的所有工业用地图斑基本上呈现为四种分布形态,"基本型,长条型,哑铃型,散布型"(图5-18)。此外,在具体的实证研究中,可以根据各自对用地斑块破碎化的理解,来制定实际图纸资料中的真实情况的整合规

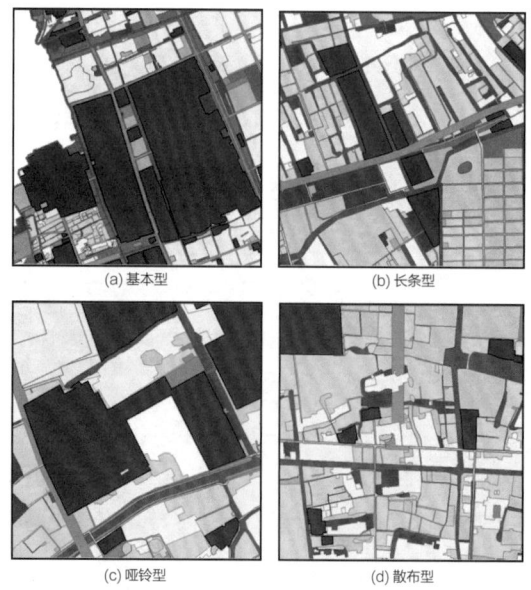

图5-18 整理后闵行区工业用地图斑的基本分布形态示意

则，以便展现出对破碎分析结果的最小影响，并最大程度体现用地破碎分析的本质。意即，如果读者要复制、验证或者应用本研究，需要始终保持对完整的功能使用空间范围所占据的同一用地类型的完整表达。

3）设置适宜的像元尺寸

像元尺寸（Cell Size）涉及图斑栅格边界（Patch Edge）与实际用地边界无法重合的问题，这一问题会导致空间指数运算偏差，并进而导致用地"破碎度"分析结果产生偏差。理论上，像元尺寸越小则误差越小、精度越高，但是运算量也随之增大；从研究分析地域范围尺度、涉及议题的大小来看，并不是所有的研究都需要设定到最小像元尺寸。因此，根据研究区域尺度进行调适，确定适合辖域规模、议题和用地特征的像元尺寸，将偏差控制在可以接受的范围之内是理性的选择。

根据区域土地面积变化评价指数模型[3]，对在不同像元尺寸下研究区域内工业用地斑块面积变化情况进行比较，发现像元尺寸影响实际斑块数量的计算。随着像元尺寸的增大，斑块密度（PD）、平均斑块面积（MPS）都会增大，而平均近邻指数（MPI）则会减少。综合考虑以上因素，在案例研究的闵行区，选择"5m×5m"作为基本的像元尺寸（图5-19）。

5.3.3 空间指数对工业用地破碎化程度的反映

1. 单一空间指数的计算结果

采用土地"二调"调整数据，针对研究区域上海市闵行区计算三个空间指数。结果显示，各街镇的空间指数总体上均相差较大，工业用地斑块破碎程度具有明显的差异（表5-14）。

1）斑块密度特征（PD）

在其他变量相同的情况下，斑块密度指数PD数值越大则用地越破碎。输出显示，

---

3 面积变化指数值越大表明分析范围内用地面积与实际面积误差越大，精度越差。计算公式如下：
$$L = \frac{(A_i - A_{ii}) \times N}{A_{ii}} \qquad S = \sqrt{\frac{\sum_{i=1}^{n} L_i^2}{n}}$$
其中 A_i 表示 i 类用地斑块的栅格面积；A_{ii} 表示 i 类用地斑块的实际面积；L_i 表示面积计算损失值；S 表示面积变化指数；n 表示用地类型数量。

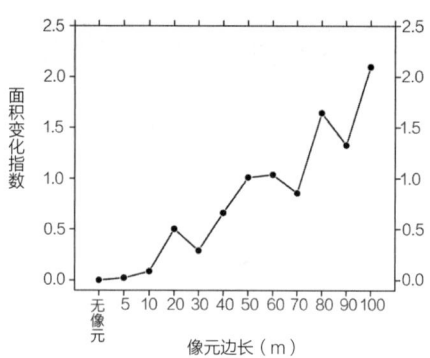

图 5-19 像元尺寸对面积变化指数的影响

表 5-14　　　　　　　　闵行区分街镇单元工业用地空间指数计算结果

行政区	辖域面积（km²）	工业用地面积（km²）	工业用地比例	PD	MPS	MPI
浦江镇	79.24	11.53	14.55%	6.91	2.11	187.03
颛桥镇	38.86	12.58	32.37%	8.70	3.72	364.52
吴泾镇	37.63	10.6	28.17%	6.22	4.53	392.79
马桥镇	33.62	4.38	13.03%	3.92	3.32	189.68
江川路街道	30.27	10.45	34.52%	6.14	5.62	794.66
华漕镇	28.18	6.51	23.10%	9.64	2.41	283.39
梅陇镇	26.71	6.21	23.25%	11.67	2.00	314.57
浦锦街道	23.29	1.3	5.58%	4.30	1.34	106.53
七宝镇	19.93	2.28	11.44%	6.19	1.90	121.93
新虹街道	19.21	1.35	7.03%	11.56	0.61	51.31
莘庄镇	19.14	1.74	9.09%	5.41	1.69	59.78
虹桥镇	11.00	1.23	11.18%	6.39	1.78	100.13
古美街道	6.20	0.06	0.97%	3.55	0.29	79.87
均值	28.71	—	—	6.97	2.41	234.32
闵行区整体水平	373.27	70.28	18.83%	7.15	2.72	297.20

注：（1）街镇信息来源：上海民政局官方网站，http://www.shmzj.gov.cn/gb/shmzj/node6/node34/u1ai43816.html；国家民政部官方网站，http://www.mca.gov.cn/article/sj/tjbz/a/2015/below/201602/20160200880232.htm。
（2）"闵行区整体水平"指将闵行全区视为一个分析单元的计算结果。

古美街道 PD 值最小，为 3.55，梅陇镇 PD 值最大，为 11.67；闵行区整体水平为 7.15，颛桥镇、华漕镇、梅陇镇、新虹街道 4 个街镇高于整体水平，意即相对于其他街镇较为破碎（表 5-14，图 5-20a）。

2）平均斑块面积特征（MPS）

平均斑块面积指数 MPS 的单位为公顷。根据一般生活经验和常识，在斑块数量相同的情况下，平均斑块面积越小则用地越显得破碎。结果显示，古美街道内工业用地 MPS 值最小，为 $0.29hm^2$；江川路街道 MPS 值最大，为 $5.62hm^2$；闵行区整体水平为 $2.72hm^2$，有 9 个街镇低于整体水平，相对其他 4 个街镇用地较为破碎（表 5-14，图 5-20 b）。

3）平均最近距离（MPI）

平均最近距离 MPI 反映用地斑块之间的相对分布情况，意即是相对稀疏还是紧邻，该指数越大则用地越破碎。江川路街道 MPI 值最高，为 794.66；新虹街道 MPI 值最低，为 51.31。闵行区整体水平为 297.2，有 9 个街镇低于整体水平，相对其他 4 个街镇用地较为破碎（表 5-14，图 5-20 c）。

2. 简单应用指数运算结果进行判断

1）单一空间指数不能完全反映用地破碎情况。

由于对用地破碎情况的认知还非常不充分，依据 PD，MPS，MPI 中任意单一指标都不能够充分描述用地斑块的破碎程度。比如，其他条件相同情况下，如果斑块数量相同，则斑块越细小则越显得破碎，因此，斑块密度指数需要结合平均斑块面积指数进行考虑。即使斑块密度指数相同、平均斑块面积指数也相同，用地斑块分布的空间近邻情况也会对用地破碎度的判断产生十分显著的影响（图 5-21）。综合运用多个空间指数对破碎度进行描述，是比较合理的选择。

2）综合各指数进行定性描述难以得出确切结论

根据计算结果，将各街镇三个空间指数分别与该指数闵行区整体水平进行比较来定性描述破碎的相对程度。三个指数所单独反映的相对破碎程度均低于全区整体水平的只有江川路街道、吴泾镇，三个指数所单独反映的相对破碎程度均高于整体水平的

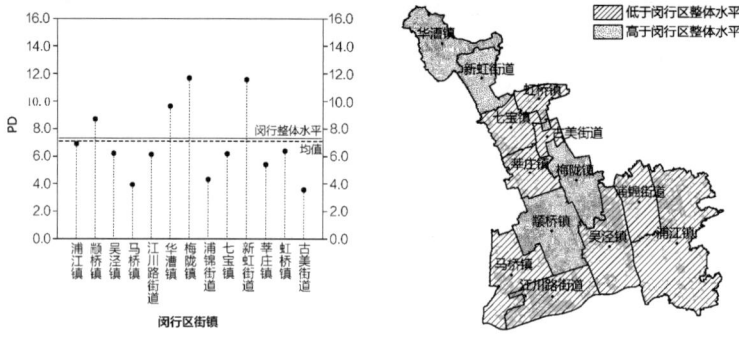

（a）斑块密度指数分布特征及整体水平分组情况

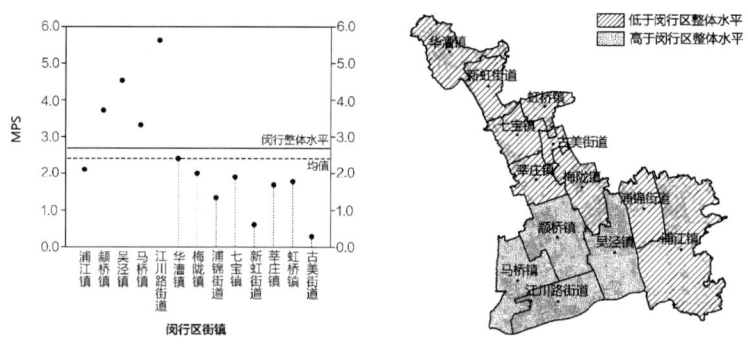

（b）平均斑块面积分布特征及整体水平分组情况

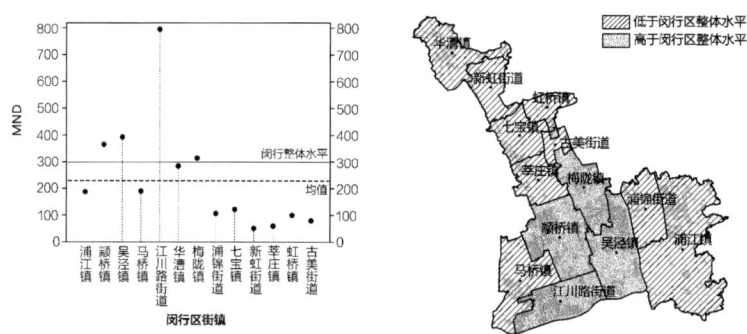

（c）平均最近距离分布特征及整体水平分组情况

图 5-20 上海闵行区各街镇工业用地单一空间指数特征分析

只有新虹街道、华漕镇。除此之外则有高有低；而这一分类显然不足以判断街镇相互之间工业用地斑块破碎程度的高下之分（图 5-22）。因此，即便对指数进行综合考虑，如果只是简单分类、定性描述，依然无法准确评价街镇行政单元内工业用地斑块的破碎程度。

在初步计算空间格局指数的环节，至少做出如下判断：其一，用地空间的破碎是一个相对概念，这个相对性不仅在于具体空间范围内，不同治理单元所分布工业用地破碎相互关系，而且在于在不同层面的治理单元之间，对同一工业用地分布会产生不同的破碎判断。其二，由于破碎判断仍然属于个体经验性认知，多受个体判定策略的影响，还远未达到确切的数字计算阶段，因此，存在着"阈值"界定的问题，或者至少存在一个难以明确划定的模糊数量区间。其三，对多种影响因素的综合考虑，目前在解决方案上仍然不很成熟，从研究结论的适用性角度考虑，越简单的生成机理越好，从研究结论的科学性、可比性、普适性考虑，越复杂的生成机理越好。无论如何，这个决策盒的构建是必要的，基于多指数构建综合性的定量计算模型是开展进一步分析研究的迫切需要。

3. 构建用地破碎度综合定量评价模型

1）提出破碎度指数综合计算模型

运用层次分析法进行考虑，设 S_{PD}、S_{MPS}、S_{MPI}，分别表示三个空间指数 PD、MPS、MPI 所反映的用地斑块特征数值，并分别赋予权重 a、b、c，则用地破碎度综合指数（Fragmentation Index）计算公式可写为式（5-1）。

$$FI = a \times S_{PD} + b \times S_{MPS} + c \times S_{MPI} \qquad (5-1)$$

其中，FI 为 0~1 的数值，可以针对运算结果进行比较和分级。

2）空间指数的标准化处理

三个空间指数计算结果不能直接代入指数综合模型运算，需对各指数进行标准化处理，将它们取值限定在 [0，1] 范围。

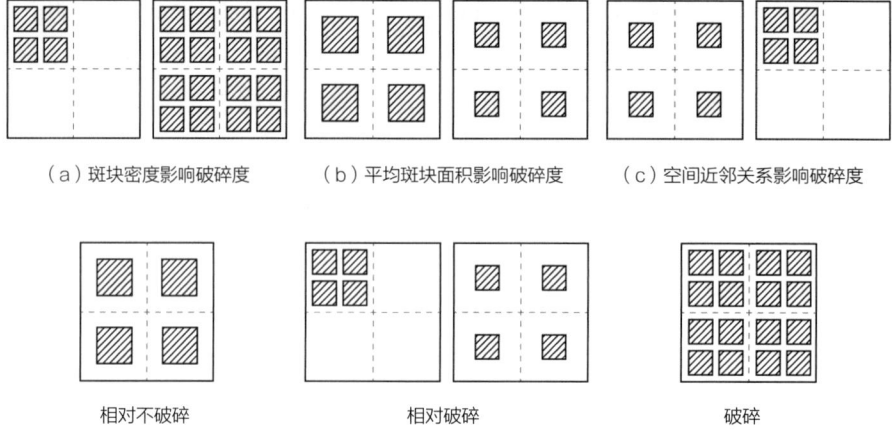

(a) 斑块密度影响破碎度　　　(b) 平均斑块面积影响破碎度　　　(c) 空间近邻关系影响破碎度

相对不破碎　　　　　　　相对破碎　　　　　　　　　破碎

(d) 综合考虑的破碎认知

图 5-21　多元空间指标对用地斑块破碎认知的影响

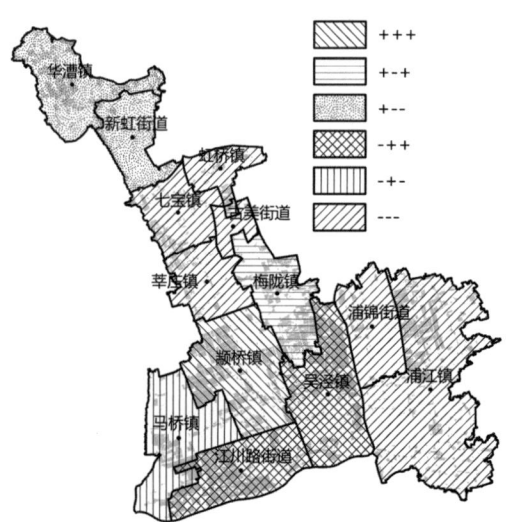

注：“+++”等图例分别对应 PD、MPS、MPI 指数，并用"+"或"－"代表各街镇该项单一指标所反映用地破碎程度高于或低于闵行区整体水平的关系。

图 5-22　各街镇空间指数与整体水平关系的定性分析

$$S = \frac{ln A_i - ln A_{\min}}{ln A_{\max} - ln A_{\min}} \tag{5-2}$$

式中 S 为标准化处理结果；A_i 为某一待处理数据；$A_{\max}$ 为该指数数列的最大值；$A_{\min}$ 为该指数数列的最小值。由于 MPS、MPI 指数数列的变化趋势与破碎化程度变化趋势正好相反，故需对这两个指数先取倒数再计算。如下：

S_{PD}，S_{MPS}，S_{MPI} 为标准化处理后的各项空间指数，可代入式（5-1）。各指数值均位于 0 至 1 的数值区间中，反映了在案例研究闵行区范围内某一街镇的某一指数相对于所有其他街镇的位序关系，并且，其数量变化趋势与破碎化程度强弱变化趋势相同。

3）指数权重的确定

$$S_{PD} = \frac{PD_i - PD_{\min}}{PD_{\max} - PD_{\min}} \tag{5-3}$$

$$S_{MPI} = \frac{\frac{1}{MPI_i} - (\frac{1}{MPI})_{\min}}{(\frac{1}{MPI})_{\max} - (\frac{1}{MPI})_{\min}} \tag{5-4}$$

$$S_{MPS} = \frac{\frac{1}{MPS_i} - (\frac{1}{MPS})_{\min}}{(\frac{1}{MPS})_{\max} - (\frac{1}{MPS})_{\min}} \tag{5-5}$$

赋予三个指数以相同权重的计算方式容易忽略某些指数对破碎程度判断更为重要的事实，因此需要进行修正。根据各指数对破碎度评价的影响程度，用数字 1 至 9 及其倒数为标度，形成空间指数的权重判断矩阵（表 5-15，表 5-16）。

通过判断矩阵运算得到式（5-1）中 PD、MPS、MPI 的权重 a、b、c 分别为 0.16、0.30、0.54。判断矩阵最大特征值 $\lambda_{\max}=3.0092$，计算一致性指数 CI=0.0046。经查表 5-17，三阶矩阵随机一致性指数 RI=0.52，计算得到检验系数 CR=0.0088＜0.1，认为判断矩阵满足一致性，即空间指数的权重选择，满足判断矩阵一致性要求。

表 5-15　　判断矩阵标度定义

标度	含义
1	两个因素相比，具有相同重要性
3	两个因素相比，前者比后者稍重要
5	两个因素相比，前者比后者明显重要
7	两个因素相比，前者比后者强烈重要
9	两个因素相比，前者比后者极端重要
2、4、6、8	介于上述相邻判断的中间值
倒数	若因素i与因素j的重要性之比为a_{ij}，则因素j与因素i的重要性之比为$1/a_{ij}$

资料来源：汪应洛. 系统工程（2版）. 机械工业出版社，2003: 130-140.

表 5-16　　空间指数权重判断矩阵

空间指数	PD	MPS	MPI
PD	1	2	3
MPS	1/2	1	2
MPI	1/3	1/2	1

资料来源：汪应洛. 系统工程（2版）. 机械工业出版社，2003: 130-140.

表 5-17　　随机一致性指标表

矩阵阶数	1	2	3	4	5	6	7	8	9	10
RI	0	0	0.52	0.89	1.12	1.24	1.36	1.41	1.46	1.49

资料来源：汪应洛. 系统工程（2版）. 机械工业出版社，2003: 130-140.

4．各街镇工业用地破碎度的评价

1）工业用地破碎度综合指数计算结果

运用"破碎度指数综合计算模型"（式 5-1），以街镇为单位计算工业用地破碎指数结果（表 5-18，图 5-23）。

闵行区 13 个街镇工业用地斑块破碎度指数计算结果显示，破碎度指数在 0.0512 至 0.8302 分布。其中，江川路街道的综合破碎度指数为 0.0512，是最低值；新虹街

表5-18　　　　　　　　　　上海闵行区各街镇工业用地破碎度指数计算结果

行政区	PD	S_{PD}	MPS	S_{MPS}	MPI	S_{MPI}	FI
江川路街道	6.14	0.32	5.62	0.00	794.66	0.00	0.0512
吴泾镇	6.22	0.33	4.53	0.01	392.79	0.07	0.0948
马桥镇	3.92	0.05	3.32	0.04	189.68	0.22	0.1376
颛桥镇	8.70	0.63	3.72	0.03	364.52	0.08	0.1538
华漕镇	9.64	0.75	2.41	0.07	283.39	0.12	0.2090
浦江镇	6.91	0.41	2.11	0.09	187.03	0.22	0.2142
梅陇镇	11.67	1.00	2.00	0.10	314.57	0.11	0.2464
七宝镇	6.19	0.33	1.90	0.11	121.93	0.38	0.2896
浦锦街道	4.30	0.09	1.34	0.17	106.53	0.45	0.3076
虹桥镇	6.39	0.35	1.78	0.12	100.13	0.48	0.3497
莘庄镇	5.41	0.23	1.69	0.13	59.78	0.85	0.5328
古美街道	3.55	0.00	0.29	1.00	79.87	0.62	0.6336
新虹街道	11.56	0.99	0.61	0.44	51.31	1.00	0.8302
均值	6.97	—	2.41	—	234.32	—	0.3117
104区块*	1.14	-0.30	15.72	-0.03	660.81	0.01	-0.0504
闵行区整体水平	7.15	0.44	2.72	0.06	297.20	0.11	0.1508

注*：本研究将闵行区内上海市依照工业用地政策划定的"104区块"作为比照组，用地斑块破碎度计算结果为负。原因是斑块密度PD低于所有街镇，平均斑块面积MPS大于所有街镇，则会在相应的数据集中处于"外溢"状态。

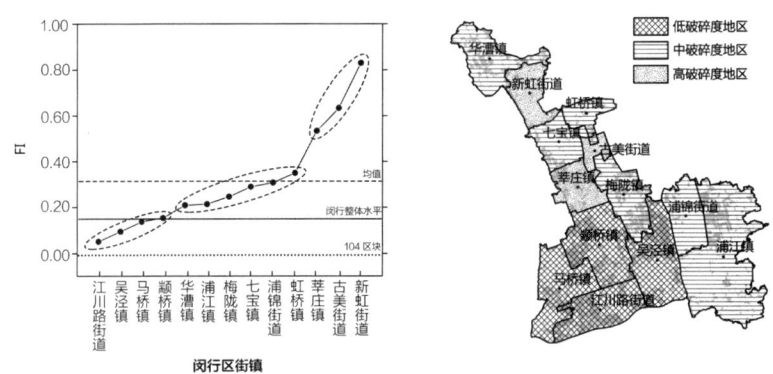

图5-23 FI计算结果的分布情况

道为 0.8302，是最高值。颛桥街道为 0.1538，最接近闵行区整体水平 0.1508。共有 9 个街镇工业用地破碎度指数低于 0.3117 的均值，有 4 个街镇的破碎度指数高于均值。闵行区 13 个街镇工业用地斑块破碎度指数并不具有在 [0，1] 区间正态分布的特征。

2）破碎度综合指数排序与破碎程度分级

仅有综合指数的运算结果，还不足以与一定辖域内工业用地是否破碎形成直接的关联，仍然需要对指数数列进行分级。数列的分级类似一种评价行为。

用"破碎度综合指数"（FI）的计算结果对 13 个街镇进行工业用地破碎度排序；将"104 区块"和闵行区整体情况作为比照组。同时，展示各街镇工业用地空间分布图斑（图 5-23）。根据闵行区 13 个街镇的 FI 指数排序所绘制的指数变化曲线，可以看到，它们相互之间分布在相对明确的三个区间（图 5-24）。可以将这三个明显的区

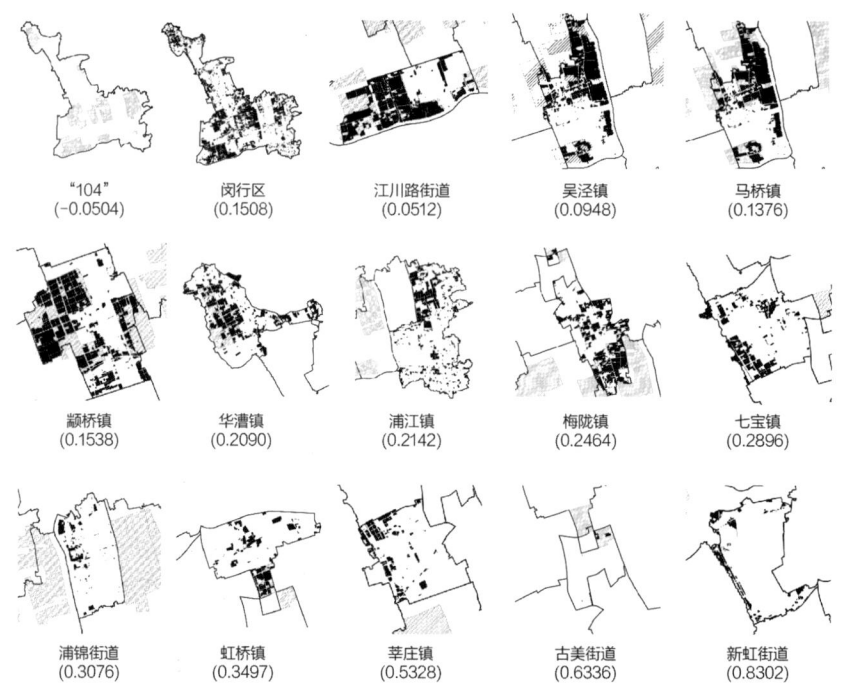

注：图中阴影部分为上海市"104 区块"工业选址范围

图 5-24 上海闵行区各街镇工业用地破碎度排序及斑块特征

间定义为依据综合指数对闵行区各街镇工业用地破碎度水平相对低、中、高三级的评价（表 5-19）。

3）计算结果的初步验证

选取 FI 指数最高、最低、最接近闵行区整体水平的三个街镇（新虹街道、江川路街道、颛桥镇）进行初步验证，比较其工业用地图斑与控规拼合图的差异（图 5-25）。

表 5-19　　　　　　　上海市闵行区街镇工业用地破碎度分级表

破碎度分级	街镇名称	FI指数范围
低	江川路街道、吴泾镇、马桥镇、颛桥镇	0＜FI≤0.1538
中	华漕镇、浦江镇、梅陇镇、七宝镇、浦锦街道、虹桥镇	0.1538＜FI＜0.5328
高	莘庄镇、古美街道、新虹街道	0.5328≤FI＜1

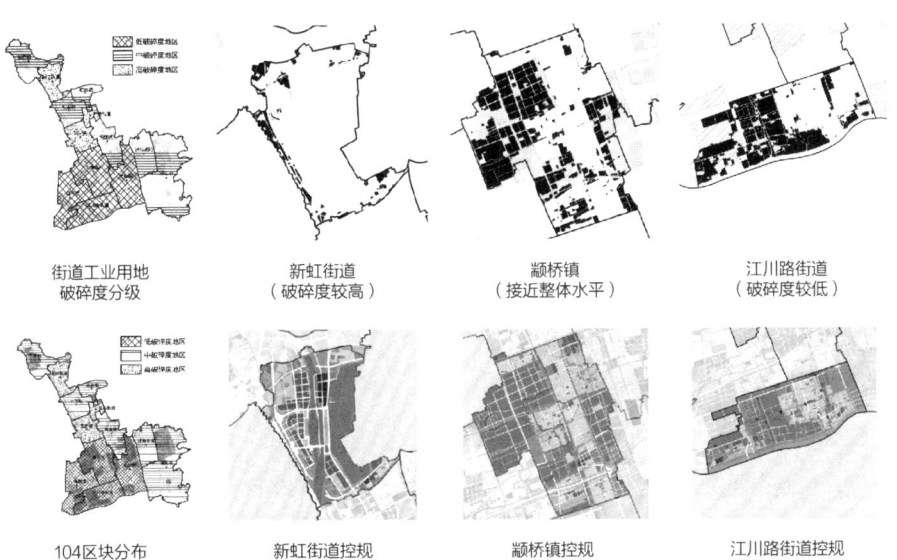

图 5-25 闵行区工业用地破碎度指数典型街镇的现状图斑与控规比较

资料来源：根据闵行区 2014 年已批控规拼合资料整理

5.4 破碎度评价对工业用地的政策意义和作用

5.4.1 具有政策检验和政策引导双重作用

大型产业园区的分布影响各街镇工业用地的破碎程度。闵行区工业用地低破碎的街镇包括江川路街道、吴泾镇、颛桥镇、梅陇镇和马桥镇,集中分布在西南部的工业用地集中区域,该地区分布有若干高等级的产业园区。中破碎度的街镇,包括华漕镇、新虹街道、七宝镇、浦江镇、虹桥镇、莘庄镇,位于低破碎地区外围,街镇数量较多。高破碎地区包括浦锦街道和古美街道,缺少大面积集中的工业园区。由此可见,高等级、大规模、集中的工业园区或者工业用地,可以有效地降低所处以及周边行政单元的工业用地破碎情况。作为比照组的"104区块"综合破碎度指数为负值,可以说明两点:其一,"104区块"规划方案中斑块数量和平均斑块面积这两个指数都在现状数列之外,对现状破碎情况有一定程度的改善;其二,作为整治工业用地布局问题的重要手段,"104区块"规划的政策效果非常明显。之所以如此,是因为产业政策、土地政策和财政税收体制在一定空间范围的一体化,起到了重要的作用。可见,工业用地的破碎度评价,可以用来对政策效果进行检验(表5-18,图5-25)。

另一方面,工业用地破碎度分析帮助街镇层面制定空间发展策略。如前文破碎度指标验证中所述,工业用地破碎度较高的街镇,比如浦锦街道和古美街道,适宜选择将破碎化分布的工业用地进行整合、实施整体转型和再开发的策略。而工业用地破碎度较低的街镇,比如江川路街道,适宜依托现有产业基础和工业用地,采取产业转型升级、产业空间重构的再工业化发展策略。因此,不同的破碎度评价结果,对具体行政单元根据产业空间特征、结合相关产业政策和地区特征,制定相应的工业用地空间转型发展策略,具有引导作用。

5.4.2 后续应开展空间绩效优化研究

用地破碎度评价研究对一定辖区内工业用地的空间转型模式具有借鉴意义，有若干需要后续继续深入研究的方面。

1. 用地破碎度评价需要建立指数运算结果与破碎认知的联系

用地是否破碎常常是基于用地图斑所做的个人经验性判断，是定性的描述。在研究区域范围的分析过程中，不同治理空间单元之间用地破碎程度的排序关系通常难以人为确定，因此，定量化测度显得很有必要。需要深入关注以下方面：

其一，破碎指数运算结果并不代表破碎度本身。用地破碎程度具有明显的相对性特点，它是研究范围内各治理空间单元用地破碎状况的相对水平。能否凝练出具有绝对性的、标准化的破碎指标，还需要进一步的探索。

其二，用地破碎度的基本空间原型可以通过定量测度逐步形成（图 5-26）。将定性研究与定量研究相结合，建立用地破碎指数与经验性认知之间的相互解释关系，能够为本研究方法在规划编制和空间转型战略过程中的运用提供基础。

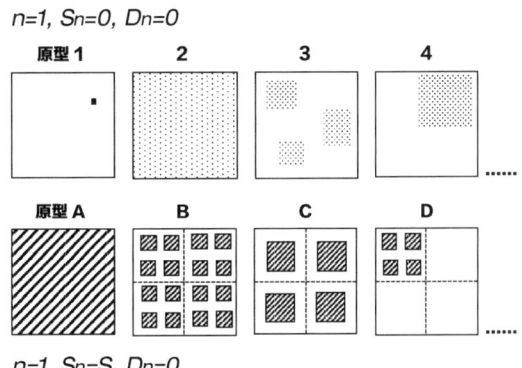

图 5-26 用地斑块破碎的基本空间原型概念

其三，不同治理空间单元辖域之间工业用地破碎度指数横向比较的必要性和可行性。基于空间原型和破碎度指数，形成具有普遍性和典型性的用地破碎度评价，对跨地区的战略和空间对策具有借鉴价值。这一理论性目标的实现，需要基于大量的不同社会经济特征地区工业用地破碎度实证案例研究的积累和归纳，并且需要揭示不同地区之间工业用地破碎度指数计算的相对独立性，以及评价标准的差异性。

2. 空间指数选取有进一步增加的必要

破碎度指数计算结果显示，莘庄镇和古美街道同属工业用地破碎较严重的街道，但实际用地图斑却显示两者有明显的差异。差异的产生说明 PD、MPS、MPI 三个空间指数也仍然不足以描述用地破碎的全部特征。比如，用地斑块的最大值与最小值之间的差异程度越大，用地破碎情况越严重。因此，斑块面积平方差（PSCV）指数，乃至反应用地斑块其他特性的指数，需要逐步增加到"破碎度指数综合计算模型"中去，并需要根据评价地区的特点确定各空间指数的权重。

3. 形成对工业用地的空间绩效认知还需充分考虑社会经济因素

本研究仅完成了对工业用地空间分布物理特征的阶段性研究。事实上，随着所涉及问题的复杂化和多样化，社会经济因素的不断叠加将导致用地使用状况的进一步破碎化。比如，用地权属关系、转型意愿和选择、产业门类结构等的多样化，将导致具有表征性的用地空间分布关系的破碎化。进而，可以考虑多种土地使用方式之间的空间影响关系，进一步增加破碎分析的社会经济维度，并逐步形成对工业用地绩效逻辑的分析框架。这些信息对工业用地空间转型模式、空间转型对策、转型更新政策和转型更新规划编制都将产生重要的影响。

4. 面向空间转型目标引入优化指数

工业用地斑块分析中的一些指数具有空间布局优化的导向性。比如，聚集度指数（AI）、斑块结合度指数（COHESION）、蔓延度指数（CONTAG）等，都从不同侧面反映了用地斑块之间在聚集程度、连通性和整体连接性方面的情况，能够为提出空间转型优化对策提供参考和借鉴，在生成空间优化方案时发挥重要作用。比如，在聚合度指数较高的工业用地斑块上，通常可以考虑工业产业的就地升级和大型新兴产业的分布，或者整体转型成为城市生态空间。在联通度、蔓延度指数较高的斑块聚集地带，可以提出优先转型成为生态网络的建议。聚合度、联通度相互结合考虑，可以为形成生态网络体系和为生态基础设施找到城市建成地区的空间载体提供机会。因此，可以乐观地预期，大量建成地区工业用地的转型，为面向生态文明和高质量发展的新的城市发展阶段，提供了可充分利用的"优质"空间载体。

5.5 小结

尝试把一定辖域范围内的工业用地的分布情况进行概括性的、具有明确特征状态的描述，是本章的目标。显然，这是一个复杂的过程，并且既有的研究非常缺乏。

在宁波市的研究延续了既有的探索。通过圈层和象限两个描述方式，对具有团状空间分布特征的城市中的工业用地分布进行归纳。可以看到几个规律性的结论，其一，在工业用地集中、大量出现的年代，通常会选择当时的城乡结合部位进行布局，并会形成一个产业带，紧紧地套在城市边缘；这与研究开展之前的假设相一致。其二，随着城市空间的扩张式蔓延，城市通过环状交通加放射交通方式解决跨越前一阶段构筑的"产业带"阻隔问题，并在环状交通附近形成新的城市"实体"空间。其三，工业用地不仅渗透于新的城市"实体"空间，并且由这一范围向郊区、远郊呈扩散式分布。其四，放射状区域交通走廊往往同时成为占据发展方向、形成扇形分割的重要因素，完成空间分割"目标"的仍然是各种工业用地。

显然，这样的空间分布描述是不够的。本书引入了新的描述方式：工业用地空破碎分析。由于破碎认知的相对性和主观性，基于一定空间分析软件构建破碎度认知的多元判定要素，最终形成综合评价模型，就成了本章第二部分努力实现的目标。研究同样得出若干结论，其一，从一定的行政区划范围入手认知工业用地的分布破碎状况，是具有政策输出效应的设定。其二，破碎度判断本身跟用地斑块数量、大小、分布聚集程度直接相关，但是，三个方面孰轻孰重难以确定，需要进行大量的实证检验。其三，破碎度的判断具有相对性，应当在一定的地域范围内开展，因此，可能需要在较大尺度上首先完成计算分区的区划工作。其四，破碎化分布是空间转型和空间模式生成的基础，也就是说，如果不存在破碎状态，那么空间转型的类型研究似乎就没有必要。其五，破碎化既是物质空间状态的描述方法，也同样可以作为社会经济、意愿偏好状况的描述方法。

本章对工业用地空间分布特征的认知提出了空间分析与定量分析相结合的研究方法，尤其是构建了一个基于用地斑块密度、平均斑块面积和平均距离指数三个空间指数的破碎度指数综合计算模型。

用地破碎化在被量化计算和比较的同时，用地破碎的内涵得到了明晰。通过用地空间破碎评价路径，为空间绩效的量化分析提供了新的理论实践路径，对充实关于空间绩效的理论具有借鉴。本章内容也具有一定的实践意义。通过对工业用地破碎度的评价，可以发现转型升级的难点和典型地区，转型的空间类型，以及为生态网络格局的形成提供了绝佳机会，有助于针对性提出对策和措施。对在中观层面提出城市功能性修补空间对策有借鉴意义；在宏观层面，有助于提出城乡统筹发展的空间结构优化方案。当然，目前的分析结果是否具有较高的准确性和实践指导意义，还有待于进一步的检验。

第6章 工业用地空间研究方法的适用性

本章是对第 5 章研究内容的优化和检验。针对工业用地图斑所进行的工业用地特征分析，可能会存在缺陷，本章是对可能存在缺陷的讨论，并针对性地提出解决方案。一方面，方便研究者复制、采纳本书提出的研究方法；另一方面，供研究者批评并提出其他优化的解决方案。

6.1 破碎化分析的优化

6.1.1 单项指数计算结果需归一化处理

本书在构建三个单一指数的综合指数计算公式时，采用了已有研究的结论，先取对数再标准化的过程中，运算结果与对数的底数无关。根据当下规范，采用自然对数进行运算。各指数标准化处理公式优化调整如下：

$$S = \frac{lnA_i - lnA_{min}}{lnA_{max} - lnA_{min}} \tag{6-1}$$

各指数标准化处理公式调整如下：

$$S_{PD} = \frac{lnPD_i - lnPD_{min}}{lnPD_{max} - lnPD_{min}} \tag{6-2}$$

$$S_{MPS} = \frac{ln\frac{1}{MPS_i} - ln(\frac{1}{MPS})_{min}}{ln(\frac{1}{MPS})_{max} - ln(\frac{1}{MPS})_{min}} \tag{6-3}$$

$$S_{MPI} = \frac{ln\frac{1}{MPI_i} - ln(\frac{1}{MPI})_{min}}{ln(\frac{1}{MPI})_{max} - ln(\frac{1}{MPI})_{min}} \tag{6-4}$$

根据优化公式，各项指标计算结果均逐一得到修正更新如下（表6-1）。将这一运算结果代入综合评价公式，获得更新后的综合评价指数列表。

6.1.2 多元综合指数及其权重的调整

1. 单项指数及其标准差

在原有的综合指数计算模型中，曾经采用平均紧邻指数 MPI 作为其中因子。

根据文献经验所采用的 PD、MPS、MPI 的权重 a、b、c 分别为 0.16、0.30、0.54。进而针对每个街镇计算得出的三个指数再行运算标准差。标准差是对一组围绕平均值分布的数据，其分散程度的度量。一个较大的标准差，代表大部分数值与其平均值之间差异较大；一个较小的标准差，代表这些数值较接近平均值。平均近邻指数（MPI）度量值的标准差非常大，反映了闵行区 13 个街镇在这项指标上偏离平均值情况较大，赋予该指数更高的权重显然能够凸显街镇之间工业用地斑块的空间分布的差异程度（表6-2）。

表6-1　　　　　　　　　　闵行区街镇空间指数及标准化计算优化结果

行政区	辖域面积	PD	S_{PD}	MPS	1/MPS	S_{MPS}	MPI	1/MPI	S_{MPI}
江川路街道	30.27	6.14	0.460372	5.62	0.18	0	794.66	0.0013	0
吴泾镇	37.63	6.22	0.47125	4.53	0.22	0.072566	392.79	0.0025	0.257163
马桥镇	33.62	3.92	0.083309	3.32	0.30	0.177652	189.68	0.0053	0.522826
颛桥镇	38.86	8.7	0.75321	3.72	0.27	0.138835	364.52	0.0027	0.284418
华漕镇	28.18	9.64	0.839421	2.41	0.42	0.285257	283.39	0.0035	0.376296
浦江镇	79.24	6.91	0.559648	2.11	0.47	0.32961	187.03	0.0053	0.527963
梅陇镇	26.71	11.67	1	2	0.50	0.348624	314.57	0.0032	0.338201
七宝镇	19.93	6.19	0.467187	1.9	0.53	0.365318	121.93	0.0082	0.684109
浦锦街道	23.29	4.3	0.161055	1.34	0.75	0.483544	106.53	0.0094	0.733963
虹桥镇	11.00	6.39	0.493908	1.78	0.56	0.387737	100.13	0.0100	0.755972
莘庄镇	19.14	5.41	0.354013	1.69	0.59	0.405264	59.78	0.0167	0.944245
古美街道	6.20	3.55	0	0.29	3.47	1	79.87	0.0125	0.838483
新虹街道	19.21	11.56	0.992042	0.61	1.63	0.745449	51.31	0.0195	1
闵行区整体水平	-	7.15	0.588337	2.72	-	0.244321	297.2	-	0.358936

表6-2 闵行区街镇空间指数描述统计结果

指数	单位	最小值	最大值	均值	标准差
PD	个/平方公里	3.55	11.67	6.9821	2.57311
MPS	hm²	0.29	5.62	2.4314	1.46091
MPI	-	51.31	794.66	238.8136	197.59600

2. 面积占比指数的考虑

一定辖域内工业用地使用的占比大小,能够反映这个区域内工业化的程度,或者以工业用地为表征的招商引资、制造业发展的程度,甚至是以工业园区为载体的融资平台建设的大体情况。如果同样的占比,空间分布完整则说明有一定规模的工业园区,空间分布破碎则说明民营经济发育较好。因此,在后续综合指标计算模型优化方案中,需增加考虑工业用地占治理单元辖域面积之比这一要素(表6-3)。

3. 单项指数的共线性检验和剔除

单项指数标准化的结果服从正态分布。由于样本量小,选择SW检验。结果表明显著性均大于0.05,认为S_{pd},S_{mps},S_{mpi}均呈现为正态分布。进而,进行Pearson相关分析以检验数据集之间的共线性问题(表6-4)。

对三个指数两两进行相关性分析。结果显示S_{mps}和S_{mpi}相关性较强,S_{pd}与其他指数不相关(表6-5)。观察S_{mps}和S_{mpi}的散点图(图6-1 a)。将各街镇按S_{mps}升序排列,观察S_{mps}与S_{mpi}的关系(图6-1b)。将各街镇按S_{mpi}升序排列,观察S_{mps}与S_{mpi}的关系(图6-1 c)。

4. 综合评价指数计算公式的优化和各项指数计算结果校验

共线性问题是若干数据集从不同侧面反映一个综合性特征时所必需的检验步骤。如果S_{pd},S_{mps},S_{mpi}三个数据集具有显著的共线性问题,那么它们就难以构成从不同侧面反映、评价工业用地破碎化程度综合性判断的要求,它们相互之间是可以替代的关系,赋不赋予权重都无关紧要。因此,本书决定剔除S_{mpi}指数,替换成S_{mnd}指数(表6-6,

表 6-3　　　　　　　　　闵行区分街镇单元工业用地空间指数计算结果

行政区	辖域面积（km²）	工业用地面积（km²）	占比	PD	MPS	MPI
浦江镇	79.24	11.53	14.55%	6.91	2.11	187.03
颛桥镇	38.86	12.58	32.37%	8.70	3.72	364.52
吴泾镇	37.63	10.6	28.17%	6.22	4.53	392.79
马桥镇	33.62	4.38	13.03%	3.92	3.32	189.68
江川路街道	30.27	10.45	34.52%	6.14	5.62	794.66
华漕镇	28.18	6.51	23.10%	9.64	2.41	283.39
梅陇镇	26.71	6.21	23.25%	11.67	2.00	314.57
浦锦街道	23.29	1.3	5.58%	4.30	1.34	106.53
七宝镇	19.93	2.28	11.44%	6.19	1.90	121.93
新虹街道	19.21	1.35	7.03%	11.56	0.61	51.31
莘庄镇	19.14	1.74	9.09%	5.41	1.69	59.78
虹桥镇	11.00	1.23	11.18%	6.39	1.78	100.13
古美街道	6.20	0.06	0.97%	3.55	0.29	79.87
均值	28.71	-	-	6.97	2.41	234.32
闵行区整体水平	373.27	70.28	18.83%	7.15	2.72	297.20

表 6-4　　　　　　　　　　　　　　指数常态检定

	Kolmogorov-Smirnov[a]			Shapiro-Wilk		
	统计资料	df	显著性	统计资料	df	显著性
S_{pd}	0.143	14	0.200*	0.953	14	0.616
S_{mps}	0.211	14	0.091	0.906	14	0.138
S_{mpi}	0.146	14	0.200*	0.966	14	0.814

注：*. 这是真实显著性的下限；
a. Lilliefors 显著性校正。

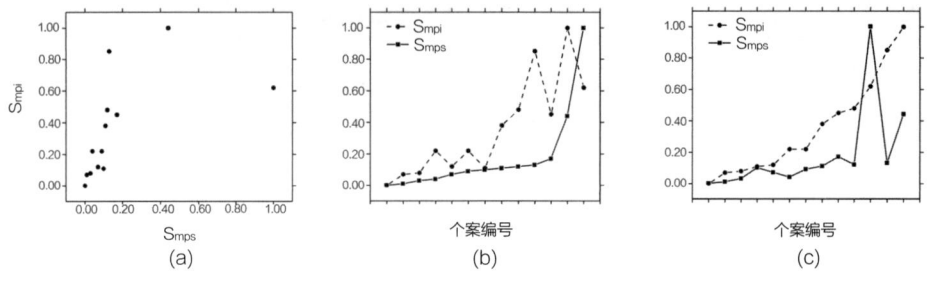

图 6-1 S_{pd}，S_{mps}，S_{mpi} 三个指数的共线性检验

表 6-5　　　　　　　　　　　Pearson 相关性分析

		S_{pd}	S_{mps}	S_{mpi}
S_{pd}	(Pearson) 相关 显著性（双尾） N	1 13	-0.163 0.594 13	-0.210 0.492 13
S_{mps}	(Pearson) 相关 显著性（双尾） N	-0.163 0.594 13	1 13	0.791** 0.001 13
S_{mpi}	(Pearson) 相关 显著性（双尾） N	-0.210 0.492 13	0.791** 0.001 13	1 13

注：**.相关性在 0.01 层上显著（双尾）。

表 6-6　　　　　　　　　土地使用破碎分析主要指数及含义

指标名称	单位	指标含义
斑块密度（PD）	个/100公顷	反映研究范围用地斑块的数量。该值越大，表示用地斑块越多，用地相对破碎度越大
平均斑块面积（MPS）	公顷	反映用地斑块平均大小。该值越大，用地完整度越好，用地相对破碎度越小
平均最近距离（MND）	米	反映用地斑块与各自最近的斑块之间距离的平均值。值越小，表示斑块之间越近邻，整体破碎度相对越小

$$S_{MND} = \frac{ln(MND_i) - ln(MND_{min})}{ln(MND_{max}) - ln(MND_{min})} \quad (6-5)$$

$$FI = a \times S_{PD} + b \times S_{MPS} + c \times S_{MND} \quad (6-6)$$

式 (6-5)，式 (6-6)）。保持权重分配不变。

与此同时，对 S_{pd}, S_{mps} 两个指数也进行了优化计算，尤其对归一化处理的结果反复进行了验证校核。结果如下（表 6-7）。

单项指标的分析结论相较第五章有所调整，并以以下结论为准：

1）斑块密度特征（PD）

结果显示，古美街道 PD 值最小，为 0.48，华漕镇 PD 值最大，为 6.21；闵行区整体水平为 3.60，颛桥镇、新虹街道、七宝镇、浦锦街道、浦江镇、华漕镇和虹桥镇高于整体水平，意即相对于其他街镇较为破碎（表 6-7，图 6-2，是对图 5-15 的校验和修正）。

2）平均斑块面积特征（MPS）

结果显示，浦锦街道内工业用地 MPS 值最小，为 1.54hm²；江川路街道 MPS 值最大，为 14.35hm²；闵行区整体水平为 5.65hm²，有 9 个街镇低于整体水平，相对其他 4 个街镇用地较为破碎（表 6-7，图 6-2）。

3）平均最近距离（MND）

平均近邻指数 MND 反映用地斑块之间的相对分布情况，意即相对稀疏还是紧邻，该指数越大则用地越破碎。古美街道 MND 值最高，为 800.29m；新虹街道 MPI 值最低，为 48.94m。闵行区整体水平为 68.05m，有 7 个街镇高于整体水平，相对其他 6 个街镇较为破碎（表 6-7，图 6-2）。

4）综合评价指数（FI）

三个指数所单独反映的相对破碎程度均低于全区整体水平的只有江川路街道、吴泾镇，三个指数所单独反映的相对破碎程度均高于整体水平的只有虹桥镇、七宝镇、浦江镇和浦锦街道，除此之外则有高有低；而这一分类情况不足以判断街镇相互之间工业用地斑块破碎程度的高下之分（图 6-3，是对图 5-17 的校验和修正）。

表 6-7　　　　　　　　闵行区分街镇单元工业用地空间指数校验计算结果

行政区	PD	S_{PD}	MPS	S_{MPS}	MND	S_{MND}	FI
浦江镇	4.21	0.85	3.63	0.62	80.57	0.18	0.42
颛桥镇	3.73	0.80	9.58	0.18	58.67	0.06	0.22
吴泾镇	2.55	0.65	12.10	0.08	64.34	0.10	0.18
马桥镇	1.72	0.50	8.15	0.25	115.53	0.31	0.32
江川路街道	2.58	0.66	14.35	0.00	63.75	0.09	0.16
华漕镇	6.21	1.00	3.98	0.58	64.25	0.10	0.39
梅陇镇	4.88	0.91	5.06	0.47	50.23	0.01	0.29
浦锦街道	3.82	0.81	1.54	1.00	91.26	0.22	0.55
七宝镇	4.03	0.83	3.07	0.69	70.97	0.13	0.41
新虹街道	3.78	0.81	1.87	0.91	48.94	0.00	0.40
莘庄镇	2.78	0.69	3.53	0.63	133.12	0.36	0.49
虹桥镇	4.45	0.87	2.70	0.75	76.70	0.16	0.45
古美街道	0.48	0.00	2.09	0.87	800.29	1.00	0.80
均值	3.48	-	5.51	-	132.20	-	0.39
闵行区整体水平	3.60	0.79	5.65	0.42	68.05	0.12	0.31
104 Area	-	0.34	-	(0.04)	-	(0.24)	(0.09)

5）破碎度综合指数排序与破碎程度分级校验结果

闵行区 13 个街镇工业用地斑块破碎度指数计算结果显示，破碎度指数在 0.16 至 0.80 分布。其中，江川路街道的综合破碎度指数为 0.16，是最低值；古美街道为 0.80，是最高值。梅陇镇为 0.29，最接近闵行区整体水平 0.31。共有 4 个街镇工业用地破碎度指数低于 0.30，有 2 个街镇的破碎度指数高于 0.5。闵行区 13 个街镇工业用地斑块破碎度指数并不具有在 [0，1] 区间正态分布的特征。

经修正校验后，各街镇破碎化程度排序表做了相应调整。

用"破碎度综合指数"（FI）的计算结果对 13 个街镇进行工业用地破碎度排序；将 104 区块和闵行区整体情况作为比照组。同时，展示各街镇工业用地空间分布图斑

第 6 章 工业用地空间研究方法的适用性 | 245

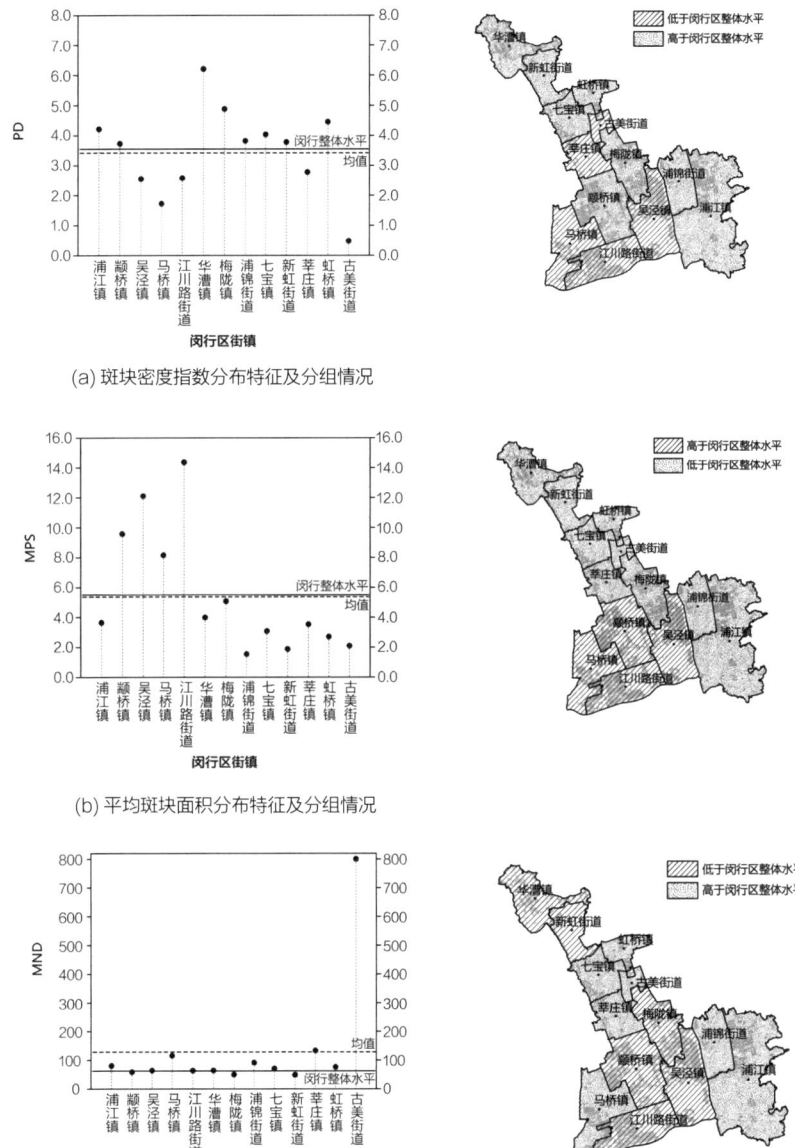

(a) 斑块密度指数分布特征及分组情况

(b) 平均斑块面积分布特征及分组情况

(c) 平均最近距离分布特征及分组情况

图 6-2 上海闵行区各街镇工业用地单一空间指数特征校验分析

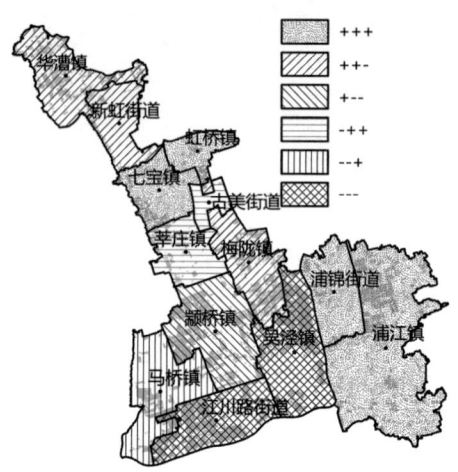

图6-3 各街镇空间指数与整体水平关系的定性分析校验结果

（图6-4，是对图5-19的校验和修正）。根据闵行区13个街镇的 *FI* 指数排序所绘制的指数变化曲线，可以将其分为三个梯队（图6-5，是对图5-18的校验和修正），分别代表闵行区工业用地破碎度水平相对低、中、高三级的评价（表6-8，是对表5-19的校验和修正）。

6）计算结果的进一步验证

选取 *FI* 指数最高、最低、最接近闵行区整体水平的三个街镇（浦锦街道、江川路街道、梅陇镇）进行初步验证，比较其工业用地图斑与控规拼合图的差异（图6-6，是对图5-20的校验和修正）。

浦锦街道代表了工业用地高破碎度街镇。现状工业用地分布较为分散。工业用地数量多而总面积较小，开发利用难度大。规划中浦锦街道将现状工业用地整体转型为其他用地如商业、绿地等，并仅保留少量工业用地。

工业用地破碎度指数最低的江川路街道，是国家级闵行经济技术开发区的所在地。根据上海市工业用地相关政策，依托开发区划定的104产业区块占街镇面积比例较高。在"产业向园区集中"的强大政策作用下，街道层级属地化的产业发展受到了一定程度的抑制。

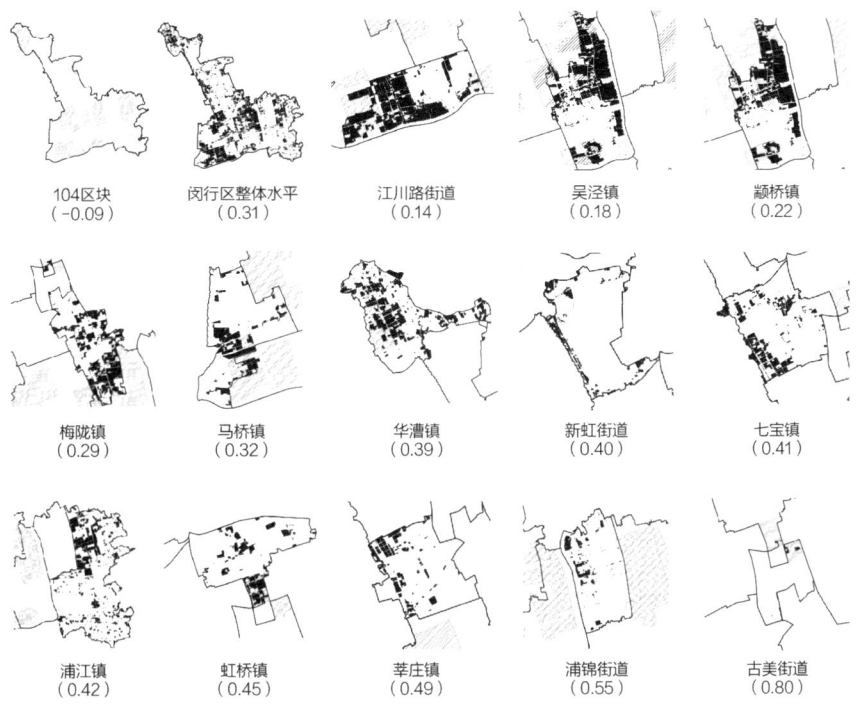

图6-4 上海闵行区各街镇工业用地破碎度排序及斑块特征调整后列表

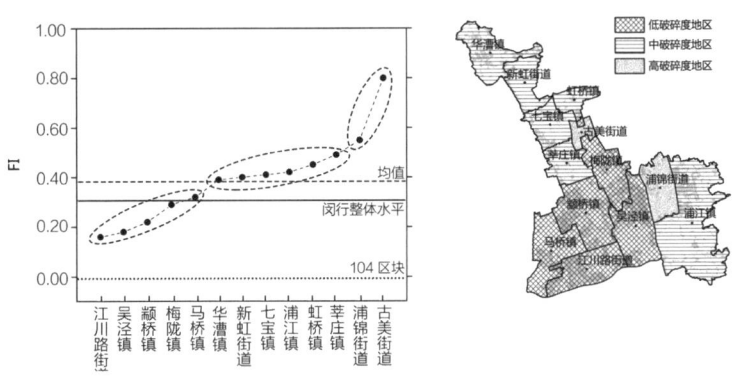

图6-5 FI校验结果的分布情况

表 6-8　　　　　　　　　上海市闵行区街镇工业用地破碎度分级表

分级	街镇单元	FI 指数
低	江川路街道，吴泾镇，颛桥镇，梅陇镇，马桥镇	0＜FI≤0.32
中	华漕镇，新虹街道，七宝镇，浦江镇，虹桥镇，莘庄镇	0.32＜FI＜0.55
高	浦锦街道，古美街道	0.55≤FI＜1

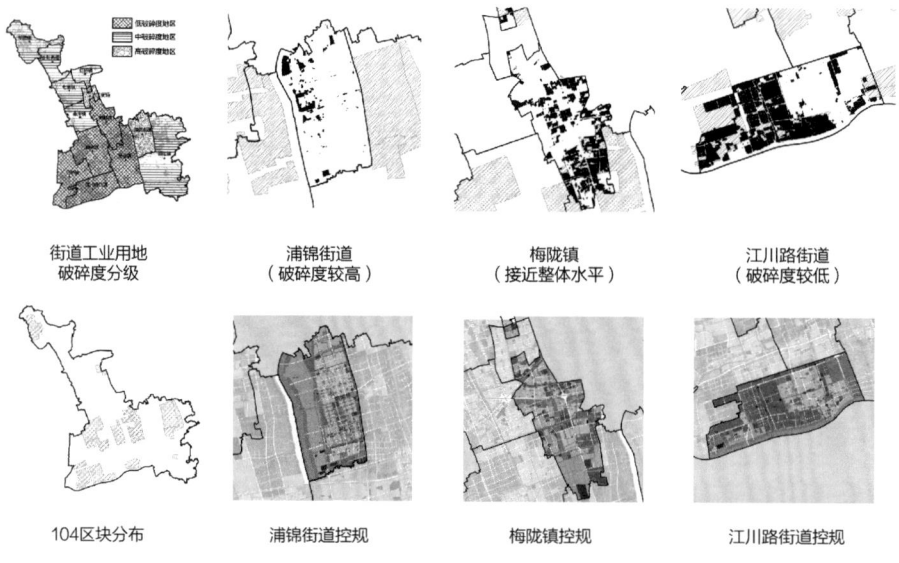

图 6-6　闵行区工业用地破碎度指数校验后典型街镇的现状图斑与控规比较
资料来源：根据闵行区 2014 年已批控规拼合资料整理

　　梅陇镇的工业用地破碎度接近于闵行区的整体水平，是比较具有代表性的街镇。辖区内有集中工业用地，同样存在集中发展和属地化发展两种工业生产聚集形态，因此，是各类生产形式都得到充分发育的经济活力地区。规划在现有工业园区基础上形成了两处 104 区块，工业用地在分散与集聚之间形成了适度的均衡状态，具有大都市边缘地区的典型特征。

总体评价结果校验和修正如下：闵行区工业用地低破碎的街镇包括江川路街道、吴泾镇、颛桥镇、梅陇镇和马桥镇，集中分布在西南部的工业用地集中区域，该地区分布有若干高等级的产业园区。中破碎度的街镇，包括华漕镇、新虹街道、七宝镇、浦江镇、虹桥镇、莘庄镇，位于低破碎地区外围，街镇数量较多。高破碎地区包括浦锦街道和古美街道，缺少大面积集中的工业园区。由此可见，高等级、大规模、集中的工业园区或者工业用地，可以有效地降低所处以及周边行政单元的工业用地破碎情况。

6.1.3 工业用地图斑处理规则

1. 边角地处理规则

笔者深入上海闵行区颛桥镇做更为深入的调研和工业用地斑块分析，以解决在软件运算过程中所碰到的关键性技术处理疑难。发现在颛桥镇基础用地图斑共10697块中，存在大量用地性质相同、边界相邻的地块，但是在计数中分别作为独立地块对待（图6-7）。

不同用地使用性质的用地由于使用特征的原因，其最小可利用地块的大小和形状常常相异。比如，由于市政道路出现局部线性变化，常常会切割出无法使用的用地，这些用地在GIS软件平台中如不进行处理，往往会影响计算结果（图6-7a）。这种难以使用的用地常被称为"边角地"[1]，它们是面积过小，或形状过于特殊导致无法满足土地使用的图斑。在属性表中可以通过面积大小识别边角地。然而，仍然有大量面积较大、形状特殊的边角地存在，也有完整大图斑中延伸出细小特殊形状的部分，除非人工处理否则无法区分（图6-7b）。

其中，面积小于$1m^2$的图斑占边角地的大部分，而且不分用地性质均存在有边角地现象。在制作研究地区的工业用地空间分析数据"底板"时，如果暂时忽略土地的权属信息，则存在与较大面积同用地性质图斑"空间相连，性质相同"的边角地，它

---

[1] 边角地可以被定义为"面积或形态无法满足其土地用途的独立图斑"。

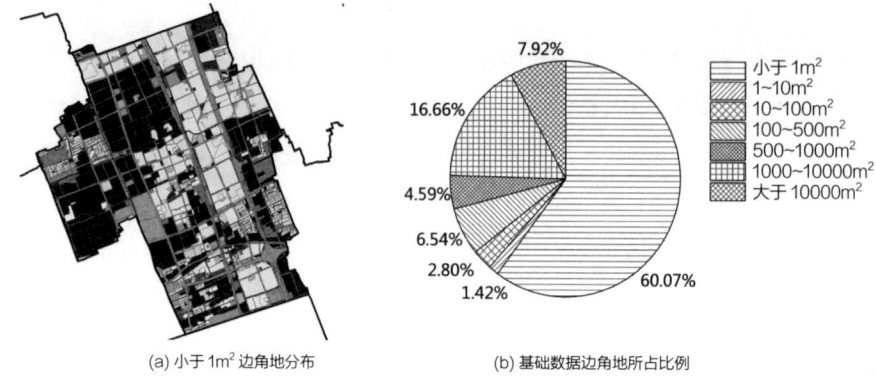

(a) 小于1m²边角地分布　　(b) 基础数据边角地所占比例

图 6-7 细小边角地在研究范围内的分布和占比情况

们可以被认为是同一用途的同一图斑；还存在另外一种相对孤立的图斑（图6-8）。

在确定工业用地图斑的边界时，这些破碎的零星用地会给划定边界造成麻烦。比如，细小边角型可变林地（试行地类编号：131K），面积约为 0.9m²，位于农村道路与绿地之间，应为用地类型变更时的误差导致，会对运算结果带来误差（图6-9）。边角地既可能是地类调整过程中产生的，也可能是实际权属划分和流转过程中产生的，均属于历史性遗留难题。对边角地进行整合可以使地图斑相对完整。

以往，城乡规划专业在绘制用地规划图时，考虑的是土地的使用功能，比较忽视土地的权属特征，也比较忽视土地的自然属性特征，而自然属性和权利属性是导致边角地产生的根本原因，忽视这些成因绘制的规划图会给实际的建设和管理带来困难。制定梳理、整合工业用地图斑的"规则一：零碎边角地状态的工业用地图斑尽可能归入临近工业用地斑块"。

减少边角地可采用两个方法：方法一，在 GIS 软件中，可以假定小于 1m² 的图斑为边角地，从属性表中删除面积小于 1m² 的图斑所占用的行，可以直接删除大量无效用地。但是，其原来所在位置将在图纸上将留出空白。方法二，将地类相同且分布相邻的图斑进行消融²处理，则会形成一块更大的图斑。实际操作中，将所获得颛桥镇

---

2 边界的消融是指 GIS 中 Arctool box – 数据管理工具 – 制图综合 – 融合。融合可以将相同属性并且相邻的要素进行融合，消除内部的边界使之形成大的整体。融合后的结果是所有相同属性的要素无论是否相邻都成为了一个大集合。融合后可通过 GIS 中高级编辑工具 Explode 将不相邻的面炸开形成独立的要素，并可以赋予要素面积、周长等属性。

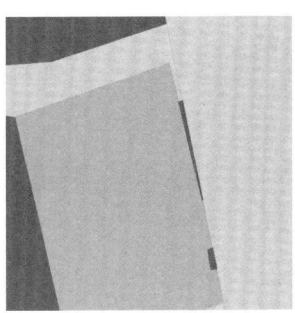

(a) 非孤立的边角地图斑（图中浅色框勾勒部分，可与周围连接工业用地合并）　(b) 孤立的边角地图斑（图中河道与道路相夹部分，人工判定是否向周围用地合并）　注：图示中浅色为边角型可变林地。

图 6-8 孤立图斑的处理方式　　　　　　　　图 6-9 细小边角地示例

工业用地权籍图的边界炸开，形成 3467 块新图斑，进而完成相邻合并。由此，细小边角地数量和比例急剧减少。该方法可以通过融合大块用地图斑与边角地，从而减少边角地数量，简化计算。但是，该种方法并不能完全消除边角地带来的问题，比如，被其他地类包围的边角地仍然存在，其对计算的潜在影响无法完全消除（图 6-9）。

工业用地相邻分布形成工业簇团，甚至形成工业园区的情况，理应受到鼓励，也应当被统一视作完整的、较大的工业用地斑块。本书针对这种情况采用"消融"操作，原相邻的工业用地会成为一个整体。由于在斑块破碎度计算中，工业用地之间的道路等分割型"空间"要素，不仅直接影响用地斑块的数量，也会影响斑块总体的面积，消融处理使指数计算结果能反映工业用地斑块碎化评价的真正内涵（图 6-10）。因此，制定了梳理和整合工业用地图斑的"规则二：完整的、聚集在一起的工业用地，应剔除空间分割要素，如道路、院墙、用地边界等因素，视作统一的工业用地图斑"。

边角地的处理使用地图斑相对完整。因此，在实际操作中，应当先确定边角地的面积范围，通过消融边界形成相对完整的图斑，再通过人工处理底图：根据图斑的孤立情况、图斑形状，判断采用何种整合方式（图 6-11）。

2．生态用地保留规则

闵行区内涉及生态要素的图斑包括农用地（耕地、园地、林地、农村水面、农田利用地）、绿地、河流、湖泊、滩涂等。农用地因为其产权特征应全部保留其图斑范围。

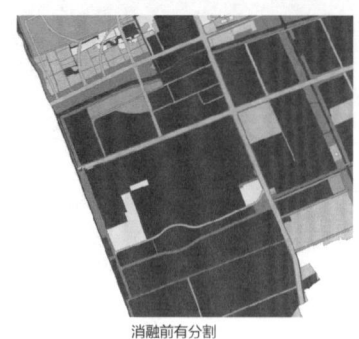 

消融前有分割　　　　　　　　　消融后融成一个斑块

图 6-10　消融处理对工业用地图斑的影响

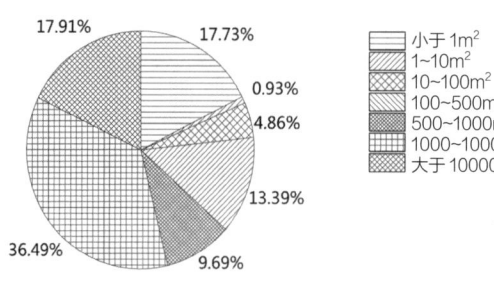 

(a) 消融后用地完整性提高　　　(b) 特殊形态斑块构成边角地（道路、河道、厂区三者之间形成的边角地）

图 6-11　消融处理后对工业用地图斑完整性的影响

河流、湖泊、滩涂作为自然生态要素，若作为未来土地空间转型优化的依托则也应当予以保留（图 6-12）。

在将工业用地作为重点研究对象时，应重点反映工业用地的整体边界范围，可考虑将细小河道、生态空间纳入工业用地图斑边界范围内。部分跨河的工业用地地块之间也可通过桥梁连接。工业用地图斑簇团的完整性，也非常有利于进一步叠加其他社会经济信息后的空间破碎化分析。

防护绿地、公共绿地和广场三类用地，无论在试行地类还是规划地类中都难以在权籍信息图中进行区分。根据空间特征，防护绿地往往呈线性沿道路分布，面积较小，是道路与其他用地的分隔带；公共绿地、广场的面积较大，常嵌入其他用地类型当中，并与防护绿地空间分布特征显著不同。工业园区中的防护绿地主要作为环境分割和空间分割使用，依附于工业制造业使用功能而存在，不仅与道路长度相一致，而且宽度与需要形成的隔离程度相关联。在图斑处理时应当与工业用地共同处理。

基于此，制定梳理和整合工业用地图斑的"规则三：细小河道和防护绿地不作为分割工业用地图斑的空间要素；农用地、公共绿地和广场作为独立的用地图斑"（图6-13）。

3. 整合性质相同、形态各异的用地图斑

1）顶点处相连的图斑

用地图斑在顶点处相连，顶点处可能是道路或者围墙，视作一块图斑或者两块图斑，会影响图斑数量和图斑面积（图6-14）。按照前述原则，应视为同一块工业用地。

在GIS软件操作中，可采用两种方法：其一，重新在地块外部描边；其二，采用"消融+炸开"。采用方法一，可以得到包含两块工业用地在内的，有两个端点在用地相接点重合的多边形；该多边形面积为两块用地面积之和；斑块数量为"1"。采用方法二，则由于两块用地无相邻边界，在炸开之后形成两个新的图斑（表6-9）。

从减少图斑数量，增加用地的簇团完整性目标来看，建议采用方法一。制定梳理和整合工业用地图斑的"规则四：有定点'搭接'情况的工业用地图斑通过重画边界的方式合并"。

即便如此，由于Fragstats软件采用栅格文件计算，受斑块边界方向和像元大小等因素影响，整合后的顶点相接的图斑在Fragstats实际分析运算中有可能会再度断开。在本书后续的研究中，已经发现并运用了更有效的处理方式。

2）工业园区中的道路

整合工业用地簇团既是一个合理的运算要求，也是一个合理的认识结果。分布在同一个工业园区中的工业用地，在其社会经济活动相容性、产业相关性、基础设施共享等方面符合人们对理想制造业聚集空间的设想，因此，横贯其中的市政道路是连接

图 6-12 闵行区有生态功能的用地图斑

注：保留河流生态空间作为分割图斑的边界要素

图 6-13 河网地区工业用地簇团的图斑处理方式

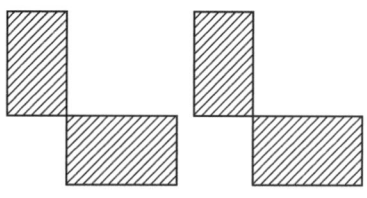

图 6-14 顶点相连的图斑

所有生产企业的纽带，是解决工业企业交通进出、市政供应的依托，而不是将生产企业分割开来的空间要素。

以两处工业用地沿道路分布的空间关系为例。若在道路两侧对向布局，可能存在四种空间关系。（1）中间道路为高架路或公路，即使近邻也存在实际的空间分隔，应当视为两块工业用地图斑。（2）中间道路为市政道路，两块工业用地在道路段"咬合"部分较少，应视为一块工业用地图斑，整合后面积为工业用地面积之和外加"咬合"部分道路面积。（3）中间道路为等级较低的市政道路，可以被等同视为工业用地图斑，整合后面积为工业用地面积之和，外加与至少一块工业用地相邻的道路路段面积。

表 6-9　　　　　　　　　GIS 软件操作中采用边界消融和外部描边的对比

操作	外部描边	边界消融
基本做法	将同属工业用地范畴的地块囊括进工业用地底板范围	将同属工业用地范畴的地块边界消融，形成工业用地底板范围
基本理念	绘制一个底板，包含所有工业用地和可以认为是工业用地的地块	所有工业用地和可以认为是工业用地的地块自己形成工业用地的底板
特殊情况	通过确认道路路段上属于工业用地的部分确定工业用地底板边界的走向	通过标识道路路段上属于工业用地的部分，进而与其他工业用地进行融合形成底板的范围
直接形成的要素类型	线；确定的是边界的范围	面；由用地斑块中浮现出来
问题	不用炸开	炸开后顶点相接的地块分开

（4）两块工业用地中间道路为市政道路，对向布局的工业用地没有共享的道路路段，但其中一个的一侧存在另外一条跨越道路的要素，如道路、市政设施、防护性绿带，与另一个工业用地存在共享，则同样可以被视为一块工业用地图斑（如，位于交叉口对角方向上的两块工业用地）。面积为两块工业用地面积之和，加上跨越要素面积（图6-15）。在研究中，笔者将情况（2）归到情况（3）处理。提出梳理和整合工业用地图斑的"规则五：园区道路整合进工业用地图斑"。

4. 用地权籍边界与土地调查边界

用地权籍信息边界与土地调查信息边界普遍存在不吻合情况。两者皆有超出对方范围的情况存在。这就意味着，存在登记为工业用地的权属所有者将其租赁给非工业生产者的情况，也存在着工业生产者租用非工业用地权属的土地以作生产空间之用的情况。由于权属特征不反映使用情况，因此，会存在许多边角地、形态各异用地以权属形式存在，而非以功能形式存在。通过核对上述两种情况的规模大小和处理难易程度，认为土地调查数据相对土地权籍信息数据有更好的可靠性。制定梳理和整合工业用地图斑的"规则六：在工业用地破碎化分析研究中尽可能采用土地调查数据"（图6-16）。

5. 用地图斑整理与用地规划的差异

工业用地图斑整理并非工业用地规划。尽管图斑整理的目的是形成工业用地的集聚性簇团以利于 Fragstats 软件开展用地破碎化程度分析，似乎与空间规划的目标相一致。但是，图斑整理过程，是将工业用地以及对工业生产行为有支撑作用的相关用地进行整合，形成一个在治理空间单元中可以被识别、并对其空间分布特征进行定量分析的"用地斑块"的过程，它是一个具有实际意义的生产活动用地"空间"范围，不是与周边没有任何社会和经济联系的"地块"。因此，整合后的工业用地图斑，可能与规划工业区范围不同，也可能正好吻合，而且图斑形态更加多样化，因为前者既是

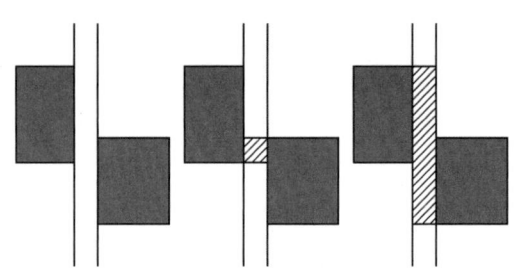

图 6-15 沿道路分布工业用地图斑的不同情况

■ 土地权属数据与二调图斑差异范围　　　工业用地权属分布　　　权属与使用差异部分局部放大

图 6-16 土地权属信息与实际使用之间差异的示意图

所有空间近邻工业用地的聚合，也包括与工业生产活动直接相关的用地范围的整合。规划则不仅考虑了工业用地，也会考虑服务和居住等其他类型用地。因此，图斑整理与用地规划仅在明确工业用地聚集边界这一行为上存在共同点，其目的、逻辑和操作方法均不相同（表6-10）。制定梳理和整合工业用地图斑的"规则七：工业用地图斑整合并不是在制定工业园区规划"。

6. 结论

（1）边角地的处理需要先对基础数据进行融合，然后通过人工方法进行筛选处理。对于边角地面积和形态均应给予关注，在进行图斑整合过程中进行调整。

（2）生态用地中，农用地中的生态用地应作为划定用地范围的边界条件；水域作为边界条件的情况需要因地制宜：黄浦江等较宽水面应作为分隔条件，而密布的河网对工业用地底板并不造成影响，而且有助于下一步分析权属破碎度和生态导向的优化，比如是否具有带状特征等；绿地中沿道路的带状防护绿地不应作为划定边界的条件，而集中的公共绿地、广场应作为划定边界的条件。

（3）顶点相接的用地分布特殊模式中，对两图斑分开计算与合并计算的差别在于图斑数量和平均斑块面积。需要注意在该情况下选用消融操作可能会带来麻烦。对跨越一般道路分布于两侧的工业用地情况，应采用工业用地与道路相邻边界的并集处理方式。

（4）工业用地图斑处理与工业用地规划完全不同。图斑处理更多反映实际工业用地的集聚情况，规划对于工业园区与园区外的工业用地之间的联系并不关注。

表6-10　　　　　　　　　　用地图斑整理与用地规划的目的比较

	图斑整理	用地规划
目的	划定工业用地集聚的实际范围	确定用地类型和比例
逻辑	认为中间不存在明显分隔要素的工业用地位于同一个工业用地底板上；其他用地类型限定图斑边界	划定工业区范围，中间存在多种分隔要素；在工业园区内增加其他类型用地，以提高用地混合程度

（5）用地产权边界信息不如使用二调数据准确。产权信息可以叠加在图斑数据底板上，再进行分析（需要对二者差异部分进行处理）。采用消融或是外部描边均存在一定缺陷。消融缺少对于工业用地集聚特征的整体考虑；外部描边操作则难以交代清楚工业用地斑块底板上把居住等用地纳入的理由。

6.2 基于空间破碎研究的深化研究

在研究设计中，以土地使用为物质空间对象的研究只能够揭示最表层的表征性信息。有必要对后期的深化研究进行理论性阐述。

6.2.1 工业用地经济特征的分析

针对工业用地图斑的基础性分析，实际上反映了工业用地的物质空间分布情况，由于存在闲置和荒废，对用地使用完整性、积聚性有一定破坏，这种不聚集的使用方式将带来经济性问题和空间性问题。因此，空间性问题往往是经济性问题和社会性问题的表征，那么，通过空间特征的研究和优化，能否为经济性和社会性问题的解决提供路径，取决于经济性和社会性问题与空间特征的因果关系能否被建立起来。尝试去建立这种关系，是一个重要的学术目标（图6-17）。

1. 分析工业用地使用的经济状况及其在空间分布上的特点

工业企业的社会经济属性中，有相当一部分可以在统计数据、经济普查中获取。

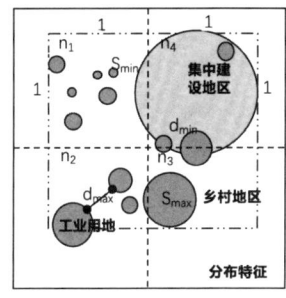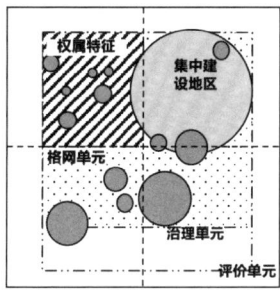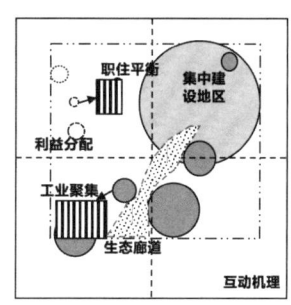

图 6-17 工业用地空间分布碎化与转型更新模式抽象图示

如，投入产出强度、地均经济指标、就业岗位数量、企业的产业类型等。可用的统计数据源包括企业登记信息、年度统计信息、经济普查信息、人口普查信息、土地使用权属信息等。首先，将统计数据与空间数据（位置信息、面积信息）相互运算，可计算出投资强度、单位面积投入产出比、地均利税、地均就业等数据。可以形成对工业用地的社会经济效益评价的结果。其次，依据这些经济统计特征，可以将企业进行分类；并且可以通过多年的面板数据，刻画出这些企业变化的情况。进而，可以结合土地调查关于工业企业的分布位置、用地范围，将这些企业的生产经营情况"追溯"到其空间位置和用地范围上。再次，工业用地的破碎化图斑，会在叠加经济分类的信息后，更加"破碎化"。至少，可以通过是否生产经营这一判定标准，将企业划分为两类，在工业用地图斑上描绘出生产和空置的厂区范围，并可以通过多年数据，实现对闲置工业用地空间变化的描绘。有一个假设，工业用地总体规模增长的同时，可能实际生产的产业用地空间范围在"收缩"，或者，在空间上存在有位移的现象。同时，这一信息也对重新认识和定义中国收缩城市具有借鉴意义。

2. 分析工业用地经济状况的空间聚集特点的方法

各项与工业生产相关的经济指标除了总量、总量变化等统计学含义之外，与生产要素投入结合，就会产生具有"强度"特点的指标，比如，地均产出效率、地均就业岗位数量等。具有强度描述特点的指标再"追溯"到工业用地范围，就会反映出生产经营强度的空间聚集状态，也常被称作产业聚集空间特征的分析。对空间聚集状态进行描述和分析，可用的方法也比较多，如，空间基尼系数、洛伦兹曲线、区位熵分析方法，空间计量经济学方法，比如 Globalmoran's I 指数和 Getis-Ord Gi 系数的计算和应用，可以实现对全局空间演变趋势和局部聚集度进行定量分析（图6-18）。

3. 将工业用地经济状况空间分布特征的分析纳入空间绩效评价

不同生产经营单位的用地范围可以被作为空间分析的基本单元，如此，能够将反映经营状况不同的各项经济指标运用 GIS 软件进行可视化表达，形成对一定辖域内工业用地经济状况空间分布的揭示，乃至形成优劣评价。这种评价不仅具有经济性优劣的含义，也同样存在空间分布（spatial distribution）优劣的含义。在上述定量分析与空间分析相结合基础上，完成进一步分析工业用地"经济特征"斑块化的空间结构，形成对工业用地的进一步分类和分区，有助于形成更为具有针对性的转型策略和转型

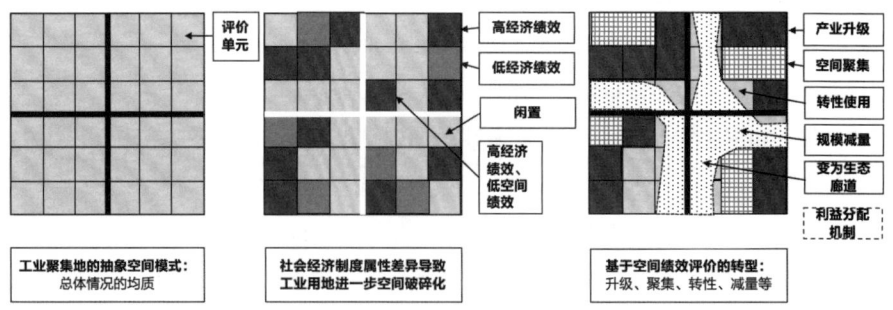

图 6-18 经济属性特征导致空间进一步碎化及转型模式示例

更新空间模式。工业用地的经济特征空间分析和评价是在用地破碎化评价基础上需要深化研究的方向之一。

6.2.2 工业用地产权制度特征的分析

工业用地中每一家生产企业获得土地的方式存在着差异性,产业门类存在着差异性,生产经济方式和企业制度存在差异性。由产业生命周期和企业自我发展生命周期共同产生影响,带来对土地使用方式的影响。这种影响具有以生产经营空间范围为单元的空间分布特征,而且,这种特征存在着破碎化的现象。

1. 分析工业用地使用的产权特征及其在空间上分布的特点

工业用地的产权制度特征,首先表现为其所获得土地的获得方式、渠道和使用年限。一般来讲,工业用地大多为划拨性质,因为传统上工业生产是国家支柱。随着企业制度的改革推进(见第 3 章),土地使用有协议、招拍挂、租赁等多种形式。与此同时,工业园区作为一种特殊功能区(或称政策区),往往有自己的管理机构和开发平台,因此,存在更为灵活的土地使用形式。工业用地在一定程度上反映了制度属性,至少涉及土地产权和土地使用权形式,土地使用的时间周期限定等,并由此涉及由于土地持有、流转和变更性质而带来的增值,以及相应的利益分配机制等。这种差异,既存在于不同的产业园区之间,也存在于同一个园区的不同工业用地之间,以及不同时期建设的工业用地之间。由于权属一致性与能否整体转型紧密相关,因此,有另外一个假设,工业用地的产权制度设置存在着与产业生命周期、企业生命周期规律不相符合的地方,由此导致工业用地在流转、变更使用性质和分享利益的机制方面存在障碍,这种产权状况具有空间分布的特征,并有可能存在极度"破碎化"的状况,这样的空间分布特征,理所应当被视为空间绩效的制度性影响因素,并会影响转型更新机制的有效形成。

2. 分析工业用地产权影响下转型意愿差异在空间上分布的特点

由于工业用地存在土地产权属性和使用权分布破碎化的特征，因此，与产权对应的产业空间单元，在面临企业转型时，在转型意愿和预期上的差异，也就呈现为另外一种破碎化的空间分布特征。同时，转型意愿受到权属类型的影响，反映了预期之间的差异以及预期实现路径的差异，因此，它与转型模式和互动机理也同样相关。土地使用权属的破碎状况反映了企业的数量和分布特征，即是空间分布差异，也是经营状况差异，更是利益诉求和偏好差异的表征。由于土地产权和使用权变更流转机制是转型更新的重要前置条件，其中的利益分配制度的设定同样会通过空间互动机理的形式呈现出来。因此，基于产权的空间破碎，开展经过设计的转型意愿偏好调查（企业转型意愿调查，investigation on the intention of enterprise transformation），从而可以将产业转型过程中利益诉求的空间格局描绘出来。进而，将利益诉求类型、利益分配机制和更新模式进行叠合，能够为产业转型提供具有操作意义的建议。

6.2.3 工业用地与其他用地关系的分析

规划将城市中的用地分为四大类，居住、工业、绿化、道路广场。其中，居住用地和工业用地反映了城市居民聚集在一起的主要目的：适宜的居住环境和工作就业。因此，工业用地曾经是城市居民主要生产性活动的承载空间，随着产业结构的升级，公共服务业之类的设施用地吸纳了更大量的就业，创造了更多的就业岗位，但是，从全社会物质财富的创造角度来看，制造业不可少，工业用地必不可少。因此，分析工业用地与居住用地的空间关系，是从基础层面解决"职"和"住"的关系问题的重要方面。

1. 分析工业用地上就业人员居住空间分布特征

在设计的企业调查问卷中，包含了针对企业职工的调查内容。其中包括职工居住地、籍贯、通勤时间、通勤方式、家庭结构、收入特征等信息。其目的是，结合工业就业人口的居住空间分布进行工业用地与居住用地的关系分析，从减少通勤时空距离和减少污染影响两方面,判定工业用地分布的状况是较优还是较差。同时,在不同类型的产业用地上,根据其制造业的门类,就业人群具有特殊的社会群体特征。比如,在分布于城市化地区外围甚至更远的远郊地区,除了那些大型、超大型的产业,多数的制造业从业者是农民工或者第二、第三代农民工群体,他们的居住地往往是厂区宿舍楼或者邻近的村庄、城中村(广东地区较多)。此外,就业群体对公共服务设施的需求,以及获得公共服务的方式、频率,不仅反映了收入水平与生活成本密切相关,也反映了具有空间公平正义内涵的公共服务空间配置,间接导致了企业(产业)空间分布的区位特征。

2. 分析城市人口调查数据中从事行业为工业的空间分布特征

从另外一个侧面,采用人口普查数据(五普和六普,深化到居委会层面),从人口调查数据中的从业类型进行分析,析出城市常住人口中从事工业制造业的居民人口,不仅能反映其占比情况,也能反映其居住地与就业地(工业区)的空间状况。运用空间基尼系数(Gini Coefficient)分析工业聚集和居住聚集状况,分析聚集地空间分布的碎化特征,得出对分布状况的优劣评价。同时,运用洛伦兹曲线(Lorenz Curves)作为图解方式,对工业就业人口居住地分布与工业就业岗位分布进行"空间匹配"测度。在这里,洛伦兹曲线和空间基尼系数能够表达就业需求和就业岗位供给水平之间"空间匹配"的优劣程度。

进一步考察配套设施分布与工业用地分布之间"空间匹配"的状况。以工业用地地均占有城市设施资源(比如道路、给水、供电"三通")的情况为表征,计算各个空间单元的区位熵(Locational Quotient),运用GIS软件工具,绘制区位熵的空间分布格局,分析设施资源地均享有水平与城市总体水平的差距,揭示是否存在错配现象。比如,通常工业用地在享用城市市政设施方面具有较高的配置水平,但是,恰恰在享用城市公共服务设施方面具有较低的配置水平,甚至,在工业用地相对聚集的地区,基本的生活性设施便利店、餐馆、基础教育都比较匮乏。相对于大工业大企业来说,由于通过通勤方式解决职住关系,因此,在居住地周围解决日常生活需求较为方便。但是,对于等级较低的工业聚集地区,或者一般的工业门类聚集的工业区,以农民工为主体的就业人群就难以在公共服务设施享用上获得平等的机会和关照。由此，工业用地的空间破碎化分析，会涉及与居住用地的空间关系、公共服务设施用地的空间匹配方面的议题。

6.2.4 多要素影响下工业用地破碎化评价和空间绩效

综合上述三个方面的空间分布特征分析，以破碎化测度和空间计量研究为主要方法，将定量分析与空间分析相结合形成空间研究方法，在本书前文所构建工业用地空间绩效评价模型基础上进行深化研究和评价模型优化。这样构建出的综合评价模型能够较好地解释具有空间分布复杂性的城乡工业用地的空间绩效特征，并为转型空间模式研究、互动机理研究提供更为扎实的基础。

在统筹城乡和总量控制的前提下，工业用地使用破碎化程度的描述和工业用地社会经济制度特征深度破碎化的特征分析，都使得对工业用地空间特征的理解更为丰富多元。并且，物质和非物质两个层面空间分布特征具有不断演进变化的趋势，由此带来对工业用地空间绩效理论内涵和分析方式的重新认识和理解。

基于分布特征分析和空间绩效研究，目标是构建城乡工业用地空间绩效评价模型。治理单元范围内城乡建设用地受建设规模限制，因此对工业用地也有一个合理的规模限定范围，这一规模限定同时具有空间分配的特征。现状城乡工业用地存在"小聚集、大分散"的土地使用破碎化现象，因此，需要通过空间绩效评价模型确定空间聚集和转型的模式，以及依托哪些聚集空间发展是合理的。

深化研究的难度体现在三个方面：（1）"城乡工业用地"表现出对治理单元整体的考虑，包括城市化地区和乡村地区，其目的是，研究的输出端能够为治理主体所用，而并非仅仅是一种评价。在规模结构、空间结构、分布结构相互之间存在着影响限制关系，因此，空间分布破碎化的严重程度，使得空间绩效优劣判定标准的选择更具挑战性，不仅要求评价模型有尽可能全面的解释能力，也要求评价模型能在应对城乡未来发展新战略时具有灵活的适应性。（2）"空间绩效"认知是研究的基础，获得准确的相关信息非常关键。虽然土地调查资料提供了大量的基础数据，但是，具体的使用情况和权属特征仍然需要深入的现场实地调查，而且，随着时间的推移，企业生命周期和产业生命周期规律的反应就更为强烈,土地空间不能移动,但是企业可能发生更替或者迁移,转型的意愿和需求也会发生变化。因此,采用空间聚集和功能匹配关系构建出的空间绩效模型,其解释力和针对性可能存在操作层面的问题。通过多种研究方法、多种研究侧面的综合运用、相互纠偏,是一个解决思路。(3)空间"绩效评价"作为一种优劣判定的方法体系,需要通过理论创新回答上述问题,在评价模型中留有弹性,使新的解释因素和路径能够随着深化研究的推进而后续加入,在方法运用上能够整合处理多种数据资源,反映工业用地多方面的特点在空间特征上的表征。

就目前对空间绩效的认识,在物质性空间绩效评价基础上,需要考虑企业的经济效率特征、权属特征、转型意愿、就业人员居住特征和生活需求特征等方面的深化研究。

6.3 对"空间"的重新认识和理解

6.3.1 空间作为认知手段

基本"治理单元"作为空间分析单元较为适宜。由于尺度、规模效应一般发生在特定的空间分析单元之内,空间分析单元的设定是大还是小,是无差别的均匀栅格还是具有历史和地方特色的行政区划,需要做出取舍。从转型实现的机制来看,工业用地破碎化评价分析的结论,适用于形成针对特定决策主体的建设性意见,因此,应当基于治理目标设定空间分析单元,而不是其他目标;治理单元既是一个管辖的地域和行政区划,也是进行定量定性分析和空间分析的基本单元。由此可见,尺度、规模、治理层级和类型、土地权属等因素影响评价因子的遴选和空间分析单元的设定,决定了空间绩效评价的侧重方面在于客观输出还是决策辅助性输出。以治理单元为评价分析单元时,分析单元的行政层级反映了评价的空间尺度和工业用地的聚集规模。同时,尺度和范围的设定，对工业用地图斑的精度存在影响，在进行破碎度评价分析前需要根据确定的治理单元层级和大小设定不同的用地图斑精度量级。

社会经济和制度要素可以通过空间表征得到认知。工业用地的土地权属特征根据每一个生产企业获得土地的方式、获得土地的范围而具有空间分布特征，转型更新的意愿以及由土地使用权方式决定的转型收益预期因此也具有空间分布特征。在治理单元基础上，进一步细分以转型更新为导向的空间分析单元，相同利益诉求的空间临近性、相邻工业用地斑块间利益诉求的相似性，成为认知工业用地聚集区的社会经济状况和制度影响状况的极好视角。空间分析单元是空间绩效评价研究、转型更新模式和互动机理研究的共同工作"底板"，也同样需要通过评价研究的结论进行反馈、不断修正完善。空间分析单元可以但不仅仅是治理单元，因此，在治理单元基础上，对尺度、规模、权属影响因素进行分类分析，结合 GIS 平台和地形图网格化基础，优化拟合划分评价单元，可以实现绩效评价的抽象化和普适性。

6.3.2 空间作为治理工具

1. 工业用地转型更新优化城乡空间结构

土地空间分布是治理的结果，反之，对空间转型更新模式的选择和决策可以被视作治理机制的组成部分。由于土地空间属性的特殊性，它包括空间聚集程度、用地紧凑度、生态空间格局、空间结构等，因此，对土地空间分布的改变，实质上是对其背后社会经济活动机制的干预，已经构成地方治理活动。空间分布因而可以被视作一种治理工具。

工业用地的空间转型更新模式一定程度上反映了社会经济转型更新的战略和模式。根据空间绩效评价的优劣分类结果，分类提出工业用地转型更新模式，对因子权重和优先顺序进行排序，分析转型更新启动所需的条件。找出多因素影响下工业用地空间绩效的分布特征，列出特征矩阵列表，进而针对矩阵列表的各种分类情况提出转型更新模式；标出相应的重要变动参数，如聚集地区变动、用地性质变更、开发强度提升、减量化生态网络化、权属利益格局调整等。其中，权属利益格局调整机制是一种面向实施可能性的、类型化的政策工具箱，并不存在无限变化的"敞口"特征。

转型发展的政策内涵，在不同层级的地方政府间存在上下传导的关系。一方面有机制性保障，另一方面有技术指标间的关联性。在对不同层面发展政策的落实或者体现方面，空间因为与建设性行为直接相关，因此常常可以把相对抽象的政策性指标具体化，甚至转化为具体的建设性目标。通过解析转型战略的政策内涵，在宏观层面，空间转型模式着重体现在对空间廊道的梳理、空间发展方向的调整，以及生态空间格局的优化等方面；在中观层面，转型模式侧重于职住关系的优化，土地碎化的消减，设施配套的增效，生态空间的完善等方面；在微观层面，转型模式着重相容性功能之间的混合，基础设施的配套，生态空间的改善等。因此，存量型和不当使用的工业用地应当优先得到功能性"修补"和生态性"修复"，设施完善，建设强度的调整优化。其中，尤其具有重要意义和价值的，是闲置、荒芜工业用地给城市空间结构的优化提供了机会，原来因为发展速度过快、考虑经济成本过多而造成的空间性绩效低下问题，回过头来又有了解决的可能性。尤其是在城市中心城区，更是如此。在中国的产权制度下，大量闲置工业用地是国有资产，市场机制消化的能力有限，反而正有利于这些用地空间转型成为本来就应该由政府出面提供的设施和空间。比如，生态空间、文化活动空间等，这种情况在欧美大城市中已经普遍被采用。

工业用地转型更新与城乡空间结构的互动机理，既是治理的结果也是治理机制发挥作用的表现。利益诉求相近、空间分布相近临、土地产权特征相近的工业用地，有利于形成完整的转型更新单元或者片区，对形成可接受、可实施的利益分配机制具有制度性保证和社会基础，可以实现用地簇团或者片区、廊道整体转型。而在用地特征上，生态用地既有网络化，又有局部规模化两种最佳空间分布格局形态；文化空间存在同样的最佳布局模式。因此，工业用地在转型更新中，如果在分布格局上优先进行网络化、联通性、聚集性特征评价，优先锁定具有实现生态空间和文化空间网络化的土地空间载体，将给空间的治理工具作用增添更多的价值。

此外，乡村地区空间绩效评价较低的工业用地，可以结合当下"增减挂钩"的土地指标管理制度，给出减量化、聚集迁移、转性等出路。甚至，在增减不平衡的地区间，通过工业用地的空间释放，进行不同行政区划地区间的指标交易，以实现经济发展能力和需求旺盛地区与经济发展能力和控制严格地区之间的平衡，从而实现一种多赢的财政转移支付机制。在此基础之上，运用空间绩效评价模型针对转型更新模式进行评价优化，再与既有空间规划进行比较，寻找出两者的差异，可以提出优化完善规划方案的对策和建议。

2. 基于治理单元优化空间分析单元

对应绩效研究中对尺度、规模、产权影响的分析，综合考虑城市类型、企业规模、工业区规模等因素，确定具有可操作性的空间单元，是研究的基本步骤。空间单元的大小、划定原则和方法，在与城市（镇）类型、层级相适应的同时，也与既有地理条件相适应。空间分析单元可以是居委会或者街道层级治理单元边界，或者是通过法定规划明确的控制性规划编制单元、市政道路划分而成的街坊单元等。研究中需要重视空间分析单元与治理单元的关系，以便解决工业用地空间绩效评价与转型模式之间的空间逻辑，通过空间单元解决不同层面转型目标的调适，具有一定弹性，也能增加可操作性和普适性。此外，空间分析单元为在规划编制和规划实施中划定更新单元提供基础，与之相应，在同一个空间分析单元，意味着在空间绩效评价中相似性、利益预期的一致性、利益分配机制的合理性以及空间转型模式的可行性都得到了充分的考虑。

通过工业用地转型对城乡空间结构进行优化。其一，在用地总量控制前提下，工业用地转型给城乡用地规模结构和空间结构带来影响（通过城市功能布局的关联性，空间结构关系主要反映在集中建设地区）。这一影响结果是否属于优化，需用前期构建的空间绩效评价模型进行评价。其二，结合定性研究方法，描述工业用地与集中建设地区的协同发展程度，包括分析空间向外蔓延过程中在强度、区位、方向、规模等方面的关联。其三，两者的互动机理反映了规划实施的过程，依赖于具有可操作性的更新单元和利益分配方案；在更新单元划定方面，需兼顾用地的社会经济、空间分布和管理制度等属性，以合理的利益分配机制做保障，因此土地权属特征、利益诉求特征、利益分配机制三者的调适是工业用地转型与城乡空间结构互动机理的本质。其四，运用前期（见第 5 章）构建的空间绩效评价模型，针对工业用地转型更新模式以及对城乡空间结构的优化影响进行评价，得到评价指标体系，并反馈修正转型模式和绩效评价模型。最后,将互动机理的分析结论,反馈修正转型更新模式;应用于指导相应层次的城乡规划编制,可以指导完成产业经济专题研究、选择以工业用地转型为切入点编制空间战略规划、总体规划、控制性规划、划定更新单元等,具有面向规划编制工作的技术支撑作用(图6-19)。

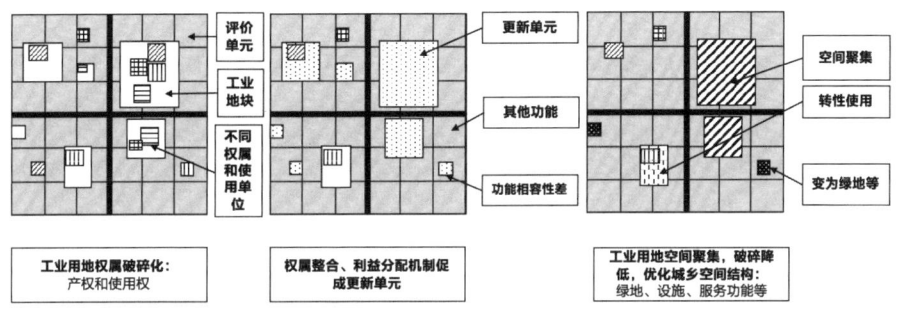

图6-19 工业用地更新与城乡空间结构优化互动机理示意

6.4

工业用地分布的类型

除了社会经济和权属特征,工业用地在空间分布上的特征也是需要关注的方面。在快速城镇化的改革开放时期,工业用地往往是城市化地区向外进行空间拓展的重要"跳板",它最初并不是以零星形式进行蔓延,而是表现为工业园区这样的功能区。随着参与者的多元化,工业园区以各种形式、各种等级出现,最终导致工业用地的破碎化。随后,以工业化为引领的城市化,将城市化地区理所当然地延伸覆盖至工业分布的地域。这一过程到目前为止，逐步后劲乏力并出现停滞现象。工业用地由此存在如下三种空间分布区位（图 6-20）。

6.4.1 遗产型产业空间（中心城区）

在 20 世纪 80 年代后期到 90 年代，城市中存在有大量的传统型工业，在"退二进三""旧城改造"的浪潮中，它们多被改造成商品住宅或者大型城市商业项目，完成了土地级差地租带来的丰厚收益的社会化分配。尚存至今的，要么已经为创意产业所进驻，要么作为中心城区的"双创"基地，发挥着功能置换的作用，多数已经没有工业生产功能（图 6-21）。

这类工业用地，大多是国有资产。厂房如果保存完整，并且具有一定的时代印记，则常被视作工业遗产予以登记保留。但是，既不能拆迁改造，也无法植入更好的功能，做为创意产业为主的承载空间就成为一种普遍的选择。由于其功能性置换带来了对城市相邻空间使用的较大变动，对人流聚集方式、房价租金、交通流量都产生了较大的影响。由于在空间整理和变更活动中，只需要进行装修报批和消防审查，因此，城市规划如何进行干预和指导成了一个难题。

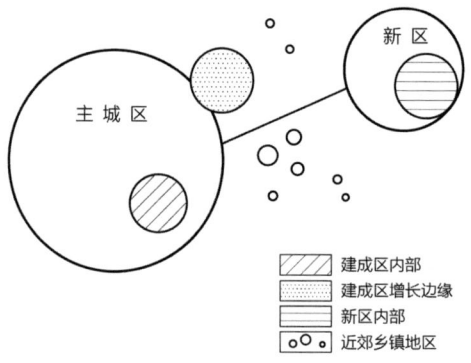

图 6-20 工业用地空间分布特征示意

图 6-21 功能得到置换的遗产型产业空间

6.4.2 开发型产业空间（产业园区）

　　大量城市工业用地分布于各类产业园区之中。由于产业园区的等级特征和属地管理特征，造成工业用地分布总体上，从城市边缘地区到近郊区，再到郊区和远郊区，都大量存在（图 6-22）。其中，以工业制造业使用方式延续至今的，在等级较高的工业区情况比较乐观，在等级较低的工业聚集区则不太乐观。

　　这类具有良好经营状况的工业用地，面临着产业转型升级的市场压力，同时在生产空间上，对土地使用的规模和强度两方面通常会体现出具有市场化导向的特征，一方面并不以扩大用地规模、增加建设强度为诉求，另一方面并没有将工业用地转型开发为商业经营性功能的动机。在其生产经营过程中，如何优化改善土地空间使用模式，为其创造良好的服务、降低职住成本、完善升级具有创新性和高智能的配套则是需要着重考虑的。

图 6-22 使用中的工业用地

6.4.3 冗余型产业空间（近郊和远郊地区）

与开发型产业空间相伴，存在有大量的低效、闲置工业用地。有的未经使用，有的已经衰败，有的零星分布。这些工业用地是本研究重点关注的对象（图 6-23）。在确定它们转型更新的走向方面，存在有非常多的制度性因素、利益性因素、经济性因素，并最终体现为一种空间绩效性因素。

这类工业用地与遗产类工业用地（产业空间）具有完全不同的外在表征，至少在土地使用方式上，看不出其作为工业生产所用的厂房、厂区，甚至很多土地仍然在被动迁农民用作农业生产，或者简单抛荒。土地权属上虽为工业用地，但是在功能使用上并没有工业生产活动。带来六方面问题：其一，造成工业用地规模非常之大，流转困难，新兴产业落地需要新增土地空间资源来解决。其二，造成工业用地中实际生产的空间分布进一步破碎化，基础设施的利用效率降低。其三，由于土地出让年期、收储机制的土地管理制度设定，导致土地增值预期强烈，依靠地产升值和房屋开发获得

图 6-23 闲置的工业用地

利益明显比靠实业获得利润来得快、来得轻松，导致民间力量难以推动转型更新。其四，工业用地土地使用效率不反映实际使用情况，很多土地投入产出的计算仅考虑生产活动较好的大型工业园区，没有考虑到全口径的工业用地会影响城市整体的地均投入产出水平。其五，城市三次产业结构不反映土地使用结构，大量乡村地区的企业，尤其是民营企业在贡献工业产值的同时，并没有在城市建设用地上予以统计，三次产业结构中二次产业和三次产业的占比往往被作为划分城市发展阶段的重要依据，但是，在用地方式上，以及功能结构上存在失真。其六，转型更新走向不明，这些工业用地到底能否在被工业企业所用，还是不得不转型开发，不仅需要通盘考虑，还需要在可行性上面临更多的挑战。

6.5 工业用地研究其他目标

6.5.1 建立统筹视角下城乡工业用地转型的广义更新理论

在城市更新理论和实践中，人们常借鉴国外的理论和经验。但是，课题组发现，中国当下语境至少在两个方面使得中国的城市更新理论和实践相较国外尤其西方发达国家有所不同。其一，在市政体制方面，中国的城市往往除了城市化地域还有一个广大的辖域，并且行政区划具有层级关系，这会带来城市地区土地使用与农村地区土地使用的二元特征，但是，在统计和数据表征上，它们都归属同一个行政单元。因此需要建立起城乡统筹的视角。其二，如前所述，中国城市地区有大量的、人为闲置的工业用地，也有大量闲置荒芜的工业用地，由于土地使用制度的设定，它们难以被再利用，因此，转型更新不仅指建成产业空间（built industrial space），也理应包括从来未被建成使用、但是已经在土地权属上成为工业用地的产业空间（redundant industrial space）。仅此两点，就足以支撑课题组指出构建"统筹视角"的"广义"城市更新理论的必要性。

课题组指出，实现这里一轮目标，仍然需要在当前基础上，建立通过优化空间结构提高土地利用效益、促进发展模式转型的思路。进而完成梳理城市持续更新和土地利用集约化的相关理论和实践案例。解读总量控制和城乡统筹的理论内涵。解析持续更新、土地使用集约化和产业空间转型的相关政策。通过这些理论性问题的综合，找到"统筹视角广义城市更新"理论的基本理论架构。

6.5.2 探索和解决工业用地转型研究的关键技术

（1）空间绩效理论内涵的量化和空间分析。研究将工业用地的社会经济属性与空间属性纳入评价模型,采用共时性和历时性分析,将基于统计资料和土地调查数据库的量化分析与空间分析相结合,形成空间研究方法,构建空间绩效评价模型,以揭示空间绩效所反映的社会经济和空间内涵(表6-11)。

(2)定量分析方法与空间分析方法的结合。研究所依据数据基础反映了工业用地的社会经济属性和空间属性,因此,不仅要针对工业用地的空间结构特征进行分析,还要针对工业用地社会经济属性的空间分布特征进行分析,两方面的空间分布经过叠合后会导致分布状况和破碎化程度更加复杂,需将定量分析与空间分析方法进行有效结合,以实现对空间绩效评价模型的支撑。

(3)工业用地转型更新与城乡空间结构互动机理的表达与分析。以空间匹配、空间聚集、生态效应、功能混合等为目标的工业用地转型,与城乡空间结构优化的相互影响,治理单元类型层级、空间尺度、建设规模对分析空间单元的影响,以及土地权属结构、利益分配机制对更新单元的影响,决定了工作"底板"——分析空间单元,并随影响机理而发生嵌套、拆并、分合。对上述影响互动机理分析描述,应用于规划编制当中(表6-11)。

6.6 小结

本章探讨了对上一章研究的优化和调适。重点在于,分析破碎度综合指数 FI 计算中的得与失,尤其是,在选择 Fragstats 软件的计算输出时,在有限可选的几个指数间的权衡和组合。正如前边文献综述部分所提到的,破碎化认知和分析基于人们的主观判定,因此,既有的研究较少采用多元指数构成综合评价的方式,其中必有道理。一个很重要的原因是,对可选的三个指数进行校验发现,他们之间有一定的共线性情况存在;解决的办法一是采用递进回归方法逐一剔除,另外的办法是重新选择共线性情

表 6-11　空间研究方法与空间绩效评价模型形成示意

方法	属性特征	研究内容	空间绩效评价的方法特征		基础数据	转型更新原则	指向的转型模式	对应研究目标
			定量	空间				
空间研究方法	空间属性	空间分布特征		破碎化测度	土地调查数据	规模效益优先	聚集	工业用地空间绩效评价模型
		空间演变趋势	空间计量模型		连续统计数据	空间效益优先	聚集、升级	
	经济属性	用地使用特征	投入产出	破碎化测度	土地调查数据 统计数据	经济效益优先	升级、聚集	
		设施配套效率	区位熵		统计数据 经济普查数据		升级、聚集、迁移	
	社会属性	职住空间特征	洛伦兹曲线 偏离份额	空间基尼系数	普查数据 土地调查数据	社会效益优先	聚集、迁移、转性	
		生态空间格局		破碎化测度	土地调查数据	生态效益优先	减量、转性、生态化	
	制度属性	土地产权特征	偏好陈述	破碎化测度	土地产权调查 利益诉求调查	利益分配机制	更新单元	
		分析空间单元		调适	治理单元	尺度效应		

况较弱的指数。课题组采用的是重新选择指数的方案。

　　研究进一步显示，在基础数据地图处理中，同样存在大量影响研究结论的环节。比如，仅对工业用地斑块完整性的认知不同，就会造成斑块数量和平均斑块面积的变化。因此，为了建立有效可比、可复制的研究环境，课题组花了相当大的力气建立基本的工作图斑处理规则。这些规则本身就构成了对工业用地簇团（industrial cluster）的理论性分析。

　　本着优化工业用地转型更新研究方法体系这一目标，课题组根据研究经历，提出了未来需要进一步实施并验证的研究方法框架，这些研究设想既是可行的，同时也是富有理论内涵的。

第7章 研究结论与展望

7.1
主要结论

工业用地研究将在一个时期内占据城市研究的重要地位。相对于城市研究的其他问题，工业用地研究长期处于受到忽视的状态。不是它不重要，是因为工业用地映射和承载了改革开放40年以来所有我们曾做过的探索，以及在探索中发现的不确定性，甚至是谬误。或者，因为此前对"先生产后生活"发展方式的过度思考。

7.1.1 工业用地普遍存在四大问题

通过实证性研究，进一步证实了工业用地存在的四大问题，即，其一，用地规模过大。以城市行政辖区为统计单位的建设用地规模中，工业用地占比普遍超过30%，根据经济发达程度、城市管理水平、对土地财政的依赖程度，有些城市的最高占比已经完全超出人们的接受能力。其二，空间布局结构失调。由于规模巨大、数量巨大，因此空间布局难以通盘考虑，往往根据招商主体、财税主体的意愿，拥有地方管理权力的主体的空间范围进行分布，在城市行政辖区范围缺乏协调。其三，闲置问题严重。受供地模式、财税、土地使用管理等政府管理绩效考核机制的影响，工业用地规模与房地产领域、金融领域的关联紧密，相反与产业经济领域的关系则相对较弱，这种畸形关系导致土地投机预期和行为超出了实体产业经济的承受能力，一旦投机套现的时机不成熟或预期未达到，即出现大面积闲置。其四，工业用地向园区集中困难。既然工业用地与地方各级管理主体的政绩密切相关，又与使用者开发和投机预期密切相关，那么工业用地的空间分布就必然与碎片化的行政区划范围和利益相关主体密切相关，再加上行政管理层级和不同管理主体的复杂隶属关系，导致工业用地难以形成合理的产业集群。基于产业集群理念的各类工业园区，在吸纳以产业发展为目标的工业企业的同时，难以满足除此之外的更多、更复杂的利益诉求主体的愿望。同时，设立工业园区本身，也存在着多元化、多目标，以开发为导向的问题。

由于上述四个共性问题的存在，导致各地存在另外四个衍生性问题，即，存在工业园区的融资平台作用大于产业发展目标，等级化的工业园区导致土地使用效率差异巨大，就业者生存状况受到严重忽视、职住关系没有得到很好的解决等。最终，导致工业用地转型更新严重受阻。

7.1.2 工业用地空间分布研究应通盘考虑

工业用地的空间分布研究需要建立三个基本的认识：

其一，要针对一定层级的行政区划范围进行通盘考虑，做到城乡统筹。工业用地在地方发展中充当着多种"角色"，它不仅是工业生产行为的空间载体，而且保证着土地供应结构的合理化（这一内容将在课题组另一本专著中分析），更为地方政府招商引资活动、建设工业园区乃至建设新区、随即扩大建成区范围、不断推进城市化地区的空间增长（urban sprawl）提供了基础。作为与商业性开发用地相"配合"的一种土地空间资源，它在从指标变为实际的土地使用"权属"、再到承载工业生产活动空间的整个过程，经历了复杂的制度性、市场性环节。因此，研究工业用地的空间分布特征，既不能完全依靠市场经济规律构建研究模型，也不能完全依靠制度机制规律构建研究模型，甚至将两种机制杂糅在一起构建综合模型也仍然存在非常大的不确定性。在一定行政区划范围内建立城乡统筹意识，有利于保证研究背景有相对一致的地方法规体系（颁布政府文件和规定）和行政指令体系，同时，如果兼具地方治理共同体和经济成分多元化所形成的空间范围认同，那么就能够体现出研究范围所独有的学术和制度建设意义。在研究中，县域行政区划范围、市辖区范围是比较好的着眼点。

其二，要特别关注工业用地的获得方式、使用方式和土地管理制度变迁历程。土地既是财富之本，也是生产资料。20世纪初在建设社会主义市场经济体制的历史性目标下，开启了土地制度的变革。在此之前，所有的工业生产都是国家或者以代表国家的身份开展的经营性活动，因此，工业生产所动用的资金、使用的原料、采用的交通运输、使用的厂房设备、占用的土地资源等，均属于国有资产。工厂生产出来的产品，采用配给制或者采用内部市场机制完成交换。在此背景下，工业用地以划拨方式获得也就不足为怪。从20世纪80年代末期到90年代初，土地的所有权和使用权、土地获得方式、土地使用方式、土地流转方式等逐步显著地影响着生产经营活动和日常交换活动，从而成为社会经济领域的重要话题。时至今日，土地管理制度更加深刻地影响着社会经济活动，处于国土空间规划体系改革的核心位置。作为安排社会经济活动、完成空间投影的建设和规划，更加不能忽视土地所映射出的权利属性和自然属性。工业用地的空间布局特征，一定程度上是国家土地制度演进的空间表征。

其三，要关注生产企业的角色和制度变迁。生产者角色的多元化和市场化改革带来生产经营决策的市场化，乃至经济行为和交易活动的市场化。既有的研究中，始终存在一个不恰当的假定，那就是市场机制理所当然地存在于所有实证研究的研究背景中，实则不然。与土地制度改革进程并行不悖的，还存在有许许多多其他的制度改革，比如，财税制度改革、政府管理制度改革等，这里要特别关注企业制度的改革。企业制度的改革不仅为生产经营领域的生产企业角色多元化提供了制度基础，而且，也正是由于生产者角色的多元化、合法化、市场化，才构建出了市场经济的基石。由此，市场机制中的供需平衡、生产活动创造就业岗位、选择生产场地和成本约束等机制才能够发挥作用，比如，国有纺织企业的改革、东北老工业基地的改革，都曾经在历史上造成了大量的人口流动和大面积的结构性失业，但是，却历史性地奠定了社会主义市场经济的基础。在此之前，人们曾经以"个体户""私营工厂"等称谓指代个体或者非政府背景的制造者。随着角色认知的多元化，生产的计划性让位于市场供需平衡机制；同时，工业生产不断向乡镇、村庄下沉、渗透，成为农民增收、改变生存境遇、弥补农业生产收入不足的重要手段。随后，中国式的工业化与城市化在辖域一体化的同时，也暴露出存在着严重的地域分化（urban vs rural area）弊端；土地空间分布破碎化、环境污染问题、农民工问题、职住关系问题等随之纠缠在一起。背景复杂的制造业主更多从个体追逐合法利益最大化的角度去考虑资金、厂房设备、土地、产品、雇员等因素，从而使利益诉求、决策主体、决策目标、企业意愿等多元化并构成所谓的市场导向，土地权属和利益平衡机制才因此终得以发挥作用。否则，在国有资本一统天下的工业生产领域，工业企业的生产、迁徙、聚集、扩大、设立分支机构、土地流转、转型升级、再开发利用等所有与企业生存密切相关的决策和决定，事实上与市场机制、社会参与机制并不存在解释性关系。因此，工业用地的空间布局乃至转型更新机制，不能忽视生产经营者制度性因素的演进和影响。

7.1.3 工业用地分布特征研究

工业用地研究的复杂程度超出了其他城市建设用地，因为它的空间分布所反映出的历史性成因需要追溯到制度改革领域。在实现第一步研究目标，即对其状况尽可能准确地进行描述方面，已有的研究还未构成相对可靠的基础。它们要么过于宏观，倾力于大的经济区域或者省域的动态或静态比较；要么过于微观，聚焦于局部工业集聚区的生成机制的分析和产业溢出状况的解读。此外，普遍关注产业研究，而未能将产业与工业用地研究相对剥离开来分别对待；或者说，研究发生于不同的学科领域，还未处于不同学科相互交叉的范畴之中。

工业用地研究不能等同于产业研究，也不能等同于工业区研究。首先，产业研究不能替代工业用地研究，因为工业用地不仅仅是为了工业生产。其次，工业用地研究不能忽视产业研究，因为工业用地被"宣称"是为了工业生产。第三，工业用地研究不能忽视土地制度研究，因为工业用地存在着区位因素和溢价预期；但是，土地制度研究也囊括不了工业用地研究的全部。第四，工业用地研究不能忽视对生产者的研究，因为生产者角色多元化和市场化似乎是一个历史演进趋势；但是，企业制度研究又不能成为工业用地研究的核心内容。第五，工业用地研究不能忽视财税制度研究，因为它是导致工业用地出现当前状况的根本原因；但是，财税制度研究不能替代工业用地研究，因为工业用地是一种空间性的实体存在，财税制度是政府管理层的问题。第六，工业用地研究未来将处于城市研究的核心位置，因为它不仅与市场经济行为相关，与城市产业发展阶段相关，又与城市创新活力与持续增长动力相关，更重要的是，它是创造就业岗位的最根本的基础。

在工业用地空间分布特征研究中，本书提出如下两种。

1. 圈层式分布特征

不管在规划中如何将中心城区规划成组团式空间结构，如果没有难以进行工程处理的地形因素的限制，城市终究会摊成一张"大饼"。填进组团分隔空间的开发项目也都合法地获得了"一书两证"，尽管规划法中要求非城市建设用地不得核发"两证"。以中心城区形心向外画出圈层，并用圈层向外拓展的时间阶段分析用地构成特征，可以描述出快速城市化 40 年城市空间拓展的一部分方式。同时，在拓展方向上，交通性走廊和特殊政策性因素的引导，会在用地圈层扩展的同时，体现出轴向特征。轴向发展的侧向溢出，会造成象限"拥塞"的用地特征。将圈层分析与象限分析相结合，能够非常生动地描述出城市中心区空间拓展模式；这一描述方式，能够揭示工业用地分布和增长的特征。借助圈层式扩展描述方法，可以将城市行政辖区内的工业用地依建成区形心为中心，划分成"城市中心区，城乡结合地区，郊区农村地区，产业园区"四种基本的空间分布类型。当然，这种描述方式本身是以中心城区的发展为重的空间描述方式，因此，存在一定的局限性。

2. 破碎化分布特征

我国城市行政管理体制具有层级化特点，因此空间管理单元之间不仅存在相互整合、形成更大范围完整地域的横向关系，也存在等级高的地方行政管理主体下辖较小的行政主体的纵向嵌套关系。始终存在高等级的地方行政主体的管理机构驻地与本级行政管理主体的管辖权限协调问题。一定地域具有决策能力的行政管理主体是影响工业用地分布主要因素，同时，研究结果和政策输出通常以影响地方行政管理者决策为目的，对管辖地区全域工业用地进行整体分析是较适宜的研究方法。在大面积的非城市化地区，工业用地的分布呈现一种"破碎化"特征。这种破碎化特征与基层治理空间单元的行政区划范围有关，并与乡镇居民点体系有关。同时，"破碎化"认知是产业簇团研究的基础，即工业用地分布因为存在着"破碎化"的基本特质，才为在一定地域范围内的集聚提供了参考，也才因此形成工业集群（industrial cluster）。换句话说，产业集群是工业用地分布相对集中的地区；产业集群是否能在空间上成立，取决于在它所处的空间范围内其他工业用地的分布特征。"破碎化"分析有利于建立对空间分布形态的关注，以及对形态"偏移"、集聚和联通特征的关注，这些空间分析结果都能够给空间转型更新模式的构建带来启发。工业用地"破碎化"分析响应了当前国土空间规划体系改革的动机和方向，是剖析城乡规划技术体系缺陷，全面认识和借鉴土地空间分析技术，为更全面、综合国土空间规划体系的建立提供技术和理论基础的重要研究领域。

7.1.4 广义转型更新

工业用地承担着多种角色，使用状况具有多重含义。因此，工业用地的转型更新需要构建出广义的转型更新理论体系和方法体系。至少，工业用地转型更新不能等同于工业遗产的保护和利用，也就是说工业遗产的转型更新只是工业用地转型更新中的一个构成部分，就目前的工业用地规模来看，实则是最小的一部分。综合考虑工业用地所蕴涵的权利属性、自然属性、功能属性、制度属性和资产属性，广义的工业用地转型更新至少要考虑如下方面：

1. 使用情况的多样性

新的理论和方法体系要能够覆盖工业用地使用状况的广泛特点，不仅包括正在用的、未用的、停用的、闲置的工业用地，也应当包括仍然是土地指标而未能落地的"工业用地"。它们都面临着转型更新，也都需要给予转型更新的空间模式建议。

2. 空间范围的广泛性

要特别强调城市更新应当从占比最大的工业用地类型入手，大量工业园区的转型更新首当其冲。以发展工业为理由设立的园区均在此列，不论是否有独立设置的管委会，不论赋予它的行政等级如何。比如，经济开发区、高新技术产业开发区、保税区、出口加工区、产业聚集区、主体功能区、产业园区、工业小区等多种类型。一方面，这些园区可能提出新的扩区要求；另一方面，这些工业型园区自身面临着转型更新、再开发利用，或者面临着退出。与此同时，广泛分布于乡镇地区的乡镇企业、农村企业用地，它们的转型更新关乎农村居民点体系的构建、农民增收和乡村地区的振兴。最后，是分布于城市中心区的工业用地，它们中有一部分已经成为工业遗产，既有产业遗产保护的意义和价值，又有承载新的城市功能的机会，因此，在转型更新模式方面不仅要考虑空间模式，更要关注土地权属、土地经济、土地管理等因素的影响。位于城市增长边缘、城乡接合部、动态变化着的工业用地转型更新是最难界定、最难给出统一模式的工业用地类型，它们同时面临着工业园区面临的问题、城市化地区面临的问题和城市化进程中农村地区的问题，是在城市向外空间拓展过程的最后阶段，所有可能的红利要素逐渐消失，窗口机遇惠及面逐渐收窄情况下所呈现出问题的区位，是复杂问题的聚合地区。

3. 权属状态的多样性

如前所述，工业用地的权属存在着复杂的状况。由于权属界定标准的不断变化，土地带来的增值和收益的再分配始终困扰着工业用地的转型更新。工业用地区位要素、政策优惠要素和流转制度要素共同聚集起来的财富，它的归属和分配日益成为人们关注的焦点，并成为阻碍工业用地转型更新的障碍。产权制度、新制度经济学等西方学说在解释这一现象时普遍失去了效力。面对我国城市工业用地权属状态的广泛、复杂性，需要理论和实践层面的创新，将市场经济、制度变迁、监督参与等带来的风险进行综合考虑，分步骤地提出转型更新空间模式。

7.2 主要创新点

7.2.1 综合广义的视角

国内与西方发达国家对工业用地的研究存在着基本的语境差异。我国城市工业用地存在的问题具有特殊性。英文文献聚焦工业用地的研究以华人研究居多，并且大多侧重用地政策领域。随着国家土地三调数据的完善和逐步公布，相信针对工业用地问题的研究将会进一步涌现。

本书提出，要从城市辖域范围对工业用地的空间分布进行综合研究，这一提议基于对同一行政管理主体具有相对一致的土地使用政策和管理机制设定的认识，以及研究结论为地方政府所采纳并推行的可能性的考虑。即为城乡统筹的综合视角。

在广义城市更新理论指导下研究工业用地的转型更新则是另一方面的创新。将城市更新内涵从空间、经济、文化进行了内涵扩展，也就是说，更新不仅限于可见的、已被用作工业生产的土地，还包括不可见的、未落地的土地指标的转用更新、未使用闲置土地的再开发更新、不同权利主体工业用地权属的流转更新等，它们都在广义的城市更新概念范围之内。城市更新（urban regeneration）能够更好地反映所有在城市有机生长过程中所面临和经历的变化，这种变化是"城市生命体"本身的显现，它不是外界强加的，也不是赋予的，它就是内在本身。

7.2.2 考虑制度演进背景

中国城市中的工业用地问题，根本上源自建设社会主义市场经济过程中所进行的各种制度性探索，以及由此激发的所有问题的集合。因此，本书首先关注了土地制度、企业制度两项制度性改革对工业用地使用和空间分布方式的重要影响。

以往，土地制度作为重要因素被引入城市研究领域，并最终产生空间上的分析和解读并不意外。本书引入对企业制度的关注，并指出由于生产者角色发生变化而导致生产者对土地的看法和预期发生变化。生产者角色不仅出现了市场化带来的多元化，也因为国有资产所有者和生产者身份的分离，导致在对待同样的土地空间资源时看法和预期发生了变化。这种变化不亚于市场化改革带来的冲击。由此，我国城市工业用地转型更新便面临着历史性的难题，这个难题是造成今天工业用地使用和空间分布特征的制度性来源。仅依靠市场的力量无法消化和消解这一难题，它导致许多经典的西方理论失效。

7.2.3 多研究方法相结合

描述，评价，找出症结，提出建议。这是理想的基础性研究与对策性研究的结合，是理论创新与实践方法创新的结合。

圈层式空间描述方法，并且辅以象限式空间分析。这一空间分析方法非常符合我国城市普遍采用的空间生长模式——无论这座城市怎么自吹和标榜，城市中心区都曾经历过工业用地突击式增长的时期，从而形成了一个主要由工业用地构成、"套"在中心城区边缘的"圈层"。随后，城市开始谋求跳出这个"环带"。不论采用轴线突破还是打开一个扇面的空间突破形式，城市几乎无一例外地在某个方向上用工业用地作为"跳板"，实施这个方向上的快速生长延伸。"职住平衡"和 TOD 模式曾经作为这种空间突破形式的重要理论解释。此后，居住空间理所当然地跟进增长，实现城市建成地区的增长。

除此之外，本书运用工业用地"破碎化"分析方法，解释一定行政辖区内工业用地分布还需综合考虑地方财政偏好的影响，即工业用地作为地方一级行政主体招商引资和土地财政的重要工具，是如何被运用的。"破碎化"空间分析的方法是对圈层式空间分析方法的补充，它揭示了工业用地分布与基本空间治理单元的空间关系。哪怕有各种工业园区夹杂其间，仍然无法掩盖工业用地为地方各层级行政管理主体带来收益，并被上级用作行政绩效考核内容的事实。多种研究方法的结合，是开展工业用地研究需要秉持的理念。

7.3 研究展望

工业用地转型更新研究的本质在于了解工业用地空间分布的生成机理，并依此提出改善和优化的空间模式建议。限于著者的阅历和能力，本书更多是探讨实证研究案例所在地区的工业用地问题，研究的深度和广度都有待进一步提高。根据著者在研究中的体会，认为本项研究在以下几个方面有待今后作进一步的探讨。

1. 多地域案例的实证研究

为了增加研究结论的典型性，需要选择更广泛区域的城市进行实证研究。东部沿海，中部省份，西部和边疆地区，城市中存在着多样性和差异性，在存在问题和转型更新机制设计中或许存在着特例。尤其在破碎度综合指标的计算中，是否存在跨地域的规律，是否存在地域性规律，这些规律是否具有理论性意义和实践性价值，是否具有用单一指标替代综合评价的简单方法，都值得深入探索。

2. 多尺度空间的研究

需要在宏观、中观、微观三个层面更有效地分配研究力量，解释在不同的空间尺度范围工业用地问题和转型更新机制设计中存在的特例和差异。

尤其在破碎度综合指标计算中，由于不同的空间尺度反映的是不同的行政管理层级，在调配资源能力和转型更新目标上存在战略性与实施性的关系，因此，破碎度综合指标的输出结果不同。并且，在其他优化型指标的输出方面，不同空间尺度的输出结果应能够提供用于指导制定转型更新空间策略的信息。

3. 多区位特征的研究

除了全域工业用地分布分析，研究需要逐步关注不同区位特征工业用地转型更新时面临的不同困境。郊区、园区、市区的工业用地权属特征、分布特征、面临的问题明显不同，还需要从个案入手，寻找各自空间转型的需求、规律和模式。

4. 将工业用地转型更新作为空间治理手段和切入点的应用研究

工业用地的转型更新不仅涉及空间结构的优化，也涉及产业结构的优化，更影响到职住空间结构的优化。因此，将工业用地转型更新作为城市更新的切入点和重要抓手是一个很好的治理思路。因此，基于此，开展城市治理和空间转型、产业转型研究是一个合理的理论应用领域，并有可能形成有效的实践模式。同时，还可以开展职住空间关系的研究，并把职住关系的优化改善作为空间治理工具，这不仅具有理论意义，也同样具有形成有效实践模式的应用价值。

附录　APPENDIX

290 | 制度演进背景下城市工业用地更新理论与方法

附录-1 工业园区在城市内的分布——以上海市为例（2018年）

附录-2 园区建设和管理平台的网络化经营——以漕河泾为例

(a) 产业区块内的工业用地　　(b) 产业区块外、集中建设区内的工业用地　　(c) 集中建设区外的工业用地

附录-3　上海市嘉定区工业用地空间分布状况（2011年）

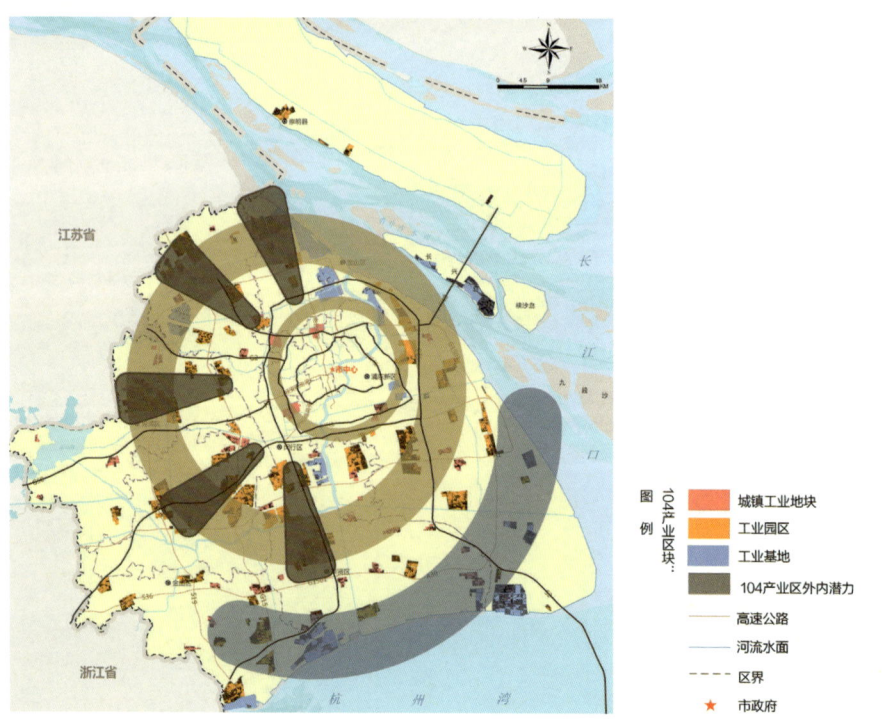

附录-4　上海市域工业区分布的模式示意图

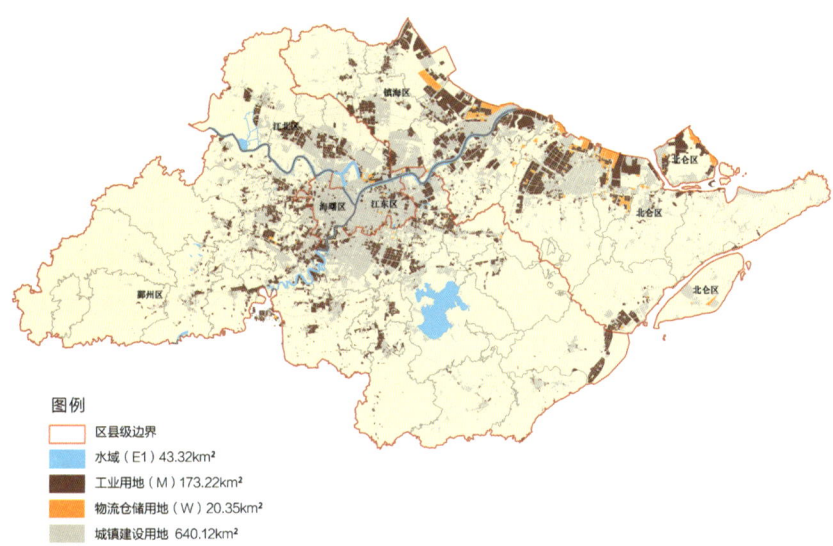

附录-5 2015年宁波中心城六区工业用地分布特征

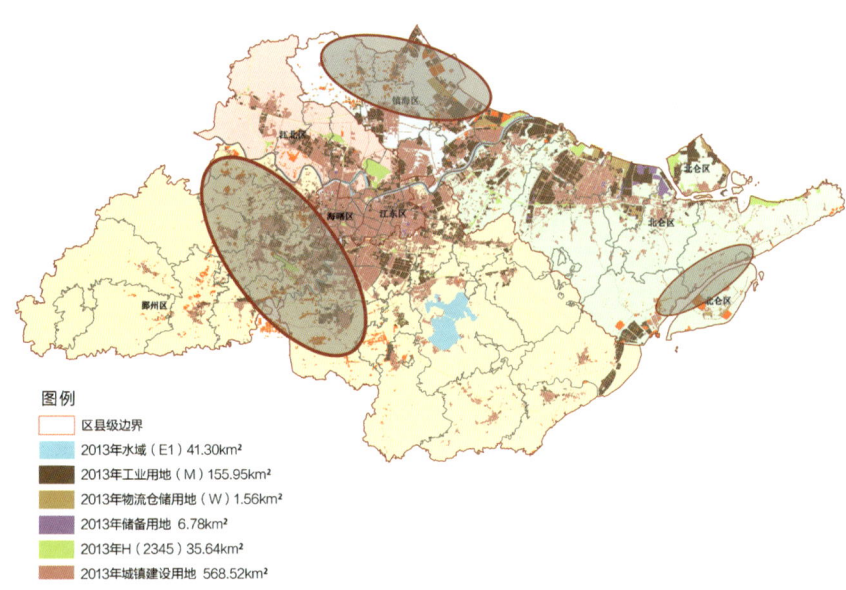

附录-6 2013—2015年宁波市中心城六区用地增量分布图

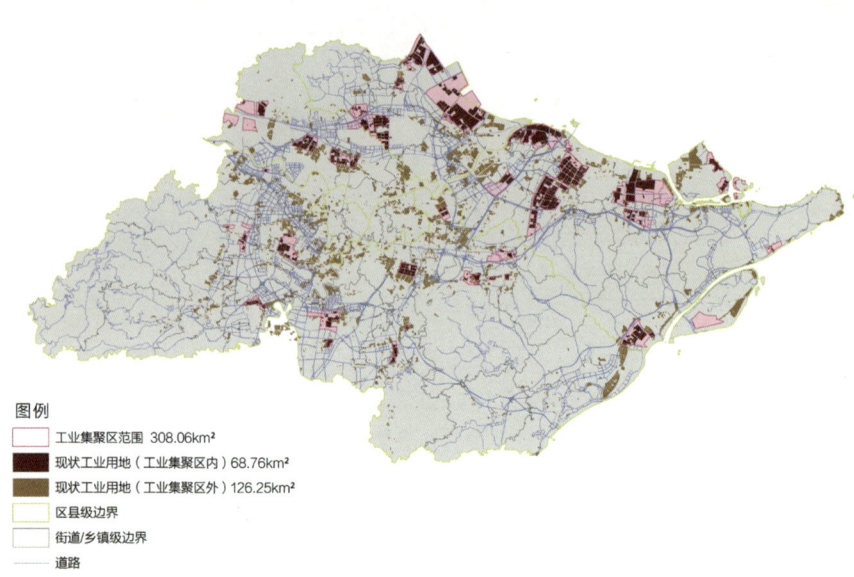

附录-7 2015年宁波市产业聚集区中现状工业用地分布

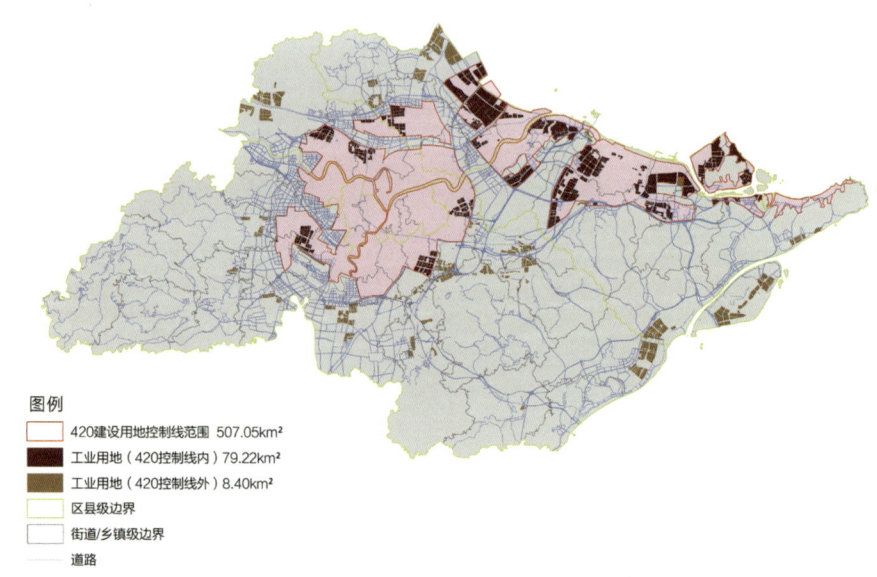

附录-8 2016年宁波市"多规融合"工业用地空间布局图

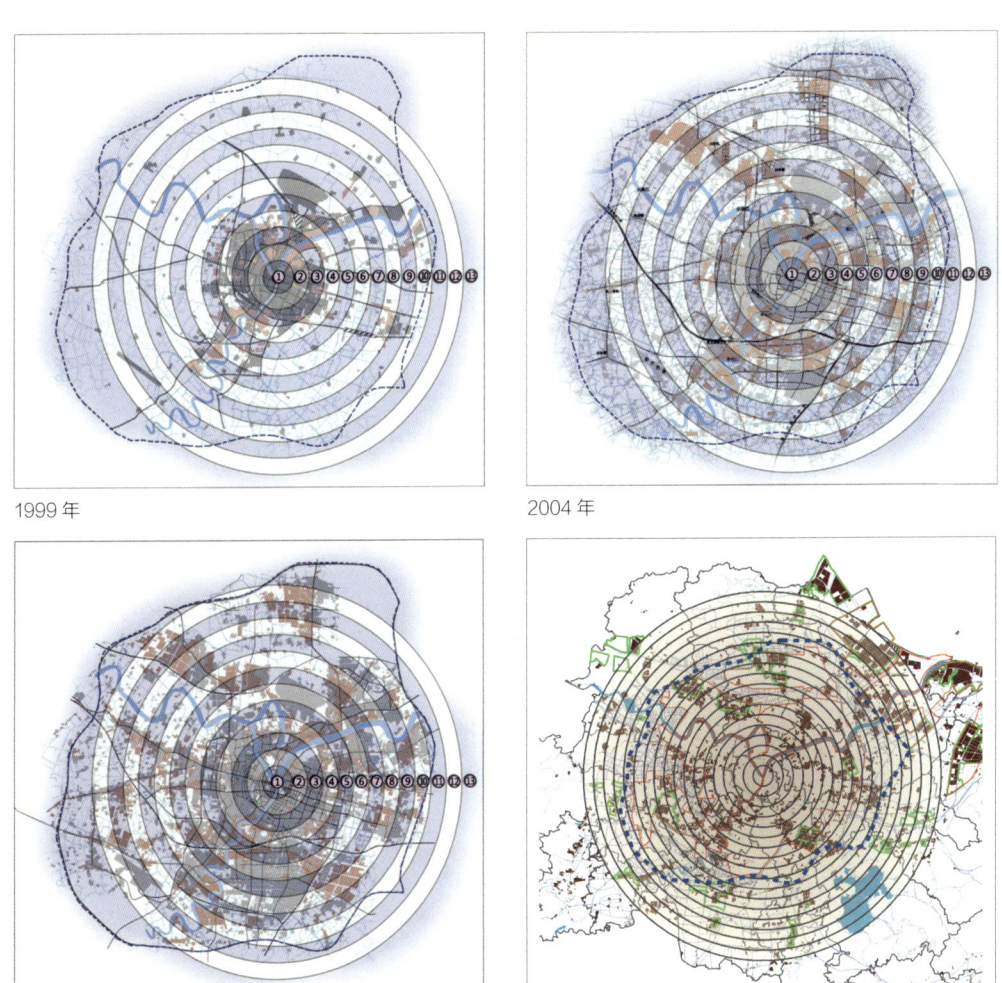

附录-9 宁波市中心城 2004-2015 年工业用地的圈层分布特征

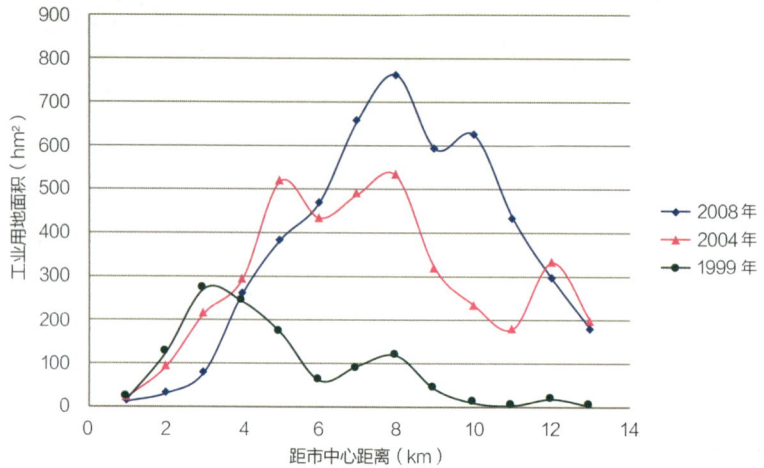

附录-10 宁波市中心城工业用地圈层分布峰值分布分析

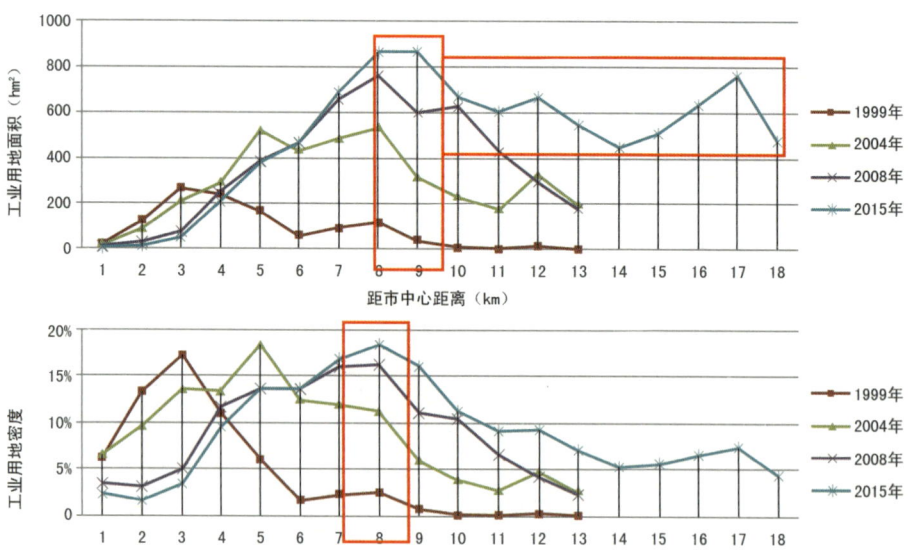

附录-11 宁波市中心城工业用地圈层分布的变化情况比较分析

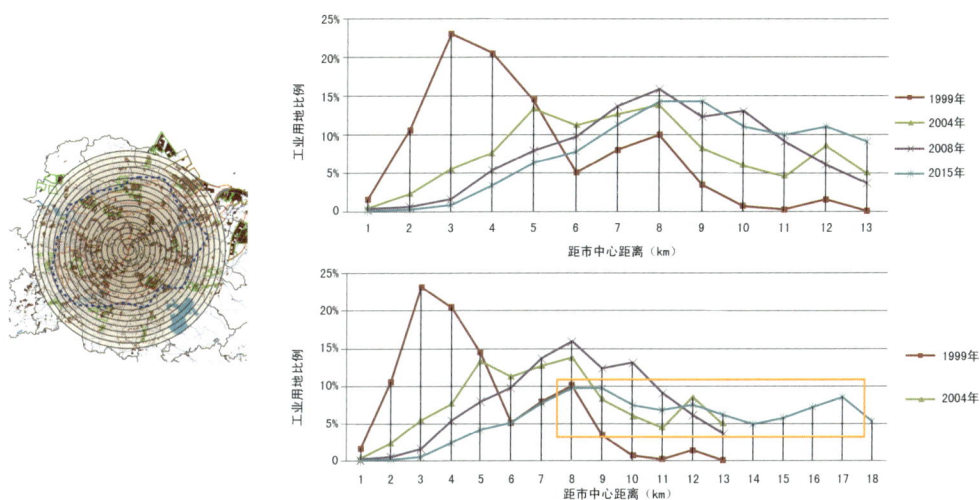

附录-12 宁波市中心城区工业用地比例圈层变化分析

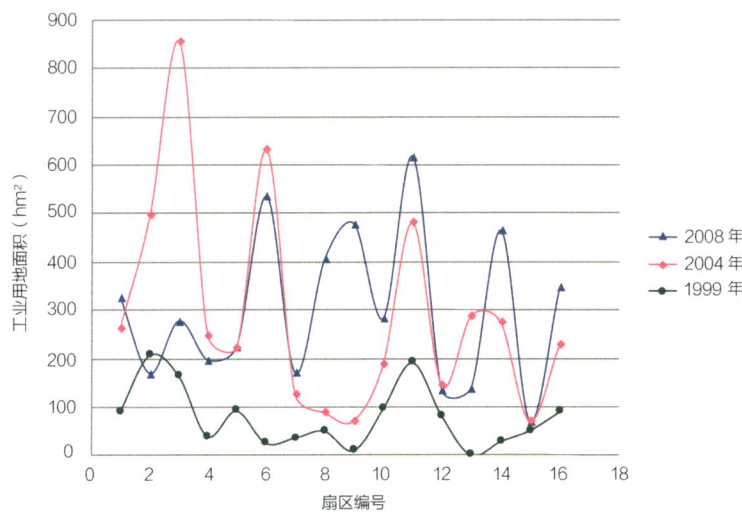

附录-13 宁波市中心城工业用地扇区分布分析

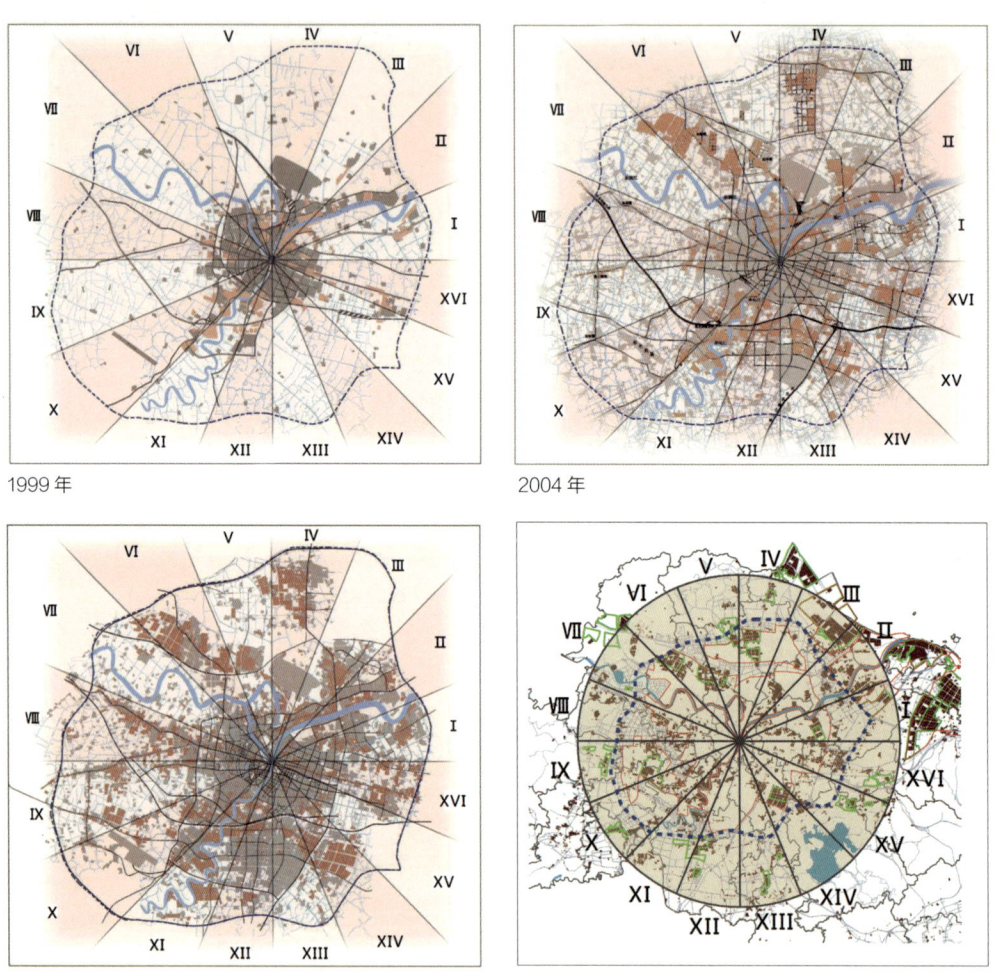

1999 年   2004 年

2008 年   2015 年

附录-14 宁波市中心城 2004-2015 工业用地的扇区分布特征

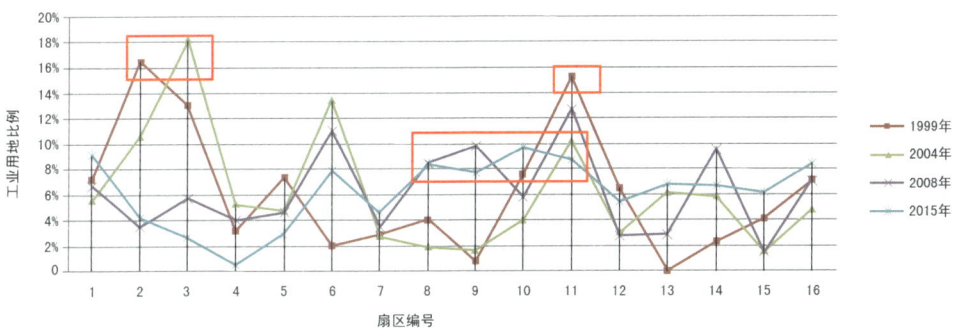

附录-15 宁波市中心城 2004-2015 工业用地的扇区分布特征

附录-16 图斑依镇界划分的示例

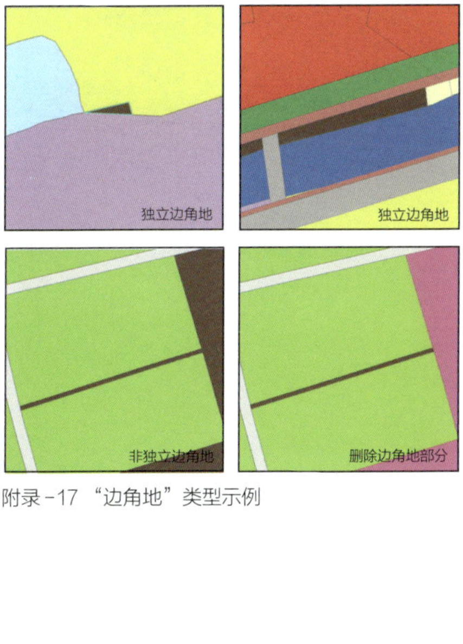

附录-17 "边角地"类型示例

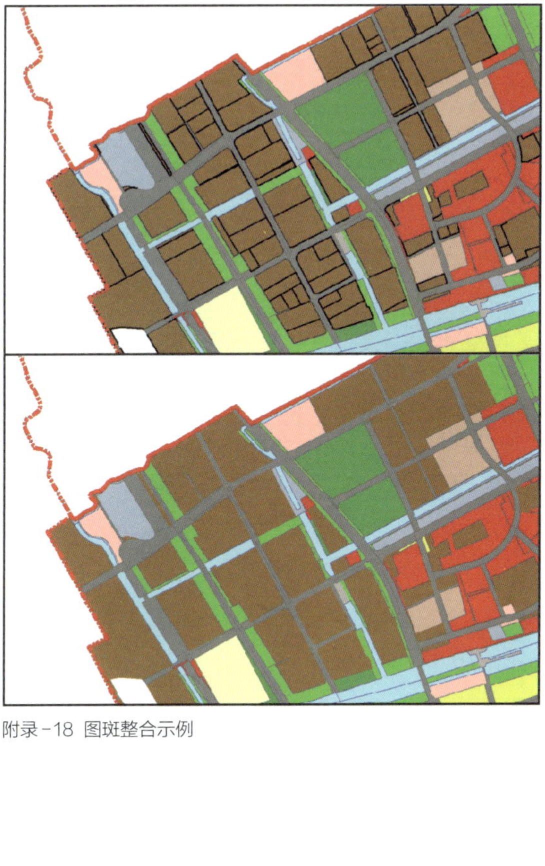

附录-18 图斑整合示例

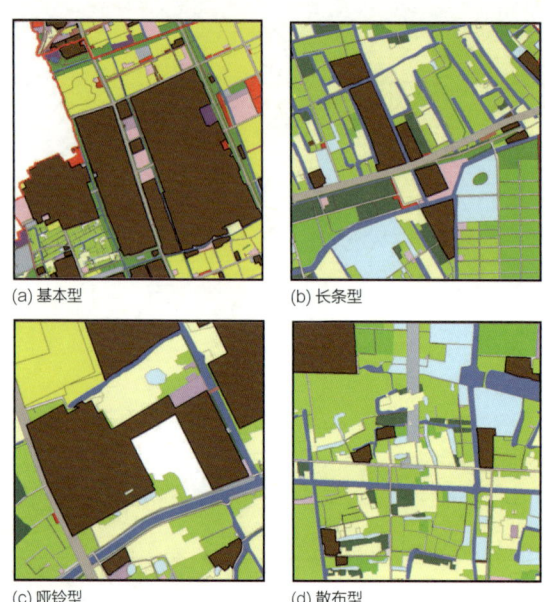

附录-19 整理后闵行区工业用地图斑的基本分布形态示意

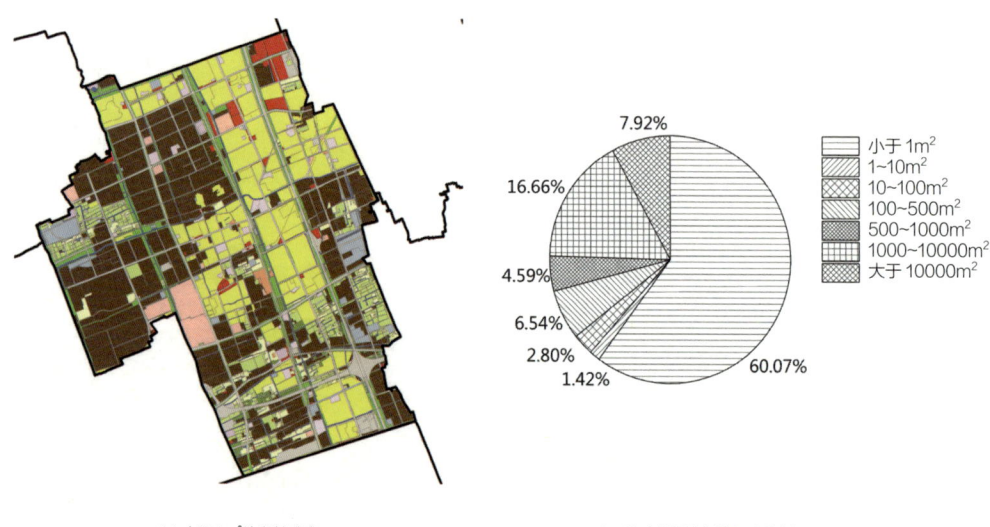

附录-20 细小边角地在研究范围内的分布和占比情况

(a) 非孤立的边角地图斑（图中浅色框勾勒部分，可与周围连接工业用地合并）　　(b) 孤立的边角地图斑（图中河道与道路相夹部分，人工判定是否向周围用地合并）　　注：图示中浅色为边角型可变林地。

附录-21 孤立图斑的处理方式　　　　　　　　　　　　　　　　　　　　　附录-22 细小边角地示例

消融前有分割　　　　　　　　　　　　　　　　　　消融后融成一个斑块

附录-23 消融处理对工业用地图斑的影响

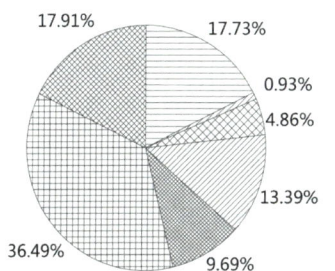

图例：小于1m²；1~10m²；10~100m²；100~500m²；500~1000m²；1000~10000m²；大于10000m²

(a) 消融后用地完整性提高　　　　　　　　　　　　　　(b) 特殊形态斑块构成边角地（道路、河道、厂区三者之间形成的边角地）

附录-24 消融处理后对工业用地图斑完整性的影响

附录-25 闵行区有生态功能的用地图斑

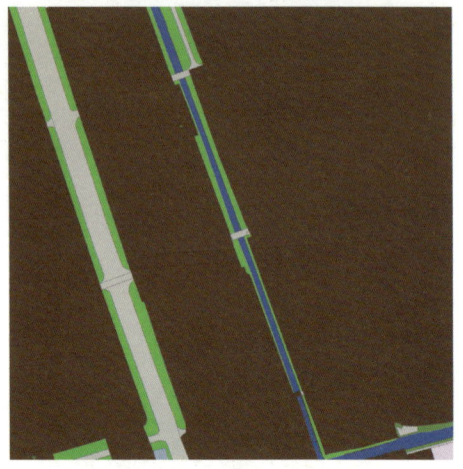
附录-26 河网地区工业用地簇团的图斑处理方式

附录-27 闵行区有生态功能的用地图斑

参考文献

REFERENCE

[1] 李超. 中国相当于发达国家的哪个阶段？[R]. 上海：华泰证券，2017，10.
[2] 杨帆. 大城市地区工业用地存在问题的初步分析及思考：以上海市为例 [J]. 城市发展研究，2016（04）：80-86.
[3] （英）彼得·罗伯茨，休·塞克斯. 城市更新手册 [M]. 叶齐茂，倪晓晖，译. 北京：中国建筑工业出版社，2009.
[4] 唐子来，王兰. 城市转型规划与机制：国际经验思考 [J]. 国际城市规划，2013，06：1-5.
[5] （德）菲利普·奥斯瓦尔特. 收缩的城市 [M]. 胡恒，史永高，诸葛净，译. 上海：同济大学出版社，2012.
[6] 杨帆. 大城市工业用地更新的再思考 [J]. 科学发展，2016（05）：54-59.
[7] 杨帆. 上海城市土地空间资源潜力、再开发及城市更新研究 [J]. 科学发展，2015（11）：34-41.
[8] 孙静静，师学义. 新增建设用地指标分解中县级政府间博弈分析：基于"公用地悲剧"和"囚徒困境"的视角 [J]. 广东土地科学，2012（03）：44-48.
[9] 贺灿飞. 中国制造业地理集中与积聚 [M]. 北京：科学出版社，2009.
[10] 贺灿飞，谢秀珍. 中国制造业地理集中与省区专业化 [J]. 地理学报，2006，61（2）：212-222.
[11] 陈良文，杨开忠. 集聚与分散：新经济地理学模型与城市内部空间结构、外部规模经济效应的整合研究 [J]. 经济学，2007，07（1）：53-69.
[12] 徐匡迪. 中国特色新型城镇化发展战略研究（综合卷）[M]. 北京：中国建筑工业出版社，2013.
[13] 吴群，陈伟. 中国城市工业用地利用效率研究 [M]. 北京：科学出版社，北京，2016.
[14] 胡映洁. 开发区工业用地更新的利益还原机制研究 [M]. 上海：上海社会科学院出版社，2016：5.
[15] 卢为民. 工业园区转型升级中的土地利用政策创新 [M]. 南京：东南大学出版社，2014.
[16] 宋琳，董春，胡晶，等. 基于空间统计分析与GIS的人均GDP空间分布模式研究 [J]. 测绘科学，2006，(04)：123-125，8-9.
[17] 王振波，朱传耿. 中国就业的空间模式及区域划分 [J]. 地理学报，2007，(02)：191-199.
[18] 袁媛，吴缚龙，许学强. 转型期中国城市贫困和剥夺的空间模式 [J]. 地理学报，2009，(06)：753-763.
[19] 沈玉芳. 长三角地区城镇空间模式的结构特征及其优化和重构构想 [J]. 现代城市研究，2011，26(02)：15-23.
[20] 岳文泽，汪锐良，范蓓蕾. 城市扩张的空间模式研究：以杭州市为例 [J]. 浙江大学学报（理学版），2013，(05)：596-605.

[21] 彭顺喜, 林剑, 鲍光淑, 等. 用遥感定量研究城市扩张空间模式对城市生态环境影响的初探 [J]. 矿产与地质, 2006, (06): 659-663.

[22] 李俊峰, 陶世杰, 高凌宇. 跨江发展下杭州市企业迁移空间模式及影响机制 [J]. 地理科学, 2018, 38(01): 87-96.

[23] 杨帆, 陈秉钊. 相对公平与整体效益最大化: 上海大都市地区城镇发展规划的问题与出路 [J]. 城市规划汇刊, 2003（5）.

[24] 杨帆. 上海城乡土地管理制度改革研究的回顾和若干建议 [J]. 上海城市规划, 2010, 04: 1-4.

[25] 杨帆, 潘海啸. 多空间尺度背景下的城市规划 [J]. 城市规划学刊, 2011, 02: 114-118.

[26] 路静. 城市重大项目对周边地区影响的实证研究: 以上海世博会周边的周家渡街道及上钢新村街道为例 [D]. 上海: 同济大学, 2017.

[27] 许晶. 大城市工业用地额更新政策与机制影响研究 [D]. 上海: 同济大学, 2017.6

[28] 陈良文, 杨开忠. 集聚与分散: 新经济地理学模型与城市内部空间结构、外部规模经济效应的整合研究 [J]. 经济学, 2007, 07（1）: 53-69.

[29] 盛斌, 王岚. 新济地理、产业布局与国际分工: 一个文献综述 [J]. 东南大学学报（哲学社会科学版）, 2011, 06: 30-33.

[30] 白友涛, 陈赟畅. 城市更新社会成本研究 [M]. 南京: 东南大学出版社, 2008.

[31] 刘守英, 蒋省三. 土地融资与财政和金融风险: 来自东部一个发达地区的个案 [J]. 中国土地科学, 2005, (05): 3-9.

[32] 王缉慈. 超越集群: 中国产业集群的理论探索 [M]. 北京: 科学出版社, 2010.

[33] 王缉慈. 关于中国产业集群研究的若干概念辨析 [J]. 地理学报, 2004b, 09: 47-52.

[34] (德) 阿尔弗雷德·韦伯. 工业区位论 [M]. 李刚剑, 译. 北京: 商务印书馆, 1997.

[35] 贺灿飞, 朱晟君, 王俊松, 等. 中国制造业区位: 区域差异与产业差异 [M]. 北京: 科学出版社, 2010.

[36] 吴玉鸣. 中国区域研发、知识溢出与创新的空间计量经济研究 [M]. 北京: 人民出版社, 2007.

[37] 施宏伟. 基于产业聚集的知识溢出及累积性创新增长过程研究 [J]. 软科学, 2010, 11: 15-19.

[38] 周学勤. 知识溢出、产业聚集与中国区域经济发展 [J]. 经济与管理研究, 2011, 10: 123-128.

[39] 许景, 王兴平. 长三角开发区群的空间结构及产业分工 [J]. 城市规划学刊, 2010, 04: 28-35.

[40] 袁新国, 王兴平. 边缘城市对我国开发区再开发的借鉴: 以宁波经济技术开发区为例 [J]. 城市规划学刊, 2010, (06): 95-101.

[41] 袁新国, 王兴平, 滕珊珊, 等. 长三角开发区再开发模式探讨 [J]. 城市规划学刊, 2011, 06: 77-84.

[42] 王兴平, 袁新国, 朱凯. 开发区再开发路径研究: 以南京高新区为例 [J]. 现代城市研究, 2011, (05): 7-12.

[43] 胡颖文. 基于空间分析方法的长汀城市土地置换研究 [D]. 南京: 南京大学, 2007.

[44] 尹长林, 张鸿辉, 朱建军, 等. 城市规划 CA 模型在城市空间形态演化中的应用研究 [J]. 测绘科学, 2008, 03: 133-137.

[45] 王远飞, 何洪林. 空间数据分析方法 [M]. 北京: 科学出版社, 2008.

[46] 曾祥坤, 李贵才, 赵新平, 等. 用地空间结构对城市土地集约利用评价尺度效应的影响 [J]. 资源科学,

2009，12：2130-2136.

[47] 杨帆，潘海啸 . 多空间尺度背景下的城市规划 [J]. 城市规划学刊，2011，02：114-118.

[48] 韩长生 . 开发区土地利用经济效益评价研究 [D]. 武汉：华中科技大学，2009.

[49] 涂志华，王兴平 . 城市建设用地集约性评价指标体系研究：基于规划编制和规划管理的视角 [J]. 城市规划学刊，2012，04：86-91.

[50] 刘伟奇 . 开发区与城市的空间效益比较研究：以长三角地区为例 [J]. 现代城市研究，2011，10：42-47.

[51] 赵虎，王兴平，李迎成 . 长三角区域城市就业水平评价及分类研究：基于全国经济普查数据的分析 [J]. 现代城市研究，2013，11：106-110.

[52] 吴一洲，吴次芳，罗文斌，等 . 浙江省城市土地利用绩效的空间格局及其机理研究 [J]. 中国土地科学，2009，10：41-46.

[53] 韦亚平，赵民 . 都市区空间结构与绩效 [J]. 城市规划，2006，04：9-16.

[54] 彭坤涛，赵民 . 关于"城市空间绩效"及城市规划的作为 [J]. 城市规划，2011，08：9-17.

[55] 李峰清，赵民 . 关于多中心大城市住房发展的空间绩效 [J]. 城市规划学刊，2011，03：8-19.

[56] 王萌，李燕，张文新，等 . 基于DEA方法的城市更新绩效评价：以北京市原西城区为例 [J]. 城市发展研究，2011，18（10）：90-96.

[57] 车志晖，张沛 . 城市空间结构发展绩效的模糊综合评价：以包头中心城市为例 [J]. 现代城市研究，2012（06）：50-58.

[58] 刁星，程文 . 城市空间绩效评价指标体系构建及实践 [J]. 规划师，2015，8（30）：110-115.

[59] 齐艳红 . 不同空间尺度下城市土地利用绩效评价指标体系的构建 [J]. 国土与自然资源研究，2012（4）：30-31.

[60] 韦亚平，赵民，汪劲柏 . 紧凑城市发展与土地利用绩效的测度："屠能—阿隆索"模型的扩展与应用 [J]. 城市规划学刊，2008，175（3）：32-40.

[61] 卢凌威，李京生 . 发达地区镇域土地利用碎片化测度研究：以中山市东升镇为例 [J]. 上海城市规划，2015，(01)：89-96.

[62] 韦亚平，张晨，张宗彝，等 . 一种测度城镇建设用地碎化的指数方法 [J]. 城市规划，2011，06：41-49.

[63] 周婕，王玲 . 城市中心区工业用地形成与调整 [J]. 武汉大学学报，2004，04：142-145.

[64] 关于，阳建强 . 城市空间重构影响下城市边缘区更新研究：以常州清潭片区为例 [J]. 现代城市研究，2012，05：65-71.

[65] 谭迎辉 . 大城市工业用地调整的决策支持及技术、方法研究：以广州为例 [J]. 地理信息世界，2010，(05)：54-62，68.

[66] 周婕，谢波 . 中外城市边缘区相关概念辨析与学科发展趋势 [J]. 国际城市规划，2014，04：14-20.

[67] 周岚，张京祥 . 江苏城乡规划建设：集约型发展的新选择 [J]. 城市规划，2009，12：16-20.

[68] 刘大钧 . 上海工业化研究 [M]. 北京：商务印书馆，2015：12-18.

[69] 林超超 . 动员与效率：计划体制下的上海工业 [M]. 上海：上海人民出版社，2016.

[70] 孙怀仁 . 上海社会主义经济建设发展简史（1949—1985）[M]. 上海：上海人民出版社，1990.

[71]（美）诺思. 经济史上的结构和变革[M]. 厉以平, 译. 北京：商务印书馆，1992.
[72]史东辉. 工业化、去工业化、后工业化与服务经济的形成：上海产业结构转型的历史透视[M]. 上海：上海大学出版社，2012.
[73]周振华. 上海：城市变及展望（中）[M]. 上海：格致出版社，上海人民出版社，2010.
[74]朱瑞博，刘芸. "第三次工业革命"与上海新兴产业发展[M]. 上海：上海人民出版社，2014.
[75]刘健，黄丽华，周正曙. 上海市企业信息化与工业化融合实践与探索[M]. 上海：复旦大学出版社，2011.
[76]（德）乌尔里希·森德勒. 工业4.0[M]. 邓敏，李现民, 译. 北京：机械工业出版社，2015.
[77]熊鹰，陈云，李静芝，阎晓静，等. 基于土地集约利用的长株潭城市群建设用地供需仿真模拟[J]. 地理学报，2018，73(03)：562-577.
[78]张莉，年永威，皮嘉勇，等. 土地政策、供地结构与房价[J]. 经济学报，2017，4(01)：91-118.
[79]王媛，杨广亮. 为经济增长而干预：地方政府的土地出让策略分析[J]. 管理世界，2016(05)：18-31.
[80]渠爱雪，卞正富. 徐州城市建设用地空间格局特征及其演化[J]. 地理研究，2011，30(10)：1783-1794.
[81]吴群，曹春艳. 税收偏好与我国城市用地结构演变：基于35个大城市的实证[J]. 东南学术，2015(06)：151-157.
[82]周敏. 一个基于土地财政的经营城市模型[J]. 世界经济文汇，2017(01)：87-98.
[83]蔡军，陈飞，李彻丽格日. 居住与工业用地比例变化及其引发的问题思考[J]. 现代城市研究，2011，26(01)：78-85.
[84]鲁春阳，文枫，杨庆媛，等. 不同职能城市土地利用结构特征分析[J]. 中国土地科学，2011，25(08)：27-34.
[85]吴庭禄，李莉，陈珍启，等. 内陆开放背景下重庆主城区空间重构及其驱动机制[J]. 城市发展研究，2016，23(10)：36-45.
[86]周国磊，李诚固，张婧，等. 2003年以来长春市城市功能用地演替[J]. 地理学报，2015，70(04)：539-550.
[87]卢为民. 土地政策促进产业结构调整的路径分析[J]. 上海经济研究，2008（3）：43-71.9-19.
[88]石忆邵，彭志宏，陈华杰，等. 国际大都市建设用地变化特征、影响因素及对上海的启示[J]. 城市规划学刊，2008(06)：32-39.
[89]鲁春阳，杨庆媛，文枫，等. 城市用地结构与产业结构关联的实证研究：以重庆市为例[J]. 城市发展研究，2010，17(01)：102-10.
[90]鲁春阳，文枫，杨庆媛. 城市土地利用结构影响因素的通径分析：以重庆市为例[J]. 地理科学，2012，32(08)：936-943.
[91]路振华，张军连，李宪文，等. 基于城市土地产业属性的面积分摊计算方法研究：以合肥市为例[J]. 自然资源学报，2013，28(03)：517-528.
[92]尚勇敏，曾刚. 老工业区产业结构转型与用地结构转型互动机制及优化路径：以上海市宝山区为例[J]. 地域研究与开发，2014，33(05)：44-49.
[93]郭瑞雪，李树枝. 近年来我国城市经济增长与用地结构情况分析[J]. 国土资源情报，2015(05)：25-

29,24.

[94] 石忆邵，尹昌应，王贺封，等. 城市综合承载力的研究进展及展望 [J]. 地理研究，2013，32(01)：133-145.

[95] 扈传荣，姜栋，唐旭，等. 基于洛伦兹曲线的全国城市土地利用现状抽样分析 [J]. 中国土地科学，2009，23(12)：44-50.

[96] 杨武，童小华，刘妙龙. 土地利用结构熵变化分析 [J]. 同济大学学报（自然科学版），2007(03)：422-426.

[97] 李永乐，吴群，舒帮荣. 城市化与城市土地利用结构的相关研究 [J]. 中国人口·资源与环境，2013，23(04)：104-110.

[98] 王海涛，娄成武，崔伟. 辽宁城市化进程中土地利用结构效率测评分析 [J]. 经济地理，2013，33(04)：132-138.

[99] 刘新卫，张定祥，陈百明. 快速城镇化过程中的中国城镇土地利用特征 [J]. 地理学报，2008(03)：301-310.

[100] 曹银贵，袁春，王静，等. 1997—2005 年区域城市土地集约度变化与影响因子分析 [J]. 地理科学进展，2008(03)：86-93.

[101] 鲁春阳，杨庆媛，文枫. 城市化与城市土地利用结构关系的协整检验与因果分析：以重庆市为例 [J]. 地理科学，2010，30(04)：551-557.

[102] 曾勇，吴永兴，俞小明，等. 上海市浦东新区土地利用与适度人口规模研究 [J]. 人文地理，2004(06)：30-35.

[103] 匡兵，卢新海，周敏，等. 武汉城市群城市用地结构时空演变特征及其机理 [J]. 经济地理，2016，36(05)：71-78.

[104] 路振华，张军连，李宪文，等. 城市产业用地集约利用评价研究：以合肥市为例 [J]. 地域研究与开发，2013，32(02)：154-159，165.

[105] 周杨，张军连，李林，等. 基于宗地层次的合肥市产业用地集约利用评价 [J]. 中国人口·资源与环境，2014，24(07)：140-148.

[106] 何芳，汪丹宁，廖飞，等. 城市土地收储利益分配实践梳理 [J]. 城市问题，2014(05)：55-60.

[107] 刘涛，仝德，李贵才. 空间尺度对城市竞标地租理论的适用性影响分析：以深圳经济特区为例 [J]. 经济地理，2014，34(02)：67-72.

[108] 鲁春阳，杨庆媛，靳东晓，等. 中国城市土地利用结构研究进展及展望 [J]. 地理科学进展，2010，29(07)：861-868.

[109] 王铮，邓悦，宋秀坤，等. 上海城市空间结构的复杂性分析 [J]. 地理科学进展，2001(04)：331-340.

[110] 贺欢欢，张衔春. 土地产权视角下的城乡规划改进思考 [J]. 规划师，2014，(02)：18-24.

[132] 张广辉，魏建. 土地产权、政府行为与土地增值收益分配 [J]. 广东社会科学，2013，(01)：45-52.

[111] 董国礼，李里，任纪萍. 产权代理分析下的土地流转模式及经济绩效 [J]. 社会学研究，2009，(01)：25-63，243.

[112] 北大 - 林肯中心. 土地制度的国际经验及启示 [M]. 北京：科学出版社，2018.

[113]（英）安德罗·林克雷特. 世界土地所有制变迁史 [M]. 启蒙编译所，译. 上海：上海社会科学院出版社，2016.

[114] 赵毓芳，彭爱华，赵俊杰，等. 上海市产业结构调整升级的用地政策浅析 [J]. 国土资源情报，2011，(11)：47-50.

[115] 丰雷，卢静. 2004 年以来中国房地产用地市场发展及房地产用地价格决定因素分析 [J]. 中国土地科学，2013，27(04)：29-35，90.

[116] 范新英，张所地. 基于时变参数和 VAR 模型的土地政策和货币政策对房价影响作用机制研究 [J]. 经济经纬，2013(04)：88-93.

[117] 丁攀. 基于 FAVAR 模型的房地产市场调控政策有效性研究 [J]. 金融理论与实践，2015(07)：39-44.

[118] 陈治国，李成友，刘志有. 中国城市土地供给政策对住房价格和城市发展影响研究 [J]. 现代财经（天津财经大学学报），2015，35(09)：24-33.

[119] 丁成日. 土地政策改革时期的城市空间发展：北京的实证分析 [J]. 城市发展研究，2006(02)：42-52.

[120] 刘涛，曹广忠. 中国城市用地规模的影响因素分析：以 2005 年县级及以上城市为例 [J]. 资源科学，2011，33(08)：1570-1577.

[121] 刘光盛，王红梅，胡月明，等. 基于不同调查时点数据的黑龙江省土地利用变化及政策驱动分析 [J]. 农业现代化研究，2015，36(05)：869-875.

[122] 王建林，赵佳佳，宋马林. 基于内生方向距离函数的中国城市土地利用效率分析 [J]. 地理研究，2017，36(07)：1386-1398.

[123] 邓锋. 城乡土地利用中的外部性与土地发展权转移 [J]. 城市问题，2010(12)：56-61.

[124] 李垣. 中国企业创新 40 年发展 [J]. 商业，2018(04)：62-64.

[125] 杨璐璐. 中国土地供给制度演进轨迹：文献综述及其引申 [J]. 改革，2012(01)：24-32.

[126] 杨刚强，张建清，江洪. 差别化土地政策促进区域协调发展的机制与对策研究 [J]. 中国软科学，2012(10)：185-192.

[127] 马刚，曹玉书. 土地政策对区域经济发展方式的影响：对青岛区域经济的分析 [J]. 中国流通经济，2012(5)：62-65.

[128] 杨璐璐. 中国土地政策演进阶段性结构特征与经济发展转型 [J]. 现代财经（天津财经大学学报），2014，34(02)：104-113.

[129] 杨璐璐. 改革开放以来我国土地政策变迁的历史与逻辑 [J]. 北京工业大学学报（社会科学版），2016，16(02)：18-29.

[130] 吴宇哲，孙小峰. 改革开放 40 周年中国土地政策回溯与展望：城市化的视角 [J]. 中国土地科学，2018，32(07)：7-14.

[131] 吕晓，牛善栋，黄贤金，等. 基于内容分析法的中国节约集约用地政策演进分析 [J]. 中国土地科学，2015，29(09)：11-18，26.

[132] 高魏，马克星，刘红梅. 中国改革开放以来工业用地节约集约利用政策演化研究 [J]. 中国土地科学，2013，27(10)：37-43.

[133] 吕晓，臧涛，张全景. 土地政策的农户认知及其农地转出响应研究：基于山东省 287 份农户问卷调查的实证 [J]. 南京农业大学学报（社会科学版），2017(05)：100-110, 154.

[134] 黄志基，贺灿飞. 中国城市工业用地扩张与利用效率研究 [M]. 北京：经济科学出版社，2017.

[135] 殷醒民. 制造业结构升级的"资本深化"与"技术深化"次序：对上海实例的经验研究 [J]. 学习与实践，2009(09)：5-17.

[136] 付保宗. 当前我国工业转型升级的进展、障碍与对策 [J]. 经济纵横，2016(03)：23-30.

[137] 张川川. 中国的产业政策、结构变迁和劳动生产率增长 1990—2007[J]. 产业经济评论，2017(04)：17-33.

[138] 谭周令. 产业政策实施与地区土地资源配置：基于双重差分模型的估计 [J]. 云南财经大学学报，2018，34(05)：38-46.

[139] 舒锐. 产业政策一定有效吗？基于工业数据的实证分析 [J]. 产业经济研究，2013(03)：45-54，63.

[140] 李骏，刘洪伟，万君宝. 产业政策对全要素生产率的影响研究：基于竞争性与公平性视角 [J]. 产业经济研究，2017(04)：115-126.

[141] 程俊杰. 基于产业政策视角的中国产能过剩发生机制研究：来自制造业的经验证据 [J]. 财经科学，2016(05)：52-62.

[142] 杨帆，徐长生. 中国工业行业市场扭曲程度的测定 [J]. 中国工业经济，2009(09)：56-66.

[143] 徐朝阳，周念利. 市场结构内生变迁与产能过剩治理 [J]. 经济研究，2015，50(02)：75-87.

[144] 吴意云，朱希伟. 中国为何过早进入再分散：产业政策与经济地理 [J]. 世界经济，2015，38(02)：140-166.

[145] 魏玮，毕超. 区际产业转移中企业区位决策实证分析：以食品制造业为例 [J]. 产业经济研究，2010(02)：46-54.

[146] 陈波. 对国有企业改革的新制度经济学分析 [J]. 经济评论，1999(05)：37-41.

[147] 王建梅. 改革开放 30 年我国国有企业产权制度改革评述 [J]. 经济研究参考，2008(49)：33-44.

[148] 黄速建. 国有企业改革的实践演进与经验分析 [J]. 经济与管理研究，2008(10)：20-31.

[149] 刘凤义. 中国国有企业 60 年：理论探索与政策演进 [J]. 经济学家，2010(01)：27-37.

[150] 云翀，魏楚伊. 从"国营"到"国有"：国企治理结构改革的反思与前瞻 [J]. 中国经济史研究，2017(05)：154-163.

[151] 刘戒骄，徐孝新. 改革开放 40 年国有企业制度创新与展望 [J]. 财经问题研究，2018，(08)：3-11.

[152] 翁杰明. 积极有序推进新时代国有企业混合所有制改革 [J]. 学习时报，2018.11.19.

[153] 谢经荣，王玮. 建立同现代企业制度相适应的土地租赁制 [J]. 经济科学，1998(02)：41-46.

[154] 王小映. 我国企业制度演变中的城市土地制度变迁分析 [J]. 中国经济史研究，2000(03)：88-96.

[155] 侯彦全，侯雪，程楠. 工业园区研究热点与前沿探讨：基于 Citespace Ⅳ 的计量分析 [J]. 工业经济论坛，2016，3(06)：659-669.

[156] 朱跃军，姜盼. 中国产业园区：使命与实务 [M]. 北京：中国经济出版社，2014：10.

[157] 贾馥冬，杨雪伦. 从产业园区到城市新区：天津经济技术开发区的第三次创业 [J]. 城市，2016(03)：

52-55.

[158] 罗小龙，郑焕友，殷洁．开发区的"第三次创业"从工业园走向新城：以苏州工业园转型为例 [J]．长江流域资源与环境，2011，20(07)：819-824．

[159] 张鹏，吴霄婧．转型制度演进与工业建筑遗产保护与再生分析：以上海为例 [J]．城市规划，2016，40(09)：75-83．

[160] 崔霁，曹启明．论上海工业用地的二次开发利用 [J]．上海房地，2013(11)：18-21．

[161] 厉无畏，蒋莉莉．上海发展创意产业的优势环境分析 [J]．上海经济研究，2009(06)：93-98．

[162] 张盼盼，王美飞，何丹．中心城区工业用地退出路径与机制：以上海为例 [J]．城市观察，2014(06)：88-96．

[163] 赵海东，吴晓军．产业集群的阶段性演进 [J]．理论界，2006(6)：50-52．

[164] 魏守华．产业群的动态研究以及实证分析 [J]．世界地理研究，2002，03：16-24．

[165] 朱骏，马二青，刘欢．"自下而上"的创新型产业集聚区空间规划转型思考：深圳新型总部集聚区规划建设启示 [A]// 中国城市规划学会．城乡治理与规划改革：2014 中国城市规划年会论文集（13 区域规划与城市经济）[C]．中国城市规划学会：2014：9．

[166] 吕贵雪．中法产业集聚区形成机制及比较研究：以巴黎上海地区两个案例为例 [D]．上海：同济大学，2015．

[167] 沈开艳，徐美芳．上海张江高科技园区创新集群模式的特征及主要政策 [J]．社会科学，2009，09：3-9，187．

[168] 石忆邵．产业用地的国际国内比较分析 [M]．北京：中国建筑工业出版社，2010．

[169] 冯经明．转型时期特大型城市土地利用规划理论与实践 [M]．上海：同济大学出版社，2013．

[170] 顾朝林，赵令勋．中国高技术产业与园区 [M]．北京：中信出版社，1999．

[171] 黄亚平，王智勇．簇群式城市工业聚集区特征及布局优化研究 [J]．城市规划，2013，37(12)：43-50．

[172] 上海市城市规划规划设计研究院．上海市工业用地布局规划深化（2012）[R]．2013．

[173] 周振华，陶纪明．战略研究：理论、方法与实践 [M]．上海：格致出版社，上海人民出版社，2014．

[174] 周振华．崛起中的全球城市：理论框架及中国模式研究 [M]．上海：上海人民出版社，2014．

[175] 广州市"三旧"改造工作办公室．广州市"三旧"改造规划（2010—2020 年）[R]．2010．

[176] 广州市规划局，广州市"三旧"改造工作办公室．广州市旧厂房改造专项规划（2010—2020）[R]．2010．

[177] 深圳市人民政府．深圳市城市更新办法 [R]．2009．

[178] 深圳市人民政府．深圳市城市更新办法实施细则 [R]．2012．

[179] 伦敦．大伦敦空间发展战略 -2030 伦敦规划 [EB/OL]．http://www.london.gov.uk/thelondonplan/．

[180] 纽约．更绿色、更美好的纽约 -2030 纽约规划 [EB/OL]．http://www.nyc.gov/html/planyc2030/html/publications/publications.shtml．

[181] 纽约．纽约住房：五区县十年规划 [EB/OL]．http://www.nyc.gov/html/housing/pages/home/index.shtml．

[182] 纽约．远景 2020：纽约城市滨水综合规划 [EB/OL]．http://www.nyc.gov/html/dcp/html/cwp/index.shtml．

[183] 东京．10 年后的东京 [EB/OL]．www.metro.tokyo.jp

[184] 香港. 香港 2030：规划远景与策略 [EB/OL]. http://www.pland.gov.hk/pland_en/p_study/comp_s/hk2030/chi/wpapers/.

[185] 新加坡. 挑战稀缺土地 – 新加坡概念规划 [EB/OL]. http://www.ura.gov.sg/conceptplan2001/index.html.

[186] 芝加哥. 大芝加哥都市区 2040 区域框架规划 [EB/OL]. http://www.cmap.illinois.gov/2040/main.

[187] 悉尼. 可持续的悉尼：2030 远景 [EB/OL] http://www.sydney2030.com.au/

[188] 巴尔的摩. 2030 远景：共塑区域的未来 [EB/OL] . http:www.baltometro.org/vision2030.html.

[189] 底特律. 底特律未来城 (Detroit Future City) [EB/OL]. http://www.detroitmi.gov/Departments/PlanningDevelopmentDepartment/tabid/134/Default.aspx.

[190] 程大林, 张京祥. 城市更新：超越物质规划的行动与思考 [J]. 城市规划, 2004, 28(2): 70-73.

[191] 刘俊. 城市更新概念·模式·推动力 [J]. 中外建筑, 1998, 02: 7-9, 6.

[192] 罗翔. 从城市更新到城市复兴：规划理念与国际经验 [J]. 规划师, 2013, 05: 11-16.

[193] 严华鸣. 公私合作伙伴关系在我国城市更新领域的应用：基于上海新天地项目的分析 [J]. 城市发展研究, 2012, 19(8): 41-48.

[194] 严若谷, 周素红, 闫小培. 城市更新之研究 [J]. 地理科学进展, 2011, 30(8): 947-955.

[195] 阳建强. 西欧城市更新 [M]. 南京：东南大学出版社, 2012.

[196] 翟斌庆, 伍美琴. 城市更新理念与中国城市现实 [J]. 城市规划学刊, 2009, 02: 75-82.

[197] 张平宇. 城市再生：我国新型城市化的理论与实践问题 [J]. 城市规划, 2004, 04: 25-30.

[198] 德力格尔, 袁家冬, 李媛媛. 长春市工业空间格局时空演变特征 [J]. 经济地理, 2014(11): 81-86.

[199] 王学梅, 毕如田, 李卫祥. 山西县域工业时空格局与差异性工业地价研究 [J]. 资源与产业, 2017(06): 37-43.

[200] 曹玉红, 宋艳卿, 朱胜清, 等. 基于点状数据的上海都市型工业空间格局研究 [J]. 地理研究, 2015, 34(09): 1708-1720.

[201] 吴群, 曹春艳. 分税制下地方政府增值税偏好对工业用地供给的影响：基于全国 35 个大城市的实证 [J]. 求索, 2015, (11): 88-93.

[202] 申庆喜, 李诚固, 胡述聚. 长春市居住与工业空间演进的耦合性测度及影响因素 [J]. 人文地理, 2017, 32(01): 62-67.

[203] 赵爱栋, 马贤磊, 曲福田, 等. 基于资源价值显化视角的中国工业用地市场发育水平及其影响因素 [J]. 资源科学, 2016, (02): 217-227.

[204] 卢建新, 于路路, 陈少衔. 工业用地出让、引资质量底线竞争与环境污染：基于 252 个地级市面板数据的经验分析 [J]. 中国人口·资源与环境, 2017, 27(03): 90-98..

[205] 冯长春, 刘思君, 李荣威. 我国地级及以上城市工业用地效率评价 [J]. 现代城市研究, 2014(04): 45-49.

[206] 谢花林, 王伟, 姚冠荣, 等. 中国主要经济区城市工业用地效率的时空差异和收敛性分析 [J]. 地理学报, 2015, 70(08): 1327-1338.

[207] 彭山桂, 汪应宏, 陈晨, 等. 地方政府工业用地低价出让行为经济合理性分析：基于广东省地级市层面的实证研究 [J]. 自然资源学报, 2015, 30(07): 1078-1091.

[208] 卢建新，于路路，陈少衔 . 工业用地出让、引资质量底线竞争与环境污染：基于 252 个地级市面板数据的经验分析 [J]. 中国人口·资源与环境，2017，27(03)：90-98.

[209] 黄健柏，徐震，徐珊 . 土地价格扭曲、企业属性与过度投资：基于中国工业企业数据和城市地价数据的实证研究 [J]. 中国工业经济，2015(03)：57-69.

[210] 高辉娜 . 工业用地对中国城市工业经济增长的贡献 [J]. 城市发展研究，2015，22(03)：86-92，100.

[211] 张琳，王亚辉 . 微观企业视角下工业用地产出效率的影响因素研究：基于 2088 家工业企业样本的实证分析 [J]. 华东经济管理，2014，(09)：43-48.

[212] 刘向南，单嘉铭，石晓平，等 . 发达地区城市工业用地效率评价及影响因素研究：以浙江省绍兴市为例 [J]. 华东经济管理，2016，(12)：70-76.

[213] （英）安德鲁·塔隆 . 英国城市更新 [M]. 杨帆，译 . 上海：同济大学出版社，2017.

[214] 王武科，张凌，胡东海 . 宁波市三江片区工业用地时空演变分析 [J]. 城市规划，2011，35(07)：30-35.

[215] 袁艺，史培军，刘颖慧，等 . 快速城市化过程中土地覆盖格局研究：以深圳市为例 . 生态学报 [J]，2003(09)：1832-1840.

[216] 洪鸿加，彭晓春，陈志良，等 . 长沙市景观破碎化时空分异特征研究 [J]. 国土资源遥感，2011(01)：133-137.

[217] 仇江啸，王效科，逯非，等 . 城市景观破碎化格局与城市化及社会经济发展水平的关系：以北京城区为例 [J]. 生态学报，2012，32(09)：2659-2669.

[218] 焦利民，肖丰涛，许刚，等 . 武汉都市区绿地破碎化格局对城市扩张的时空响应 [J]. 资源科学，2015，37(08)：1650-1660.

[219] 宋冰洁，周忠学 . 西安都市圈道路网络化对景观格局的影响 [J]. 吉林大学学报（地球科学版），2017，(05)：1521-1532.

[220] 李京涛，周生路，吴绍华 . 道路交通网络与城市土地利用时空耦合关系：以南京市为例 [J]. 长江流域资源与环境，2014，(01)：18-25.

[221] 潘丽娟，张慧，刘爱利 . 重庆市道路网络影响景观破碎化的阈值分析 [J]. 生态科学，2015，(05)：45-51.

[222] 吴健生，冯喆，高阳，等 . 基于 DLS 模型的城市土地政策生态效应研究：以深圳市为例 [J]. 地理学报，2014，(11)：1673-1682.

[223] 李灿，张凤荣，朱泰峰，等 . 大城市边缘区景观破碎化空间异质性：以北京市顺义区为例 [J]. 生态学报，2013，33(17)：5363-5374.

[224] 宋伟轩，吴启焰，朱喜钢 . 新时期南京居住空间分异研究 [J]. 地理学报，2010，65(06)：685-694.

[225] 胡咏嘉，宋伟轩 . 空间重构语境下的城市空间属地型碎片化倾向 [J]. 城市发展研究，2011，18(12)：90-94+114.

[226] 张倩 . 老城空间碎片化和绅士化的调研样本与思索 [J]. 现代城市研究，2012，(06)：72-78.

[227] 高江波，蔡运龙 . 区域景观破碎化的多尺度空间变异研究：以贵州省乌江流域为例 [J]. 地理科学，2010，30(05)：742-747.

[228] 于化龙，陈青锋，田超，等 . 基于景观结构的土地利用生态空间特征及风险评估：以怀来县为例 [J].

水土保持研究，2016，23(03)：155-163.

[229] 张利权，吴健平，甄彧，等 . 基于 GIS 的上海市景观格局梯度分析 [J]. 植物生态学报，2004(01)：78-85.

[230] 张新长，黄秋华，杨剑 . 土地利用数据在不同尺度下的精度损失模型研究 [J]. 中山大学学报（自然科学版），2007，(03)：103-106.

[231] 冯永玖，刘艳，周茜，等 . 景观格局破碎化的粒度特征及其变异的分形定量研究 [J]. 生态环境学报，2013，(03)：443-450.

[232] 陈伟，彭建超，吴群 . 中国省域工业用地利用效率时空差异及影响因素研究 [J]. 资源科学，2014，36(10)：2046-2056.

[233] 王全 . 上海郊区区域经济空间模式分析 [J]. 城市规划学刊，2010(05)：72-78.

[234] 杨上广，王春兰，刘淋 . 上海家庭出行碳排放基本特征、空间模式及影响因素研究 [J]. 中国人口·资源与环境，2014，24(06)：148-153.

[235] 王振波，朱传耿 . 中国就业的空间模式及区域划分 [J]. 地理学报，2007(02)：191-199.

[236] 徐芝英，胡云锋，刘越，等 . 空间尺度转换数据精度评价的准则和方法 [J]. 地理科学进展，2012，31(12)：1574-1582.

[237] 李宪文，林培 . 城郊耕地利用景观分析与评价研究 [J]. 河北农业大学学报，1998(04)：90-95.

[238] 汪应洛 . 系统工程 [M]（2 版）. 北京：机械工业出版社，2003：130-140.

[239] Yan Mao, Yanfang Liu, Xiaojian Wei, et al. Network and Geography:Dependence and Disparity Between Human Settlement Pattern and Socioeconomic Network in Chengui, China[J]. Journal of Urban Planning and Development,2018,144(1).

[240] Yong Fan, Guangming Yu, Zongyi He. Origin,spatial pattern,and evolution of urban system:Testing a hypothesis of "urban tree"[J]. Habitat International,2017,59.

[241] Jiawen Yang, Ge Song, Jian Lin. Measuring Spatial Structure of China's Megaregions[J]. Journal of Urban Planning and Development,2014.

[242] Weixing Zhang, Weidong Li, Chuanrong Zhang, et al. Analyzing horizontal and vertical urban expansions in three East Asian megacities with the SS-coMCRF model[J]. Landscape and Urban Planning,2018:177.

[243] Jianglong Chen, Jinlong Gao,Wen Chen. Urban land expansion and the transitional mechanisms in Nanjing, China[J]. Habitat International,2016:53.

[244] Cheng Li, Jie Zhao, Yong Xu. Examining spatiotemporally varying effects of urban expansion and the underlying driving factors[J]. Sustainable Cities and Society,2017,28.

[245] Beixiang Shi, Junyan Yang. Scale,distribution,and pattern of mixed land use in central districts:A case study of Nanjing, China[J]. Habitat International,2015:46.

[246] Cheng Li, Jie Zhao, Yong Xu. Examining spatiotemporally varying effects of urban expansion and the underlying driving factors[J]. Sustainable Cities and Society,2017:28.

[247] Bohumil Frantál, Bryn Greer-Wootten, Petr Klusáček, Tomáš Krejčí, Josef Kunc, Stanislav Martinát. Exploring spatial patterns of urban brownfields regeneration:The case of Brno, Czech Republic[J]. Cities,2015,44.

[248] Rizzo E, Pesce M, Pizzol L, et al. Brownfield regeneration in Europe:Identifying stakeholder perceptions,concerns,attitudes and information needs [J]. LAND USE POLICY, 2015(48):437-453.

[249] Abdullahi S, Pradhan B. Sustainable Brownfields Land Use Change Modeling Using GIS-based Weights-of-Evidence Approach [J]. APPLIED SPATIAL ANALYSIS AND POLICY, 2016, 9(1): 21-38.

[250] Yu-Hsin Tsai. Quantifying Urban Form: Compactness versus 'Sprawl' [J]. Urban Studies, 2005,42:141.

[251] Luca Salvati, Pere Serra. One thing leads to another:economic polarizations and social disparities in a pre-crisis Mediterranean city. European Planning Studies, 2014. Vol. 22, No. 6:1127‐1142. http://dx.doi.org/10.1080/09654313.2013.764156.

[252] Yu Shi Ming, Ho Kim Hin. Planned urban industrialization and its effect on urban industrial real estate valuation:The Singapore experience. Habitat International 30 (2006) 509‐539. doi:10.1016/j.habitatint.2004.12.006.

[253] Xie H. Wang, W. J. Geogr. Spatiotemporal differences and convergence of urban industrial land use efficiency for China's major economic zones. Journal of Geographical Sciences,October 2015,Volume 25,Issue 10:1183‐1198. https://doi.org/10.1007/s11442-015-1227-2.

[254] Shlomo Angel Alejandro M. Blei.The spatial structure of American cities:The great majority of workplaces are no longer in CBDs,employment sub-centers,or live-work communities. Cities Volume 51,January 2016:21-35. http://doi.org/10.1016/j.cities.2015.11.031.

[255] Changsheng Xiong, Rong Tan. Will the land supply structure affect the urban expansion form? Habitat International Volume 75,May 2018:25-37. http://doi.org/10.1016/j.habitatint.2018.04.003.

[256] Yuzhe Wu, Xiaoling Zhang, Martin Skitmore, et al. Industrial land price and its impact on urban growth:A Chinese case study[J]. Land Use Policy,2014,36.

[257] Ahokangas P., Hyry M., Rasanen P. Small Technology-based Firms in a Fast- growing Regional Cluster. New England Journalof Entrepreneurship[J]. 1999,2(1):19-25.

[258] Tichy G. Clusters:less dispensable and more risky than ever[A]. in:M. STEINER (Ed.) Clusters and Regional Specialisation. London:Pion,1998:226‐237.

[259] Capello Roberta. Spatial transfer of knowledge in high technology milieu:learning versus collective learning process[J]. Regional studies,1998:353-365.

[260] Cohen J., Elizabeth D., Tabariés M. Dynamiques spatiales de la cité scientifique paris sud:in

novation,compétitivité,territoire :de l'atome au photon[R].2002:10.

[261] Cashiers du C.R.E.P.I.F. centre de recherches et d'études sur paris et l'ile de france，Le Plateau de Saclay:pôle scientifique du Europé en[M]. 1995,09:73-81.

[262] EPPS. Concours international d'idées urbanisme et développement durable[Z]. 2006：34.

[263] Bo-sin Tang, Winky K. O. Ho. Land-use planning and market adjustment under de-industrialization:Restructuring of industrial space in Hong Kong[J]. Land Use Policy,2015,43.

[264] Wei Chen，Yue Shen，Yanan Wang. Does industrial land price lead to industrial diffusion in China? An empirical study from a spatial perspective[J]. Sustainable Cities and Society,2018,40.

[265] Xiaoling Zhang, Yanliu Lin, Yuzhe Wu, et al. Industrial land price between China's Pearl River Delta and Southeast Asian regions:Competition or Coopetition?[J]. Land Use Policy,2017,61.

[266] Pham H. M., Yamaguchi Y., Bui T. Q. A case study on the relation between city planning and urban growth using remote sensing and spatial metrics[J]. Landscape and Urban Planning,2010,100(3);223-230.

[267] Liu Y. L., Feng Y. H., Zhao Z., et al. Socioeconomic drivers of forest loss and fragmentation: A comparison between different land use planning schemes and policy implications[J]. Land Use Policy,2016,54:58-68.

[268] Annemarie Schneider,Chaoyi Chang,Kurt Paulsen. The changing spatial form of cities in Western China[J]. Landscape and Urban Planning,2015,135:40-61.

[269] Chen W., Shen Y., Wang Y. N., et al. How do industrial land price variations affect industrial diffusion? Evidence from a spatial analysis of China[J]. Land Use Policy,2018,71:384-394.

[270] Singh S.K., Pandey A.C., Singh D. Land Use Fragmentation Analysis Using Remote Sensing and Fragstats. In:Srivastava P., Mukherjee S.,Gupta M.,Islam T. Remote Sensing Applications in Environmental Research[M]. Society of Earth Scientists Series. Springer, Cham,2014.

[271] OECD Group on Urban Affairs. Terms of Reference for the Project Group on Distressed Urban Areas [M]. Paris:OECD,1994.

[272] ROBERTS P. W., SYKES H. Urban Regeneration:a handbook[M]. London:SAGE Publications,2000:9-36.

后记

AFTERWORD

本书所研究的工业用地转型更新是指使用功能为工业生产的和土地权证显示为工业用地的土地和承载空间的更新。这也是本书与土地管理和历史遗产之区别所在。从这个定义出发，城市中工业用地的类型至少包括三大类，土地权证是工业用地并被用作工业生产的、土地权证不是工业用地但用作工业生产的、土地权证是工业用地但并不生产的（又包括闲置和非生产使用两种情况）。在这里，既要强调工业生产，又要强调土地权属；这两方面是研究工业用地转型更新的关键。工业用地即使不承担生产功能，也承担相应的金融工具功能；工业用地既分布于城市建成地区，也分布于城市辖区的农村地区；工业用地上既有研发和创新行为，也有创意和服务活动。笔者 2009 年左右开始着手在这一领域研究，至今已有十余年的时间。

城市规划与土地管理的第一次冲突发生于 20 世纪 90 年代末期，1998 年土地管理法修订。学界因此普遍展开讨论，城市规划中的土地使用规划与土地利用总体规划的关系。结论大体是两者在用地分类上不一致，在对市场需求多样化的相应方面，城市规划具有更加丰富的用地类型和更具弹性的政策空间，比较符合以发展为导向城市建设。随后，土地管理法在修订后执行，并于 2004 年再次修订，包括 2019 年这次修订，它始终在试图弥补对于土地权利地界定方面的制度性设计；城市规划则通过一次修订为《城乡规划法》之后，通过对城乡的兼顾而表现出一种地方发展的全局性、战略性谋划过程。应该可以非常清晰和敏锐的捕捉到，对"土地"认知的巨大差异，是城乡规划与土地利用规划，乃至其他所有空间类型规划的存在不一致性的根本。

1999 年到 2009 年是一个十年，到今年又是一个十年。作为一名城市规划专业的学者、工作者、研究者，如果仍然还未意识到和注意到这个本质性的差异，应该说是一个遗憾。除此之外还需要意识到，城市更新是从西方发达国家引入的概念，而且国外在城市更新领域存在一个针对工业用地的研究领域称作"棕地"更新，很多学者已经介绍过非常多的研究成果。但需要强调的是，由于市政体制方面中国与西方存在差异，我们的"城市"不仅指城市化地区、建成区或者市区等人们一般通过观察是否有高密度的人口聚居即可识别出的地域，而且也指由这一级地方政府所管辖的地域，称"行政区划"。因此，城市更新我们可以认为在狭义上就是指城市化地区、已经经历过建设开发地区的更新，也可以广义地认为它是指我国地方一级城市行政区划范围内所有要素的更新。所谓"城乡统筹"即指这样一种兼顾的视角。

在城市的行政区划地域，工业用地的使用量、分布特征跟聚集在城市化地区的工业用地又有哪些不同呢？从这一问题出发，实际上不难发现，大多数的工业用地并未被有效地使用，而且也不具有生产和历史遗存的物质空间特征。它更多地体现出一种权利和价值的预期——作为物权它所承载的高额利益回报。这种情况不仅存在于市郊，而且在市中心区也逐步明显。

很显然，本书所强调的工业用地更新不是仅关于"棕地"的更新，也不是仅关于"工业遗产"的更新，而是关于所有曾经和正在、以工业生产为名义和事实的"产业空间"（在这里比用"工业用地"更贴切）的更新，但是，根本的利益冲突和矛盾源自"土地"。因此，已有的不少关于"棕地"和"工业遗产"的研究成果都只是本书所构建的"工业用地转型更新"概念的基础和一个组成部分；而且，其他有关学科，比如，土地管理、地理学、自然资源管理等，针对工业用地所做的研究和成果，也仍然是本书所试图构建的"工业用地转型更新"概念和理论方法的基础和一个组成部分。

回顾十年的历程，开始阶段非常艰苦。因为，第一阶段的研究，不仅缺少研究经费，也缺少研究团队。幸运的是，丰富的规划经验和对根本利益冲突的把握，使笔者一直坚持这一研究领域，并极尽最大努力去突破它。先后通过竞争获得"上海市决策咨询重点课题：上海市土地空间资源潜力、城市更新及再开发研究"，积累了基本的研究素材和初步结论；获得"宁波市城市有机更新研究：工业用地转型更新研究"，进一步掌握了一手资料和实地考察经验，坚定了研究方向和科学问题。研究积累和科学问题所展现的研究方向，最终获得国家自然科学基金项目"城乡工业用地空间绩效评价及转型更新机理研究"（项目批准号：51778436）的资助。到了 2018 年和 2019 年，就像是历史的一个约定，围绕"土地"认知所积累的冲突最终还是爆发了。与土地使用和"空间"相关的几乎所有学科都在这历史的大潮中经历着洗礼和煎熬。事实上，笔者认为，对"土地"认知方面存有差异并不奇怪，存在认知差异的各方应该努力构建一个共同的语境，以实现对话机制和交流机制的建立。在语境构建过程中，最终起决定作用的还是基本常识和事务理性，并非一种完全脱离"土地"使用和社会权利关系的空中楼阁。保持清醒、理性和高瞻远瞩，不应停留在鼓吹，而应付诸行动。

　　本书包括七个章节。第1章绪论（杨帆），介绍了研究起因和相关概念、研究设计。第2章国内外相关理论研究（杨帆，徐嘉莹），探讨了工业化研究的作用等内容；在认识研究起点"建设用地结构"方面，徐嘉莹搜集了大量的文献资料。第3章工业用地研究的制度演进背景（杨帆，沈珏琳），梳理了与工业用地相关的若干政策领域的制度演进，以及产业园区的演进。本章要建立制度演进对工业用地使用方式甚至是布局方式有重大影响这一认识，尤其是生产企业的制度化、多元化改革很有可能是决定性因素之一。沈珏琳在文献整理方面做了大量贡献，吕贵雪对张江园区的研究是总体研究设计中的基础性工作，并且也成为她硕士论文的主体内容。第4章工业用地的分布特征（杨帆），着重分析工业用地方面的共性问题和战略措施。第5章工业用地空间特征分析和研究方法（杨帆，梁峰诚，陶沛宏），为了弥补定性研究的缺憾，工业用地特征研究的定量和空间分析成为本书的第二个核心内容。梁锋诚在宁波案例研究中完成了大量数据分析和空间结构分析，得出圈层分布和象限分布两类结论，为本书提供了扎实的基础；陶沛宏在针对闵行工业用地图斑破碎化研究中，完成了所有预计的运算，并反复对结果进行校核、修正、优化；他们两人的工作不仅夯实了研究基础，而且为其他学者复制、批判性讨论本书内容提供了方便。第6章工业用地空间研究方法的适用性（杨帆，陶沛宏），为使第5章的研究更加可靠，在反复验算的基础上，本书提出了优化研究、避免错漏的工作原则，并将后续研究的框架建议提供给读者，希望听到建议、质疑、批评和指正的声音。第7章研究结论与展望（杨帆），总结本书研究内容，指出未来可能继续开展的研究内容和研究方向。

　　此外，为本书的研究提供帮助的还有上海市自然资源和规划局的吴燕女士，宁波市自然资源和规划局的袁朝晖女士、于克庆女士、范淑英女士、苗华楠先生，闵行区规划院的郭长升先生，他们在笔者现场调研、资料搜集乃至研究设想和研究内容方面都给予了慷慨和无私的帮助。成昶和张云婕为本书绘制了精美的图表。还有非常多在思想和研究中对我进行过帮助和建议的领导和老师。更重要的，我的家庭一直以来是我研究和写作的坚强后盾，尽管我为此不得不放弃许多能与她们共度的快乐时光。在此一并深表谢忱。